Bible et Ennéagramme

Diane Tolomeo, Pearl Gervais
et Remi J. De Roo

Bible et Ennéagramme

Neuf chemins de transformation
à travers des figures bibliques

Calligraphies de Frank Lalou

Traduction par Claire Dehelly
et adaptation par Olivia Varin-Bernier et Éric Salmon

Albin Michel

Les références bibliques sont tirées de la *Bible de Jérusalem*, traduite en français sous la direction de l'École biblique de Jérusalem, Éditions du Cerf, 2000.

Édition originale :
BIBLICAL CHARACTERS AND THE ENNEAGRAMME

AVANT-PROPOS

Histoires de transformation

Il y a quelques années, trente-cinq personnes ont suivi avec nous une série de séminaires à Victoria au Canada. Les participants étaient invités à méditer sur plusieurs histoires de la Bible à la lumière de leurs activités pastorales. Chaque semaine, trois personnages bibliques, considérés comme des « mentors », étaient présentés par un groupe de participants. En prenant appui sur ces personnages, nous devions explorer deux choses : comment, en fonction de nos différentes personnalités, nous réagissions à la présence de Dieu, et comment nous pourrions former des équipes au sein de nos paroisses afin de mettre en commun les dynamiques et les talents de chacun.

Les participants appréciaient l'interdépendance et la complémentarité concrète de ces échanges, au point de désirer se replonger dans la Bible avec un regard nouveau sur ces personnages. Ils devenaient des personnes semblables à nous, susceptibles de nous servir de modèles, comme des guides dans notre développement spirituel et des exemples à suivre dans nos activités quotidiennes. Chaque session étant basée sur la Bible, connaître l'Ennéagramme ou son type de personnalité selon ce système n'était pas nécessaire. En fait, l'Ennéagramme a été à peine mentionné au cours de ce parcours de huit semaines, même si nous l'utilisions comme structure et toile de fond pour chaque session. Encouragés par le nombre impressionnant de participants désireux de s'appuyer sur les histoires de la Bible pour éclairer leur vie, nous avons décidé de passer à l'étape suivante. Nous avons invité dix-huit personnes connaissant leur « profil ennéagramme » à passer un week-end à étudier des personnages bibliques qui, selon nous, avaient du sens pour leur profil.

Nous n'avons pas été déçus : en travaillant, priant et partageant nos repas ensemble, nous avons réalisé à quel point nous avions besoin les uns des autres pour appréhender cette matière avec nos différentes dynamiques. Nous avons accédé à une perception plus profonde à la fois des Écritures et de nous-mêmes chaque fois qu'un participant identifiait les caractéristiques de son mentor biblique et les resituait dans sa propre vie. Nous avons médité sur les différents supports sur lesquels Dieu s'appuie pour interagir avec nos différents profils de personnalité. Nous nous sommes émerveillés devant le profond écho spirituel qu'ont ressenti les participants envers ces personnages bibliques ou archétypes de la même « résonance » qu'eux. La Bible a pris un nouveau sens et revivifié notre dynamique relationnelle et notre travail. Les récits bibliques prennent un aspect concret dès lors qu'ils s'adressent à des réalités de notre quotidien et que nous avons les moyens de les interpréter autrement. Un participant nous a signalé qu'après s'être désintéressé de la Bible pendant des années, il était maintenant impatient en l'ouvrant, heureux de découvrir de nouveaux « amis » à travers ses pages. Dans la foulée de ce week-end, les demandes de séminaires ont afflué, et de nombreuses personnes ont commencé à rechercher des informations pour parfaire leur compréhension de la Bible en utilisant leur connaissance de l'Ennéagramme. Ils souhaitaient l'utiliser pour découvrir dans les Écritures des trésors cachés trop longtemps dissimulés. Beaucoup d'entre eux nous ont demandé si nous avions l'intention d'écrire sur ce sujet. C'est ainsi que ce livre est né.

Certaines personnes pourraient se sentir mal à l'aise à l'idée de se servir de l'Ennéagramme pour, d'une part, approfondir leur compréhension de la Bible et, d'autre part, jalonner leur développement spirituel. Certains perçoivent l'Ennéagramme comme un système dépourvu de toute base chrétienne. Cette hypothèse mérite d'être traitée sérieusement. En tant que chrétiens, nous cherchons à travailler dans la direction « Ennéagramme et Bible » avec la plus grande fidélité et le plus grand respect de la tradition chrétienne. L'enseignement chrétien n'a jamais été contre le fait de diversifier la façon d'aborder et de lire les Écritures. Il a même approuvé différentes façons de pratiquer la méditation et la prière. Quand nous découvrons un outil ou une méthode qui nous rapproche de Dieu et contribue à développer et à approfondir notre spiritualité, il mérite d'être considéré comme un allié et non comme un adversaire à notre cheminement spirituel.

L'Ennéagramme est un véritable outil, et il se pourrait même qu'il soit plus proche de la tradition chrétienne qu'on a pu le penser jusqu'ici. De récentes études sur les sources de l'Ennéagramme ont révélé des informations qui pourraient le faire remonter au moins jusqu'aux travaux des Pères et Mères du désert au IVe siècle[1]. À la même époque, Augustin d'Hippone écrivait que là où se trouve la vérité, elle appartient à Dieu. Évoquant la manière dont les Israélites avaient pris l'or des Égyptiens lors de leur exode, il a développé la notion d'« Or égyptien » pour désigner tout ce qui est précieux ailleurs que dans la tradition chrétienne, et qui peut être utilisé librement par le peuple de Dieu[2]. L'Ennéagramme n'est que l'une des nombreuses formes que prend cet « Or égyptien », et probablement une des plus riches. Grégoire de Nysse, un autre théologien du IVe siècle, écrivait que l'âme est recouverte par la négligence, de telle sorte que sa ressemblance avec son Archétype demeure cachée. Ce n'est qu'une fois clarifié que l'œil de l'âme sera en mesure de percevoir la sainteté, la simplicité et les autres aspects de sa nature divine. Travailler avec l'Ennéagramme peut nous aider à découvrir comment le développement de notre personnalité a obscurci notre nature divine, et à discerner comment nous rapprocher de notre source divine, en découvrant les nombreuses manières dont Dieu se cache, attendant d'être découvert sous notre forme humaine.

À une époque plus récente, après le concile Vatican II (1962-1965), a été rédigé le *Dei Verbum* (constitution dogmatique sur la Révélation divine), qui précise que puisque dans les

Écritures sacrées Dieu parle aux hommes à leur façon, ceux qui interprètent et commentent les Écritures doivent faire attention, entre autres choses, aux formes ou genres littéraires particuliers que l'on trouve dans la Bible. Cela signifie examiner les formes de narration qui prédominaient à l'époque de la rédaction et respecter les conventions que les gens d'alors utilisaient pour interagir entre eux[3]. En utilisant l'Ennéagramme comme outil pour nous aider à lire et à approfondir notre compréhension des récits bibliques, c'est précisément ce que nous essayons de faire. Par exemple, utiliser les connaissances acquises par la lecture et l'analyse des textes de l'Évangile de Jean nous aide à reconnaître et interpréter ses schémas et ses images dans un sens autant métaphorique que littéraire. Notre connaissance du fonctionnement des motifs et des répétitions dans les genres littéraires nous permet d'accéder à l'Évangile d'une façon qu'une lecture strictement littérale ne nous donnerait pas.

Notre expérience de présentation de la Bible à des groupes désireux de lire les Écritures avec plus de profondeur nous a prouvé que l'Ennéagramme apporte une meilleure compréhension des histoires bibliques. Il aide chacun à mieux comprendre les manifestations divines qui interviennent dans nos vies. Même sans savoir où les situer dans l'Ennéagramme, ceux qui ont pris les choses à cœur ont constaté que certains personnages de la Bible étaient effectivement devenus leurs mentors et leurs compagnons. Leurs histoires personnelles se sont entrelacées avec celles d'Abraham et Sarah, de Ruth et Nicodème, et les ont aidés à mieux prendre conscience des moyens ordinaires et extraordinaires avec lesquels Dieu nous retrouve exactement là où nous sommes pour nous conduire sur le chemin à prendre pour atteindre la plénitude. Afin d'y parvenir, nous devons nous débarrasser de quelques idées reçues et « désapprendre » ce qui ne nous est plus utile et qui pourrait se révéler freiner notre évolution spirituelle. L'auteur anonyme du XIVe siècle du traité mystique sur la prière intitulé *Le Nuage de l'inconnaissance* nous dit qu'en commençant ce travail, il est possible de se sentir comme recouvert par un « nuage d'inconnaissance ». Ce nuage, ou « manque de connaissance », semble se tenir entre Dieu et nous, mais il constitue en réalité la seule façon de sentir et de voir Dieu au cours de cette vie. On ne peut pas penser Dieu puisqu'il est au-dessus de toute pensée : on ne peut que l'aimer[4]. Les courtes épigraphes dans le premier chapitre sont là pour nous le rappeler lors de notre progression. Ce n'est que par l'amour que notre transformation peut commencer et continuer.

Même si nous vous proposons une présentation sommaire de l'Ennéagramme, ce livre ne traite pas principalement ce sujet. Il n'est pas structuré de façon à vous aider à trouver votre profil dominant (encore qu'il soit possible qu'après l'avoir lu vous puissiez avoir le sentiment de connaître le profil le plus proche de vous). Il ne traite pas non plus des sous-types, ni des niveaux de développement. D'autres auteurs se sont penchés sur ces points et il existe beaucoup de bons livres qui présentent ces aspects. Vous trouverez une bibliographie à la fin de cet ouvrage. Ce livre est consacré aux personnages de la Bible. Il étudie leurs histoires et les présente comme des images ou des archétypes des différents aspects de l'âme humaine. Il peut ne demeurer qu'un simple exercice intellectuel si l'on ne fait pas l'effort d'intégrer leurs histoires aux nôtres afin d'affiner notre conscience de nous-mêmes et mieux discerner les possibles interactions du Divin dans nos vies. C'est donc, en définitive, un livre sur la transformation, et par conséquent aussi sur l'amour. Si ces histoires de personnages bibliques vous incitent à considérer la plénitude différemment, à ressentir un nouveau sentiment d'amour, et à accomplir des actes bienveillants et justes, alors ce livre aura rempli sa mission.

Pour le rendre plus accessible à ceux qui ne connaissent pas l'Ennéagramme, nous avons demandé à Éric Salmon de bien vouloir rédiger, pour l'édition française, une introduction qui en présente les grandes lignes.

Diane Tolomeo, Pearl Gervais et Remi J. De Roo

INTRODUCTION

Présentation de l'Ennéagramme par Éric Salmon

Le mot « ennéagramme » fait référence à deux choses : un diagramme qui a des origines anciennes et un système d'étude de la personnalité. De nombreuses interprétations différentes du diagramme existent et chacun y va de son éclairage. Depuis 1970, l'utilisation la plus courante de ce modèle est celle d'un système d'étude de la personnalité basé sur neuf profils dominants. Étymologiquement, le mot « ennéagramme » vient du grec *ennea*, « neuf », et *gramma*, « dessin », l'Ennéagramme étant ainsi une figure à neuf points :

Richard Rohr, prêtre franciscain, est l'auteur d'un des premiers livres sur l'Ennéagramme[1]. Il y précise notamment : « Comme

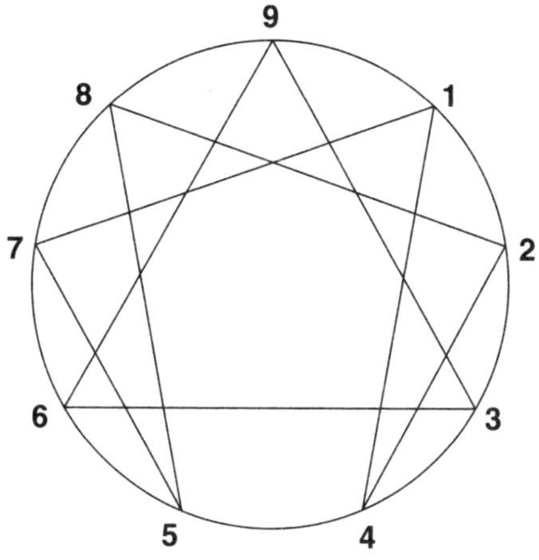

d'autres typologies, l'Ennéagramme décrit neuf profils de caractère. Mais ce n'est là qu'un point de départ, car il ne se contente pas de décrire certains états de la personne. Il renferme aussi une dynamique intérieure qui pousse au changement. L'Ennéagramme est un instrument exigeant et éprouvant, du moins lorsqu'il est enseigné et abordé dans l'esprit qui a présidé à sa conception. L'Ennéagramme implique la transformation de soi et le revirement intérieur, que les religions appellent traditionnellement la conversion. L'Ennéagramme est un modèle de connaissance de l'âme (...) Il est frappant de constater à quel point l'analyse de la vie intérieure de l'homme par des mystiques de toutes les grandes religions, qu'elles soient d'orientation juive, bouddhiste, zen, soufie ou chrétienne, reste sensiblement la même. Cette analyse peut se résumer ainsi : dans la première moitié de sa vie, l'homme construit son moi empirique. Celui-ci est en quelque sorte la somme de ses attitudes et des mécanismes qui déterminent son comportement. La suridentification à ses propres rôles, habitudes et traits de caractère est le principal obstacle qu'il rencontre dans sa recherche du vrai Moi. Tous les chemins mystiques proposent des solutions pour démasquer ce faux moi et s'en détacher, que ce soit par la connaissance de soi, l'ascèse ou la méditation. »

HISTOIRE ET ORIGINES

Michel Souchon, jésuite, retrace ainsi les origines de l'Ennéagramme : « Nous trouvons une première trace du diagramme, vers mille cinq cents ans avant J.-C., en Chaldée. En Grèce, Pythagore et son école en font mention. De là, cela passe chez Platon, Plotin et, par lui, vers certains milieux du judaïsme. Dans les débuts du christianisme, on trouve des traces de l'Ennéagramme dans les Églises chrétiennes de Perse au IIe siècle[2]. »

Aux IIIe et IVe siècles, les Pères du désert recherchaient avec persévérance le calme des passions (*apatheia*), la paix du cœur (*hesychia*) et la contemplation du divin (*theoria*) jusqu'à la transformation en Dieu. Ils ont dressé la liste des passions qui détournent l'homme de Dieu. Ils les ont nommées les « huit pensées génériques » ou *logismoï* : la gourmandise, la luxure, l'avarice, la tristesse, la colère, l'acédie (du grec *akêdeia*, « négligence, indifférence, manque d'intérêt pour quelque chose »), la vaine gloire et l'orgueil. Évagre le Pontique les mentionne dans son *Traité pratique* ainsi que Jean Cassien dans ses *Conférences*. Leur idée est qu'une solide connaissance de soi amène la reconnaissance de sa passion dominante et qu'alors seulement, l'homme peut entreprendre le chemin de libération de l'ego. Plus précisément, pour Évagre, dans son chapitre *De vitiis quae opposita sunt vurtutibus* (Sur les vices en tant qu'opposés des vertus), les vices ou « pensées qui distraient » nous empêchent d'accueillir Dieu en nous et d'avoir le cœur en paix, dépourvu de passion. Nous sommes là au centre de la plupart des traditions spirituelles : nommer l'ego pour pouvoir s'en libérer. Michel Souchon précise : « Ainsi Évagre le Pontique parle-t-il en termes proches de l'Ennéagramme : "Je dois identifier en premier lieu le type auquel j'appartiens, afin de

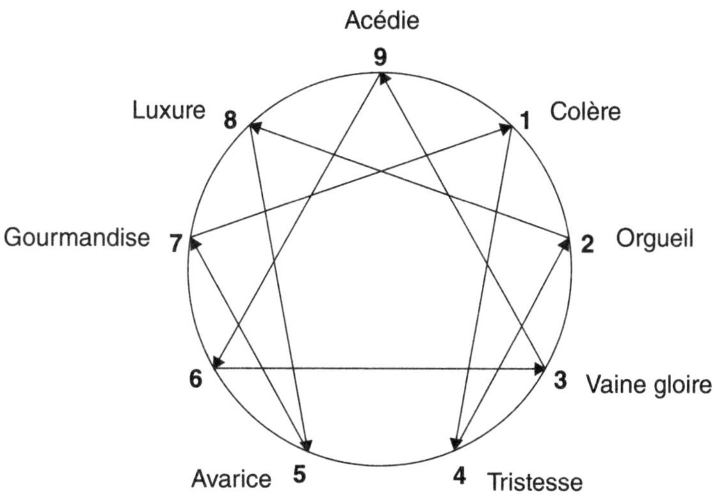

Les « huit pensées qui distraient »
les Pères du désert

vaincre mon vice. Je dois observer où s'écoule le courant de mon énergie, et ce qui m'arrête et m'entrave. La source de ma principale faiblesse est également la source de mon don le plus remarquable. C'est au travers de mes passions les plus violentes que je puis me frayer un chemin vers mon talent le plus sûr ; alors, ma passion sera transformée et je pourrai porter les fruits que l'Esprit de Dieu m'a accordés en partage." » Les premiers chrétiens empruntaient donc à d'autres traditions des moyens qui pouvaient soutenir leur développement spirituel propre.

Selon les recherches de Richard Rohr, le contexte des débuts du christianisme est très politique. Après de longues périodes de persécutions, l'Église a fini par être tolérée, puis élevée au rang de religion d'État, au IVe siècle. Il se passe alors deux choses : d'un côté, des opportunistes cherchent à profiter de l'occasion pour gagner en respectabilité en se faisant baptiser ; de l'autre, l'Église s'inquiète d'infiltrations possibles de païens dans ses rangs. Elle se met aussi à rechercher le monopole dogmatique et entreprend une chasse aux sorcières dont elle était elle-même victime il n'y a pas si longtemps. Les courants dénoncés comme non orthodoxes vont être pourchassés. Ce sera le cas des Pères du désert. En l'an 399, à la mort d'Évagre, ses partisans devront fuir et se réfugieront en Arménie. Ses travaux auront une forte influence dans les monastères orthodoxes. Au concile de Jérusalem, les travaux d'Évagre seront condamnés, ainsi que ceux d'Origène. Trois conciles postérieurs réitéreront cette condamnation.

Gurdjieff

Né en 1877 sur les bords de la mer Noire, Georges Ivanovitch Gurdjieff fréquente dans son enfance un de ces monastères où les travaux d'Évagre se sont perpétués. Il est le premier à mentionner l'Ennéagramme en Occident, à Saint-Pétersbourg, en 1917. Gurdjieff voyage beaucoup en Orient d'où il ramène « une méthode pour tuer le moi et redevenir soi-même », ainsi que le dit François Mauriac[3]. Entre les deux guerres, Gurdjieff s'établit à Avon, près de Fontainebleau, où il crée l'Institut pour le développement harmonique de l'homme. Dans son enseignement, Gurdjieff essaie de faire passer le message que l'Occidental est endormi, vit comme une machine ni consciente ni maîtresse de ses pensées, sensations ou instincts. Il estime que nous sommes tous sous la dépendance d'un centre de perception dominant, situé soit dans la tête (centre mental dirigé par les pensées et la peur), soit dans le cœur (centre des émotions), soit dans le ventre (centre de la colère et des instincts). Il croit en une « Quatrième Voie » qui consiste à équilibrer ces trois centres et à reprendre le contrôle conscient de sa vie.

Gurdjieff a été fortement critiqué pour les méthodes peu complaisantes qu'il utilisait. Il lui arrivait de pousser certains de ses étudiants dans leurs retranchements pour amplifier leur passion dominante et leur faire remarquer combien ils réagissaient de façon automatique. On retrouve des éléments des travaux de Gurdjieff dans *Monsieur Gurdjieff* de Louis Pauwels et quelques données sur l'Ennéagramme dans *Fragments d'un enseignement inconnu* de son disciple de la première heure, Ouspensky[4].

Les fondateurs modernes de l'Ennéagramme[5]

Dans les années 1960, notamment à cause de la guerre du Vietnam, l'État de Californie accueille des pacifistes de tous genres. Parmi eux, de nombreux « chercheurs en humanité », médecins, psychiatres, psychologues, philosophes... Abraham Maslow, Gregory Bateson, Fritz Perls, Carl Rogers, Wilhelm Reich en font partie. Leurs découvertes sur le fonctionnement humain touchent non seulement le monde de la psychologie, mais également d'autres sciences comme la physique quantique. Plusieurs courants se développent, parmi lesquels trois principaux : la psychologie humaniste, l'école de Palo Alto et la psychologie transpersonnelle. C'est sur ce terreau que l'Ennéagramme va ressurgir ; c'est parce que les chercheurs de ces différentes écoles ont commencé à révolutionner le regard sur l'autre qu'est apparue, un jour, la nécessité d'un outil de connaissance de soi. L'Ennéagramme est revenu au goût du jour parce qu'une révolution était en marche : un besoin impérieux de mieux comprendre la nature humaine et de retrouver l'Essence de l'être. Les trois principaux pionniers de l'Ennéagramme d'après-guerre – Oscar Ichazo, Claudio Naranjo et Helen Palmer – le considèrent d'abord comme un moyen d'élargir la conscience.

Le mouvement transpersonnel s'est structuré aux États-Unis en 1969 autour de plusieurs considérations de C. G. Jung :

– La psyché a une dimension cosmique.
– Toute âme a besoin de transcendance.
– L'individu a besoin de se relier au sacré.

Jung est le premier de ces psychologues à ne s'être pas arrêté au seul fonctionnement intellectuel et affectif, mais à être passé du personnel au « transpersonnel » (*Überpersönlich*), à avoir eu la conviction que l'homme, fondamentalement, est en quête d'une dimension supérieure de lui-même. Dans cette ébullition de nouvelles perspectives, l'apport révolutionnaire principal consiste à considérer l'homme comme conscient. Ce qui implique qu'en thérapie, la relation entre un thérapeute qui sait et un patient qui se laisse prendre en charge n'est pas forcément la seule possible. Il devient souhaitable de proposer une nouvelle forme d'accompagnement où le patient deviendrait coresponsable, conscient de lui-même et de son évolution. Dans cette perspective, des professionnels de l'accompagnement – y compris des accompagnateurs spirituels chrétiens – souhaitent rendre l'homme plus autonome, plus conscient de lui-même. Ce qui n'est possible que s'il existe un outil de connaissance de soi clair et accessible à tous. Inutile de dire combien cette même idée s'applique à l'accompagnement spirituel. Quand le consultant possède des repères clairs sur sa vie intérieure, sur ses zones d'ombre et sur son travers principal, le dialogue avec l'accompagnant est d'autant plus riche.

Dans les années 1960, un philosophe bolivien, Oscar Ichazo, a l'idée d'associer la symbolique du diagramme aux axes passions/vertus des Pères du désert. Il ajoute ainsi aux sept « péchés capitaux » traditionnels deux passions : le mensonge et la peur. Ichazo développe alors son école de développement personnel, appelée école Arica. Dans le même temps, le médecin psychiatre Claudio Naranjo associe au développement du système certains concepts de la psychologie transpersonnelle. Par ailleurs, il établit les correspondances entre les passions et les pathologies de la psychologie contemporaine, dans l'ordre de 1 à 9 : l'obsessionnel, l'hystérique, le type A, le dépressif, le schizoïde, le paranoïaque, le narcissique, le sociopathe et le passif agressif, dont la typologie est établie dans la « bible » de la psychiatrie moderne, le *Diagnostic and Statistical Manual of Mental Disorders* (*Manuel diagnostique et statistique des troubles mentaux* ou *DSM)*. Ces pathologies représentent la détérioration psychologique de chacun des neuf types, quand l'individu s'enferme dans son point de vue. Naranjo développe également une technique pour permettre à chacun de découvrir sa dominante par lui-même : c'est ainsi que naît le système des panels où plusieurs participants d'un même type viennent témoigner ensemble. Dès lors existe un outil qui fonctionne aussi bien pour les thérapeutes désireux de « lire le comportement » de leurs patients que pour tous ceux qui souhaitent une grille de lecture afin de structurer leur développement psychologique et spirituel.

Naranjo compte parmi ses étudiants Helen Palmer et Bob Ochs. Dans les années 1960, Helen crée un centre de développement de l'intuition, avec une certaine notoriété, plusieurs participants étant de hauts fonctionnaires du gouvernement. Elle répertorie alors neuf modes d'intuition différents. Quand sa route croise celle de l'Ennéagramme, elle constate avec surprise que les différents modes d'intuition sur lesquels elle travaille correspondent étroitement aux types de l'Ennéagramme. Helen associe l'Ennéagramme à ses recherches sur l'intuition, l'enrichissant de données plus subtiles permettant de mieux comprendre les neuf états du centre mental supérieur par exemple. Elle précise : « La psychologie moderne a moins de cent ans d'existence, mais l'étude des types qui considère la passion comme une dérive de la personnalité a une histoire bien plus longue. En Occident, les passions sont plus connues sous le nom des sept péchés capitaux, auxquels ont été ajoutées deux tendances : celle du mensonge (point Trois) et de la peur (point Six) (voir figure p. 26). Plutôt que d'être une découverte psychologique récente, il semble que notre Ennéagramme des types de personnalités ne soit qu'une redécouverte contemporaine d'un très vieux concept de la nature humaine. » Helen est l'auteur de plusieurs livres dont *Le Guide de l'Ennéagramme*[6], traduit en plus de trente langues et considéré comme une référence pour la présentation des neuf profils. Elle anime des sessions Ennéagramme tant à l'université de Berkeley qu'à celle d'Harvard.

En 1988, David Daniels, professeur en médecine spécialisé en psychologie clinique au département des sciences comportementales de l'université de Stanford, s'associe à Helen Palmer pour créer le programme de formation professionnelle à l'Ennéagramme[7]. L'implication de David s'avère décisive dans la connaissance de celui-ci : non seulement Daniels est reconnu comme une personnalité éminente dans sa profession, mais il va s'arranger pour que le campus de Stanford héberge la première conférence internationale sur le sujet en 1994, qui réunit mille cinq cents participants provenant de vingt-sept pays. Grâce à lui, l'Ennéagramme gagne soudainement en légitimité et en crédibilité. Plus récemment, David Daniels s'est associé aux recherches du Dr Jack Killen sur les liens entre l'Ennéagramme et les neurosciences, qui semblent cautionner l'hypothèse des trois centres d'intelligence en les reliant aux trois émotions aversives de base : la colère, la peur et la détresse. De plus, ces recherches semblent établir que la prise de conscience de notre fonctionnement et nos automatismes sont des vecteurs de neuroplasticité.

Père jésuite, Bob Ochs participe quant à lui dès 1971 au groupe de travail de Naranjo à San Francisco. Il est particulièrement intéressé par des liens qui lui semblent évidents entre les « idées saintes du centre mental supérieur » points Trois, Six et Neuf du diagramme (voir figure p. 25) et les vertus théologales – la foi, l'espérance et la charité –, ainsi que par le sens des flèches qu'il interprète en rapport avec les mouvements de consolation et de désolation décrits par Ignace de Loyola dans *ses Exercices*. Dans les années 1970, il diffuse largement l'Ennéagramme à la Loyola University de Chicago (seize mille étudiants) : à partir de là, ce système va connaître un essor considérable dans le monde chrétien.

Le premier livre

Jusqu'en 1984, l'Ennéagramme demeure une tradition orale. À cette date, trois élèves de Bob Ochs (Beesing, O'Leary et Nogosek) font paraître *L'Ennéagramme, un itinéraire de vie intérieure*[8]. Depuis, dans le monde entier, les livres fleurissent et l'intérêt pour ce système se développe de façon exponentielle. En France, l'Ennéagramme connaît une vive expansion depuis 1995, avec une quarantaine d'ouvrages parus. Richard Riso et Russ Hudson d'une part, Liz Hurley et Theodore Donson d'autre part créent également, à la fin des années 1980, des formations à l'Ennéagramme et écrivent plusieurs livres. Remi De Roo, Pearl Gervais et Diane Tolomeo s'inspireront de ces différents courants pour affiner leur connaissance de l'Ennéagramme et écrire le présent ouvrage.

Depuis vingt ans, j'ai animé des stages dans une douzaine de pays et rencontré des animateurs des cinq continents. De Rome à Téhéran, de Sydney à Pondichéry, de Jérusalem à Santiago du Chili, l'expérience prouve que la répartition des types est à peu près la même partout : il y a, grosso modo, autant de personnes sur chaque profil. De plus, l'étonnement suivant la prise de conscience de son travers principal semble universel : « Quand je me vois réagir dans mes automatismes, je deviens alors plus libre de stopper ce comportement pour en choisir un plus juste. » Dans les séminaires où se côtoient plusieurs nationalités, ce cheminement commun vers l'acceptation de soi gomme les différences culturelles et les participants se lient davantage en fonction des profils que des nationalités.

LES OBJECTIFS DE L'ENNÉAGRAMME

L'Ennéagramme a plusieurs applications. Il peut s'utiliser d'une part pour le développement psychologique et spirituel et d'autre part pour améliorer sa relation avec les autres. Il offre le double avantage d'être rapidement accessible et de pouvoir se complexifier à l'infini, pour ceux désireux d'approfondir la nature humaine. Comme tous les symboles, l'Ennéagramme peut être interprété à différents niveaux. À son niveau le plus simple, il décrit neuf profils de personnalité, aucun n'étant meilleur qu'un autre. Chaque type correspond à une perception du monde, ainsi qu'à un fonctionnement mental et émotionnel spécifique.

L'Ennéagramme nous aide à découvrir notre « pilote automatique », c'est-à-dire notre forme d'attention qui agit même sans que nous en ayons conscience. Ce pilote automatique provient des mécanismes de défense que nous avons développés enfants, afin de nous adapter au mieux à notre environnement. Avec le temps, ces mécanismes sont devenus comme naturels au point qu'aujourd'hui, face à une situation nouvelle, nous continuons à filtrer l'information en fonction d'eux. C'est ce qu'on appelle la « personnalité » : notre façon de percevoir le monde. Si cette personnalité nous est utile, elle peut également nous empêcher de considérer d'autres points de vue que le nôtre. Elle peut aussi bloquer notre développement personnel ou spirituel. L'étude de l'Ennéagramme va nous permettre de nommer à la fois notre travers principal – le comportement répétitif dans lequel nous vivons le plus souvent – et notre talent principal. Approfondir la connaissance de nous-mêmes va nous aider à mieux nous comprendre, à cerner notre potentiel et à voir comment progresser vers ce que Carl G. Jung appelait le « vrai Soi ».

L'étude de la personnalité n'est, en effet, qu'un point de départ qui permet d'accéder à la réalisation du Soi, en relation avec ce que nous appellerons l'« Essence de l'être ». En tant que typologie d'origine spirituelle, le type est ici vu comme un agent de changement en vue d'accéder à d'autres niveaux de conscience. La plupart des traditions spirituelles préconisent de commencer son cheminement par une solide connaissance de soi, alliée à la capacité d'observer ses réactions et ses émotions. L'Ennéagramme remplit ces deux objectifs.

Ce système est une carte de notre vie intérieure. La clé du système, c'est notre façon de *faire attention*. L'Ennéagramme nous fait prendre conscience que nous filtrons toujours l'information de la même façon et que nous sommes beaucoup plus que notre personnalité. En fait, la personnalité n'est que le masque principal que nous avons utilisé enfants et qui nous a aidés à nous adapter à notre environnement. Ce comportement privilégié était celui qui, à une époque, nous permettait de recevoir le maximum d'attention et d'amour mais, avec le temps, nous avons fini par oublier que ce comportement n'était pas le seul possible. L'Ennéagramme nous propose de partir à la quête de notre potentiel inexploité : les autres comportements que nous n'utilisons pas ou peu.

Nos personnalités nous rendent différents les uns des autres. Ce que nous pensons ou percevons du monde dépend de ce que nous nous autorisons à recevoir au travers de notre champ de vision. Par exemple, deux personnes peuvent vivre la même situation et relater l'événement de façon très différente. Disons que deux amis déjeunent ensemble dans un bon restaurant. Pendant le repas, l'attention de l'un peut être principalement focalisée sur les retards dans le service ou les imperfections du discours de l'autre ; le deuxième, pour sa part, peut surtout admirer la décoration du lieu ou la beauté des assiettes. À la sortie du même repas, leur vécu sera très différent l'un de l'autre. L'Ennéagramme nous aide à comprendre pourquoi notre attention est dirigée dans une certaine direction et pourquoi cette attention est plus attachée à certaines informations qu'à d'autres. Il nous montre également comment progresser vers un mieux-être. Notre schéma comportemental nous fait, en effet, dépenser beaucoup d'énergie inutilement. En fait, là où nous mettons notre attention, nous mettons de l'énergie. Une fois nos schémas répétitifs découverts, nous pouvons mieux canaliser cette énergie et l'employer différemment.

L'observation de soi est une des clés pour utiliser la carte de l'Ennéagramme. Comprendre comment observer vos habitudes, votre pilote automatique, va non seulement vous permettre de découvrir votre base sur l'Ennéagramme, mais sera également une clé de développement personnel.

Les applications de l'Ennéagramme sont multiples. Il est prisé pour l'éducation des enfants et la vie de couple. Les enseignants l'utilisent pour aider leurs étudiants à apprendre mieux et plus vite. Les thérapeutes et consultants s'en servent pour améliorer les qualités relationnelles de leurs patients et clients. Les entreprises l'utilisent pour favoriser le travail d'équipe, la créativité et l'organisation interne. Il est également utilisé dans les congrégations religieuses de différentes obédiences, notamment pour l'accompagnement spirituel. Comme guide à la compréhension du comportement et de ses motivations, l'Ennéagramme surprend par sa facilité d'accès, sa dynamique et sa précision.

TROIS CHEMINS DE CONVERSION

L'Ennéagramme propose l'existence de trois centres d'intelligence qui servent à percevoir et à communiquer avec le monde extérieur :

– Le centre mental situé dans la tête.
– Le centre émotionnel situé au niveau du cœur.
– Le centre instinctif situé dans l'abdomen.

Quel que soit son profil, on peut se transformer en mettant davantage de conscience sur l'un ou l'autre de ces centres.

Le centre mental : de la fixation à l'« idée sainte »

La « fixation » est le nom de la préoccupation mentale, du mode d'attention principal de chaque type. L'« idée sainte » est la saveur qu'offre le mental lorsqu'il se libère de ses schémas habituels, lorsque la fixation n'est plus. Quand notre mental arrête ses jacasseries, il n'y a pas de néant, de saveur désagréable. Au contraire, un état de quiétude s'installe. Le talent mental de chaque type peut alors émerger. Il s'agit d'une perception, d'une connaissance au-delà de la conscience ordinaire, au-delà de nos capacités mentales habituelles. Cet état d'être a été appelé « idée sainte » dans l'Ennéagramme.

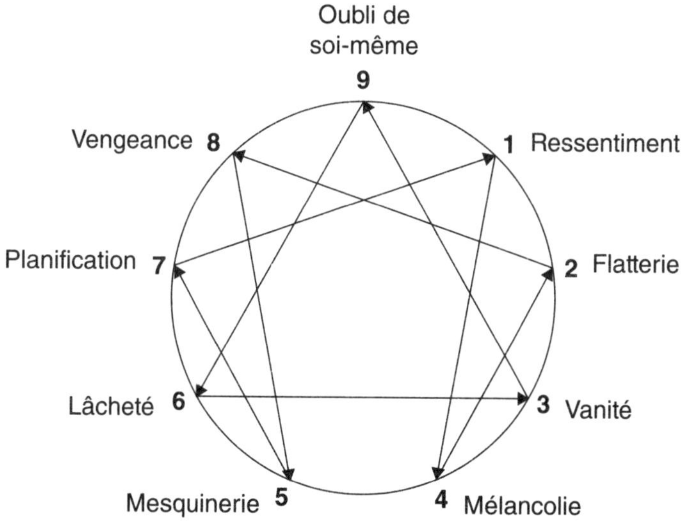

Les neuf fixations

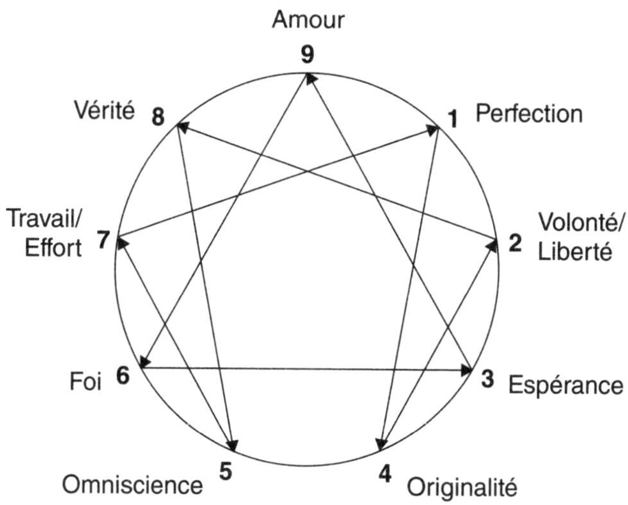

Les neuf « idées saintes »

Le centre émotionnel : de la passion à la vertu

La préoccupation émotionnelle de chacun des profils ou types est appelée la « passion ». Elle peut être vue comme le moteur, la force qui entraîne la personnalité. À l'autre extrême, l'état de bien-être, lié au détachement de la passion, lorsque nous avons repris les rênes de notre ego, s'appelle la « vertu ». Par exemple la passion des gens de profil Sept est la gourmandise, ce qui ne signifie pas simplement aimer les gâteaux et friandises mais avoir un désir « glouton » de vivre intensément de multiples expériences variées. Quand on parvient à résister à la passion en renonçant à son comportement automatique, on accède à un état d'être différent, appelé « vertu du type ». Dans le cas du Sept, la vertu s'appelle la « sobriété », une forme de bien-être de l'instant présent, une fois canalisé son désir émotionnel.

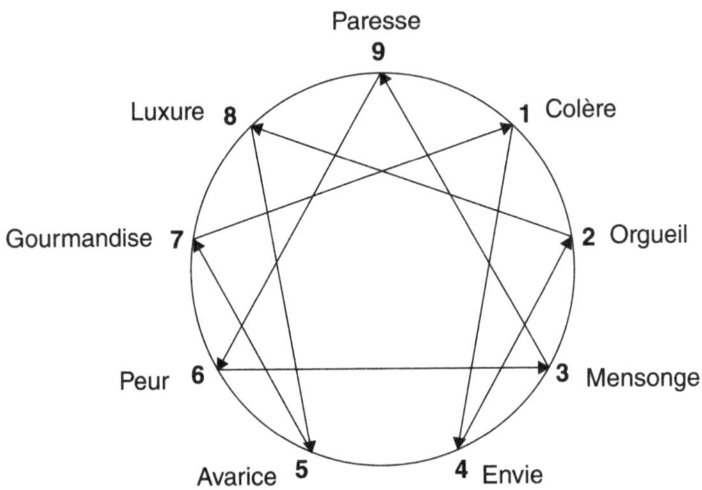

Les neuf passions

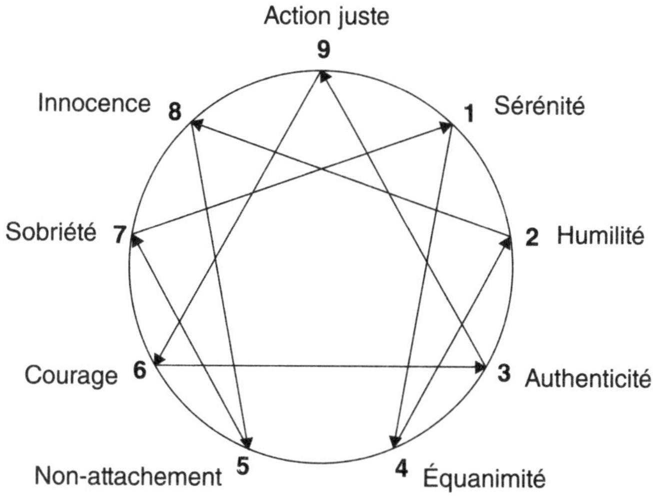

Les neuf vertus

Le centre instinctif : maîtriser nos pulsions

Chaque type a trois formes de comportements instinctifs. Il s'agit de pulsions, de réactivités primaires à vouloir se protéger en tant qu'organisme vivant. Ils correspondent à trois situations de la vie : survivre, procréer, exister au sein du groupe. L'étude de ce centre de perception ne peut être traitée plus précisément ici. Pour plus de précisions sur les pulsions instinctives, nous renvoyons à notre livre *La Clé de l'Ennéagramme.*

PRÉSENTATION DES NEUF PROFILS DE PERSONNALITÉ

Le type Un : de la colère à la sérénité

« Le monde est imparfait, cherchons à l'améliorer. » Les Un sont en général des personnes responsables, travaillant dur et mettant haut la barre. Ils prennent la vie au sérieux et peuvent apparaître comme irritables, rigoureux, méticuleux et exigeants à force de tendre vers la perfection.

Enfants, ils ont ressenti vivement la critique. Ils en ont tellement souffert, surtout lorsqu'il s'agissait de détails, qu'ils se sont donné beaucoup de mal pour se comporter « correctement ». Ils ont donc appris à évaluer le bien et le mal et à corriger leurs erreurs avant que les adultes ne les réprimandent. Les Un passent leur temps à considérer comment les choses devraient être. Ils ont beaucoup de respect pour ceux qui essaient de faire au mieux, quelle que soit la somme des efforts consentis. Les Un répriment leurs désirs en se concentrant sur ce qui doit être fait – et bien fait, s'il vous plaît ! Dans certains cas, à force d'être obnubilés par l'idée qu'« il convient d'agir comme ceci », ils ne sont plus conscients de leurs propres désirs, tellement ils sont habitués à suivre les règles. L'évolution des Un passe souvent par la reconnaissance de leurs envies, ils peuvent alors relativiser la non-conformité à certains schémas et le plaisir réapparaît dans leur vie. L'intégrité et l'authenticité sont des valeurs importantes. Suivre les règles morales ou religieuses est capital. Il leur arrive de tomber dans l'extrême, de trop en faire, jusqu'à traquer tous ceux qui ne sont pas dans le droit chemin. L'autocritique les laisse rarement tranquilles. Du coup, ils ont du mal à se rendre compte combien la critique qu'ils émettent envers les autres peut être dure, ou cassante.

Ces différents traits de caractère amènent :

	Au pire	Au mieux
Niveau émotionnel	la colère	la sérénité
Niveau mental	le ressentiment	la perfection

La *colère*, c'est une prise de position contre la réalité. Ne pas accepter que les choses soient comme elles sont. L'envie de réformer le monde est telle qu'en permanence les Un vivent avec une forte colère intérieure non exprimée, liée à l'irritation envers ce monde qui « devrait être plus vertueux ». Le *ressentiment* apparaît souvent comme un sentiment d'injustice par rapport à la somme de travail énorme qu'ils ont accomplie. Ils ont travaillé plus que les autres (pour essayer d'atteindre la perfection) et ils ont le sentiment de ne pas être justement récompensés. Il y a donc une forme d'« indignation de bon droit ». La *sérénité* n'est pas la cessation de l'émotion, mais un état de conscience qui permet aux sensations d'être pleinement vécues, sans jugement de ce qu'elles sont plaisantes ou non. Les Un qui réussissent à exprimer leur colère justement évoquent le plaisir de ressentir la juste circulation des énergies dans le corps. La *perfection*, c'est accepter que les choses se déroulent probablement *comme elles doivent* au sens transpersonnel, c'est-à-dire au-delà de notre compréhension et de notre volonté.

Qualités essentielles : la notion de l'effort, l'envie de rendre le monde plus beau, d'améliorer les choses, l'honnêteté, la responsabilité, le plaisir du travail accompli, le plaisir d'avoir sa conscience tranquille.

Le type Deux : de l'orgueil à l'humilité

« Les autres ont besoin de mon aide. » Les Deux sont généralement des êtres actifs, encourageants, amicaux, auprès desquels on vient facilement se confier.

Enfants, les Deux ont eu le sentiment que leur survie dépendait du fait qu'ils aidaient, qu'ils rendaient service. Dès lors, ils ont tout fait pour déceler les besoins, les envies de leurs proches. Ils ont développé d'énormes facultés d'adaptation, parce que la solitude leur paraît dangereuse. Pour eux, elle est liée à un sentiment de non-existence. Ils préfèrent donner que recevoir et semblent ne pas avoir de besoins propres. Ils offrent volontiers leur temps et leur énergie. Leurs cadeaux sont judicieusement choisis, puisqu'ils savent intuitivement ce dont l'autre a envie. Ils peuvent aller très loin dans leur besoin d'aider ou de plaire. Ils peuvent même s'épuiser à force de vouloir porter les autres sur leurs épaules. Ils ont énormément de mal à dire non quand on leur demande un service. Leur besoin d'assister peut aller jusqu'à devenir inconsciemment manipulateurs, si bien qu'il est parfois difficile de refuser leur aide. C'est une forme de stratégie du don au service de la séduction : « Si je te plais, tu vas accepter que je te donne, et si tu dépends de moi, j'ai le sentiment d'exister. » Même si certains Deux tombent dans ce genre de manipulation, nous sommes là en présence d'amis inconditionnels, qui ont beaucoup d'amour à offrir. L'évolution des Deux passe par la reconnaissance de leurs propres besoins qui ne peut intervenir que lorsque est dépassée la peur d'être rejetés. Il leur deviendra alors possible d'utiliser leurs énergies pour leur épanouissement et non plus pour leur image d'altruiste. Pour aider les Deux, il faut réussir à leur exprimer qu'on les aime pour ce qu'ils sont, indépendamment de ce qu'ils donnent.

Ces différents traits de caractère mènent à :

	Au pire	Au mieux
Niveau émotionnel	l'orgueil	l'humilité
Niveau mental	la flatterie	la volonté/la liberté

L'*orgueil*, c'est tomber dans la fierté de rendre service, au point de renier ses propres besoins. L'*humilité*, c'est au contraire accepter que les autres puissent se passer de soi, qu'on a le droit d'exister par soi-même sans se sentir dévalorisé. La *flatterie*, c'est focaliser ses forces mentales sur les autres jusqu'à abandonner sa *volonté* d'agir par et pour soi-même. On a alors perdu sa *liberté*.

Qualités essentielles : les Deux vous donnent confiance en vous, ils stimulent vos qualités et vous encouragent. Ils apprécieront de vous voir atteindre vos objectifs, surtout s'ils ont pu vous y aider. Leur attention est chaleureuse. Ils ont une présence prévenante. Souvent pleins d'énergie, ils la font facilement partager. Ils feront beaucoup plus pour vous qu'ils ne feront pour eux-mêmes.

Le type Trois : de la duperie à l'authenticité

« Le monde valorise les champions, évitons l'échec à tout prix. » Les Trois apparaissent pleins de confiance en eux, ambitieux, gagneurs, rapides et enthousiastes. Ils travaillent dur pour atteindre leurs objectifs et font de bons chefs d'équipe, capables de faire partager aux autres leur assurance qu'« on va gagner ».

Enfants, ils ont eu le sentiment que les gagnants étaient particulièrement aimés. Ils croient que l'amour et la reconnaissance peuvent être atteints par le travail. Les Trois valorisent donc le prestige, l'image et le mérite professionnel. Leur besoin de réussir les rend très sensibles à la notion de gagner ou de perdre. Les Trois prennent rarement des risques non calculés. Quand ils acceptent un projet, ils veulent avoir le sentiment qu'ils pourront le mener à bien. Si jamais ce n'était pas le cas, ils relativiseraient l'échec en parlant d'« expérience utile ». Le pire pour eux serait une défaite au vu et au su de tous. La notion de travail est particulièrement importante, jusqu'à une confusion possible entre « qui je suis » et « le travail que j'accomplis ». La vanité pousse à se passionner pour l'image qu'on a de soi. Il faut prouver sa valeur au travers de l'accomplissement de son image face aux autres. De tous les types, les Trois sont ceux qui savent le mieux se vendre. On va également retrouver chez les Trois un besoin d'attirer l'attention. « Bien faire mon travail n'est pas suffisant, il faut que les autres le sachent. » Il y a donc chez le Trois le souci des apparences, le besoin d'être valorisé. Dans la dynamique des Trois, la notion de succès est importante, ils ont donc envie de faire fortune et de se distinguer de leurs semblables. Ils ont une bonne capacité à faire les choses rapidement : leur rapidité d'action est au service de l'efficacité, ce qui leur donne un regard sur la vie à la fois rationnel et concret. Leur désir de se réaliser socialement est tel qu'ils peuvent être perçus comme froids et calculateurs. Ils savent comment motiver les autres autant qu'eux-mêmes pour atteindre les buts qu'ils se sont fixés.

Ces différents traits de caractère mènent à :

	Au pire	Au mieux
Niveau émotionnel	la duperie	l'authenticité
Niveau mental	la vanité	l'espérance

La *duperie,* c'est ne regarder le monde qu'avec ses critères de réussite, au point d'arranger la vérité, pour donner la meilleure image possible. L'*authenticité* est un état intérieur où il n'y a pas besoin de jouer un rôle. Plutôt que de regarder les autres pour valider le personnage qu'ils souhaitent qu'on incarne, elle consiste à demeurer soi-même. La *vanité*, c'est l'autosuffisance liée au savoir qu'on est plus doué que d'autres pour vaincre. L'*espérance*, c'est accepter qu'une fois accompli ce que l'on avait à faire, le reste ne dépend pas exclusivement de soi. Il y a là une capacité à lâcher prise. Les Trois commencent à s'ouvrir lorsque leurs propres sentiments deviennent les critères de décision, quand ils sont capables de prendre du recul par rapport à leur activisme motivé par le prestige. Au mieux d'eux-mêmes, ils vont être guidés par le sens de l'honneur, de la famille et de l'amitié.

Qualités essentielles : les Trois sont de bons animateurs, enthousiastes, efficaces, avec le sens pratique. Ce sont d'excellents professionnels, quelles que soient leurs activités. Ils apprennent vite, sont de bons leaders, organisés, flexibles et dynamiques.

Le type Quatre : de l'envie à l'équanimité

« J'ai toujours l'impression qu'il y a quelque chose qui manque et que l'herbe est plus verte ailleurs. » Les Quatre amènent avec eux l'amour d'une vie intense et dramatique. Idéalistes, ils refusent la banalité du quotidien et sont attirés par l'intensité des émotions, aussi extrêmes soient-elles.

Le point important, au niveau de l'enfance, est la notion de perte. Les Quatre décrivent souvent l'impression d'avoir été abandonnés dans leur petite enfance par quelqu'un d'important. Ils disent alors avoir ressenti une très forte émotion. À partir de là, l'attention s'est dirigée sur « l'herbe plus verte du pré d'à côté » au détriment de ce que « j'ai ici à ma disposition, dans mon jardin ». Craignant d'être abandonnés à nouveau, les Quatre vont se singulariser par tous les moyens. Cyclothymiques, ils vont rechercher dans chaque jour ce qu'il y a d'exceptionnel. Comme leur fibre artistique est particulièrement développée, ils vont être sensibles à la qualité de la lumière, à la décoration, au goût. Les Quatre sont centrés à la fois sur les relations et sur les émotions. Aussi la recherche du partenaire idéal est-elle une priorité. Ce qui en fait, aux yeux de la société, des originaux. Le travail est souvent secondaire, surtout si une nouvelle relation apparaît dans leur vie. Sur le plan affectif, ils risquent de valoriser les relations difficiles parce que d'autant plus intenses. Ils peuvent même rechercher les émotions négatives. Quand la vie devient trop ordinaire, ils vont préférer amplifier la nostalgie et la mélancolie plutôt que « bêtement » vivre la banalité. À cause de la puissance de leur imaginaire émotionnel, les Quatre sont souvent qualifiés d'« artistes ». Ils ont en effet besoin de concrétiser leur créativité. Quelle que soit leur activité professionnelle, ils trouveront le moyen d'insérer une forme de créativité dans leur travail.

Ces différents traits de caractère mènent à :

	Au pire	Au mieux
Niveau émotionnel	l'envie	l'équanimité
Niveau mental	la mélancolie	l'originalité

L'*équanimité* est le sentiment contraire du manque. C'est se sentir bien, comblé. L'*envie* met la source de la plénitude à l'extérieur de soi. Au contraire, les Quatre qui atteignent l'égalité d'humeur réalisent que le bonheur peut se créer avec les moyens d'aujourd'hui. À ce niveau, les Quatre ont maîtrisé leur imaginaire émotionnel et s'ils sont toujours amoureux de la beauté et de l'esthétique, ils ne se laissent plus submerger par les émotions que celles-ci peuvent provoquer. Ils sont capables de filtrer la réalité avec une certaine subjectivité. Ils sauront faire apprécier leur goût pour les symboles, les métaphores. La *mélancolie*, c'est se complaire dans un état de tristesse, considérant que cette forme de souffrance est nécessaire et utile. L'*originalité*, c'est dépasser le sens premier de ce mot : le besoin de se singulariser, pour admettre en son for intérieur que nous sommes tous fondamentalement différents, donc que soi-même on est « originellement original ».

Qualités essentielles : les Quatre font partager leur conviction que les émotions sont sous-valorisées dans notre société et qu'on devrait leur accorder plus d'espace. Les Quatre nous soulignent les temps forts de l'existence : les périodes d'amour, les naissances, les décès... Pour eux, mener sa vie c'est comme réaliser une œuvre d'art. Par ailleurs, ils nous aident à accepter notre ombre qui est la partie inconsciente de notre personnalité.

Le type Cinq : de l'avarice au non-attachement

« Le monde est intrusif, j'ai besoin d'intimité pour réfléchir et me ressourcer. » Les Cinq apparaissent souvent comme distants, intellectuels, calmes, objectifs, peu sensibles aux émotions. Souvent plongés dans leurs pensées, ils s'intéressent à l'information et au savoir. Ils sont facilement fatigués par le brouhaha du groupe, même simplement par la présence de quelqu'un à côté d'eux. Leur peur de l'intrusion les amène à protéger leur espace vital, ne serait-ce que pour pouvoir réfléchir « sainement ».

Les Cinq racontent souvent que dans leur enfance ils se sont sentis envahis. Il était donc naturel de se protéger en s'éloignant plutôt que de risquer un contact. Il s'est ensuivi une stratégie consistant à « se contenter de ce qu'on a », plutôt que d'essayer d'avoir davantage. Les Cinq peuvent en effet se contenter de très peu. Ils maximisent leur indépendance et se réfugient dans leurs réflexions mentales. Leur mental leur sert de nourriture. C'est lui qui leur donne la direction, c'est un compagnon autant qu'un ami. C'est également un sanctuaire, comme un château fort où l'envahisseur ne peut pas pénétrer. « Personne ne m'obligera jamais à livrer le contenu de mes pensées. » Les Cinq peuvent séparer les pensées des sensations. Ils peuvent regarder leur corps vivre des sensations qu'ils pourront, plus tard, une fois seuls, vivre comme des émotions. Les Cinq réduisent l'importance de leurs besoins pour conserver leur liberté. Ils ont le sentiment que trop d'émotions nuiraient à la qualité de leur intellect et qu'ils ne contrôleraient plus rien. Ils donnent peu parce que donner pourrait les entraîner à entrer dans une relation qui menacerait leur indépendance. Ils apprécient la solitude de peur de se faire engloutir par les autres. Une autre caractéristique des Cinq est une forme d'insensibilité. À force de vouloir éviter tout contact avec les sensations, ils peuvent devenir indifférents, froids devant les émotions des autres. Parfois, ils ont du mal à agir, puisque agir c'est révéler ses intentions. Les Cinq ne sont pas seulement introvertis mais également fortement intellectuels. Ils cherchent à acquérir le plus de connaissances possibles, toujours dans l'idée de se prémunir contre l'imprévisible.

Ces différents traits de caractère mènent à :

	Au pire	Au mieux
Niveau émotionnel	l'avarice	le non-attachement
Niveau mental	la mesquinerie	l'omniscience

Le *non-attachement* est une qualité qui permet aux sentiments, au vécu d'aller et venir en prenant acte de la diversité de ses sensations. Au contraire, l'*avarice* consiste à vivre dans la peur du manque et à compenser en vivant avec le minimum possible. La *mesquinerie,* au-delà du sens premier du mot, c'est cette habitude mentale consistant à ne délivrer que le minimum d'informations, à limiter tout contact avec les autres, afin de retrouver au plus tôt sa chère solitude. L'*omniscience* est une expérience mentale par laquelle toute la connaissance du monde est accessible, sans avoir besoin d'utiliser sa mémoire. Dans cet état, les Cinq ont donc dépassé leur avidité d'accumuler les connaissances et ont atteint un lâcher-prise. Ils peuvent, à bon escient, avoir accès à d'autres sources de savoir.

Qualités essentielles : les Cinq nous montrent la nécessité de prendre du recul dans notre vie, pour pouvoir analyser à froid notre situation. Quand ils ont dépassé leur peur de la promiscuité, les Cinq font d'excellents enseignants, grâce à leurs capacités d'analyse et de synthèse. Ils savent accepter le « jeu de la vie » sans attacher grande importance au résultat.

Le type Six : de la peur au courage

« Le monde est menaçant, vérifions la fiabilité de l'autorité. » Les Six sont généralement loyaux, grands travailleurs, prudents et imaginatifs. Ce sont plutôt des joueurs d'équipe que des capitaines. Ils sont particulièrement sensibles au non-dit, aux possibles vices de forme et à tout danger susceptible de se cacher derrière les apparences. Il y a deux sortes de Six, en fonction de leur réaction face au danger. Quand le Six « phobique » sent le danger, il fait profil bas : il va agir avec prudence, pour éviter l'attaque potentielle. Quand le Six « contre-phobique » sent le danger, il le provoque délibérément : il va agir de façon franche et agressive, préférant maîtriser l'action plutôt que la subir. Cette distinction entre ces deux réactions face à la peur est souvent virtuelle, la plupart des représentants de ce type étant soit dans une attitude, soit dans l'autre, au gré des circonstances.

Enfants, les Six avaient l'impression que l'autorité n'était pas digne de confiance. La sécurité ne pouvait venir qu'en prévoyant à l'avance ce que l'autre avait en tête. Leur attention est donc souvent orientée vers le pire scénario possible, puisqu'ils tendent à projeter leurs craintes. Leur pensée est souvent interrompue par des questionnements soudains : « Oui, mais ? Et si jamais... ? Et si un malheur arrivait ? » Autant de pensées qui amènent le doute et stoppent l'action. Mettre trop l'accent sur les arguments négatifs rend difficile l'avancement des travaux. De plus, le moindre pas en avant peut être dangereux puisqu'on avance en terrain inconnu. Les Six ont un imaginaire qui tend à amplifier le négatif et à diminuer leur potentiel. La confiance revient quand les Six sont dans un contexte fiable. Alors, ils peuvent laisser libre cours à leurs idées. Comme nous l'avons déjà mentionné, la réaction à la peur est ambivalente : soit ils sont paralysés, soit ils surcompensent par un comportement héroïque. La méfiance envers l'autorité, la suspicion envers les motivations de l'autre entraînent une forte insécurité. Ils peuvent chercher à la compenser par le désir d'accorder leur loyauté à un leader, ou à une organisation. En fait, se soumettre à l'autorité en place et se faire l'avocat du diable qui aiguillonne l'autorité sont deux comportements engendrés par le doute.

Ces différents traits de caractère mènent à :

Le doute	Au pire	Au mieux
Niveau émotionnel	le doute/la peur	le courage
Niveau mental	la lâcheté	la foi

Le *courage*, c'est faire suffisamment confiance à ses intuitions corporelles et émotionnelles pour pouvoir les suivre. Quand une voiture est sur le point de vous renverser, votre corps n'attend pas le résultat de votre réflexion pour plonger sur le côté. Dans le cas du Six, le *doute*/la *peur* peut annihiler jusqu'aux instincts les plus fondamentaux. À l'autre extrême, de nombreux Six sont capables d'incarner le courage à l'instant où, au milieu du pire des dangers, ils vont agir comme il convient. La *lâcheté* est en fait une soumission excessive qui peut amener à suivre aveuglément les ordres d'une autorité externe. La *foi*, c'est être capable de dépasser la peur de l'inconnu, de dominer ses projections mentales pour sentir s'il est intuitivement possible de faire confiance.

Qualités essentielles : les Six sont d'une loyauté à toute épreuve pour leur cercle d'amis. Ils sont de fervents supporters des faibles, attentifs à tous ceux qui ont besoin d'être protégés. Leur habitude de remettre en question une situation permet d'anticiper les écueils éventuels et d'aller au fond des choses.

Le type Sept : de la gourmandise à la sobriété

« Le monde est plein d'opportunités, profitons-en ! » Les Sept sont d'éternels optimistes, entraînants, charmants et imaginatifs. Ce sont de grands enfants, habiles, souvent porteurs d'une étincelle de joie de vivre. Ils ont une bonne capacité à rebondir après un accident. Ils ont une grande diversité d'intérêts, ne supportent pas la souffrance, n'aiment pas être enfermés et ont du mal à finir ce qu'ils ont entrepris. À ce titre, ils peuvent apparaître comme superficiels. Ils considèrent la vie comme un vaste terrain de jeu, plein d'options amusantes.

Dans l'enfance du Sept, il y a souvent eu un événement douloureux. L'enfant a alors décidé d'atténuer sa souffrance en s'évadant dans les infinies possibilités de l'imagination. Il va donc essayer de maintenir un haut niveau d'excitation en multipliant les activités. Il va également tout faire pour garder plusieurs options ouvertes afin d'éviter l'engagement dans une seule direction. Il va tendre à remplacer les émotions profondes par des artifices comme bavarder ou plaisanter. Les Sept vont faire plein de projets, pour être sûrs de ne pas se faire enfermer. « Quand je suis invité à trois soirées et que la première s'avère ennuyeuse, il m'en reste deux autres où pouvoir encore m'amuser. » En fait, toute leur vie est orientée vers le plaisir qui les éloigne de la souffrance. Ils tendent à effacer les mauvais souvenirs de leur mémoire et à ne garder que les bons. Tant que l'esprit peut explorer le futur à volonté, le plaisir est accessible et il y a une alternative à la souffrance. Aussi, tout événement difficile est rationalisé, pour éviter l'émergence d'un ressenti désagréable. Les Sept évoluent le jour où ils se mettent à accepter que le désagréable peut existter. Ils peuvent dès lors mener une vie plus paisible en cessant de s'échapper. Les Sept se voient comme des explorateurs, leur recherche de nouvelles expériences étant de toute façon plus fascinante que l'ici et maintenant. Il y a toujours une ouverture possible sur des lendemains qui chantent. Ils sont souvent non conformistes et ils se méfient des autorités envers lesquelles ils se comportent plus en diplomates qu'en contestataires. Leur nature indisciplinée provient de ce qu'ils ne veulent jamais retarder un plaisir.

Ces différents traits de caractère mènent à :

	Au pire	Au mieux
Niveau émotionnel	la gourmandise	la sobriété
Niveau mental	la planification	le travail/l'effort

La *gourmandise* a ici le sens de la gloutonnerie qui éloigne la peur en se concentrant sur les multiples possibilités. Les Sept tendent à vouloir goûter un petit peu de tous les desserts plutôt que d'en prendre un seul, craignant de passer à côté du meilleur. La *sobriété* est, au contraire, un état où les émotions du Sept sont concentrées dans une seule direction : accepter de tirer le maximum du choix qu'on a fait. L'*effort* représente l'implication et la persévérance nécessaires pour arrêter le tourbillon du mental afin qu'il retrouve la paix. La *planification* est cette manie de toujours faire des projets, afin d'éviter a priori l'enfermement dans le présent. Le *travail* est lié à l'effort nécessaire pour dépasser le narcissisme. Convaincu qu'il a raison de voir le monde « tout beau et tout gentil », le Sept doit faire un effort pour accepter la réalité des choses et faire preuve de constance dans ce qu'il a entrepris.

Qualités essentielles : la joie de vivre et la gaieté, l'inventivité, la spontanéité, la facilité à goûter la vie, la polyvalence. L'attitude des Sept face aux incidents de la vie consiste à relativiser le malheur, considérant toujours que « ça aurait pu être pire » et qu'il doit y avoir une bonne raison à cet incident.

Le type Huit : de la luxure à l'innocence

« Le monde est injuste, je dois protéger les innocents. » Les Huit sont généralement forts, imposants, directs et apportent avec eux une énergie puissante. On représente souvent le Huit comme un chevalier à l'armure impressionnante avec, à l'intérieur, un moi plus vulnérable, qu'il protège. Les Huit sont des personnalités entières, du genre « tout ou rien » qui travaillent dur, qui parlent fort et qui aiment prendre le contrôle sur leur environnement. D'apparence agressive, ils sont souvent peu conscients de leur impact. Pour eux, ils sont tout simplement des gens directs. Ils ont un grand sens de la justice mais ils ont leurs propres règles.

Dans leur enfance, les Huit ont trouvé un environnement où la survie passait par la force plutôt que par la complaisance. Ils ont très vite appris à lutter contre plutôt que de suivre le mouvement. Parce que exprimer leurs sentiments les desservait, les enfants Huit ont appris à se méfier de leur tendresse. La sécurité passe pour eux par l'accumulation du pouvoir, par l'expression de la vérité et par le fait de « ne pas se laisser avoir par les émotions des autres ». Il convient donc de prendre ce qu'on veut avant que quelqu'un d'autre ne le prenne. Aussi, les Huit sont focalisés sur le contrôle. Ils se voient comme des justiciers protecteurs des faibles. « Quand j'ai ce que je veux, je me sens plus en sécurité. Et quand je peux l'avoir, pourquoi ne pas en avoir davantage. Reprendre plusieurs fois de quelque chose de bon donne l'illusion d'être en contrôle. Plus j'en ai, moins je me sens fragile. » Quand ils deviennent excessifs, quand ils sont dans leur désir implacable d'obtenir ce qu'ils veulent, les Huit ont le sentiment de compenser leur peur d'apparaître comme faibles. Lorsqu'ils se laissent toucher dans leurs émotions, les Huit deviennent anxieux, ils se sentent vulnérables. Ils ont peur d'être manipulés. Ils peuvent être considérés comme arrogants, insatiables, envahissants. Pour leur part, ils utilisent plutôt les mots « quête du pouvoir », ou « besoin de contrôler ». Ils n'hésitent pas à provoquer des conflits, préférant vous savoir contre eux que ne pas connaître votre position.

Ces différents traits de caractère mènent à :

	Au pire	Au mieux
Niveau émotionnel	la luxure	l'innocence
Niveau mental	la vengeance	la vérité

La *luxure* a ici une connotation plus large que la sexualité, il s'agit d'une impulsion vitale de croquer la vie à pleines dents. La *vengeance* est ici vue comme une focalisation à se comporter comme un justicier. Ne voyant le monde qu'en noir et blanc et considérant qu'ils ont toujours raison, les Huit sont capables de diriger toute leur puissance contre les fauteurs de troubles. L'*innocence* est l'état dans lequel les Huit peuvent laisser tomber leur garde et leur peur d'apparaître comme faibles. Dans cet état, il est possible de n'utiliser que la juste force pour répondre à une attaque. La *vérité* consiste également, au niveau mental, à accepter de lâcher le « tout contrôle ».

Qualités essentielles : les Huit peuvent mettre leur puissance au service de leurs proches. Ils deviennent protecteurs, ils font suffisamment confiance pour relâcher leur contrôle. Ce sont des êtres courageux, déterminés et persévérants. Ils sont honnêtes et directs et ils se montrent tels qu'ils sont.

Le type Neuf : de la paresse à l'action juste

« Ne faisons pas de vagues, préservons la paix et l'harmonie. »

Les Neuf sont généralement chaleureux, accommodants et tolérants. Ils aiment bien les cadres de vie tranquilles, prévisibles et confortables. Ils ont du mal à reconnaître leurs priorités et tendent à suivre celles des autres. Ils aiment bien la vie de groupe, ont parfois une apparence nonchalante et peuvent alterner suractivité et léthargie.

Enfants, les Neuf ont développé l'habitude de s'adapter à l'environnement. Ils avaient le sentiment que leur opinion ne serait pas prise en compte ou provoquerait un conflit. Ils ont donc appris à écouter et à aller dans le sens des autres, plutôt que de s'opposer à eux. Avec le temps, leur désir, leur envie, leur conviction personnelle se sont anesthésiés. Les priorités personnelles se sont dissoutes au profit de l'harmonie du groupe. Les Neuf ont appris à dévier leur attention sur des détails secondaires afin de ne pas se buter sur leurs priorités. C'est curieusement quand ils sont en accord avec le groupe qu'ils sont le plus éloignés de ce qu'ils souhaitent réellement. Peu à peu, ils doivent réapprendre à faire attention à ce qu'ils veulent, à exprimer leur position et à oser prendre le risque d'avoir une opinion différente. Les Pères du désert parlaient d'« acédie » à propos de cette « paresse ». En fait, il n'est pas ici question de ne rien faire, mais il est question d'oubli de soi-même au point de tomber dans une permanente hésitation. Comme nous l'avons déjà vu, il y a une sorte de confusion entre une adaptation excessive et un manque d'attention à ses propres besoins. Comme les Huit ont du mal à cerner leurs priorités, il leur est parfois difficile de se concentrer, leur attention étant parasitée par les détails.

Ces différents traits de caractère mènent à :

	Au pire	Au mieux
Niveau émotionnel	la paresse	l'action juste
Niveau mental	l'oubli de soi	l'amour

La *paresse* fait allusion à cette capacité des Neuf à se couper de leurs émotions, particulièrement l'impulsion de la colère : ils fusionnent dans l'ambiance existante, au point de devenir ce que l'autre souhaite. Au contraire, l'*action juste* consiste à retrouver le « branchement » sur la source intérieure, accepter de prendre le risque de faire des choix, choisir l'action juste plutôt que délayer l'action. Au niveau mental, l'*oubli de soi* fait référence à une forme d'autonégligence. Les Neuf vivent un choix cornélien entre leurs priorités personnelles et le bien-être du groupe. Certains vont même jusqu'à prétendre qu'ils n'ont pas choisi leur existence, que c'est la vie qui les a conduits là où ils en sont. L'*amour*, c'est dépasser la nécessité de se fondre aux desiderata du groupe par peur d'être séparé. Accepter que chacun de nous est fondamentalement beau et digne d'amour. À commencer par soi.

Qualités essentielles : les Neuf véhiculent une tranquillité bienveillante. Ils sont attentionnés, prévenants, souvent conscients de ce qui est bon pour les autres. Ce sont de bons médiateurs, des conciliateurs, des diplomates avec de très bonnes facultés d'adaptation et une excellente écoute. On les compare souvent à la force de l'inertie. Une fois qu'ils ont trouvé une direction et qu'ils se sont mis en route, ils sont extrêmement productifs. Par ailleurs, ils sont le non-jugement personnifié.

ÉLARGIR LA CONSCIENCE

Une typologie différente

La répartition de la nature humaine en différents traits de caractère est très ancienne : le père de la médecine occidentale, Hippocrate, avait identifié quatre tempéraments : le sanguin, le mélancolique, le colérique, et le flegmatique. Plus près de nous, le philosophe français René Le Senne (1882-1954), dans son *Traité de caractérologie*, avait déterminé plusieurs formes de personnalités sur lesquelles est basée la graphologie. Carl Gustav Jung (1875-1961) avait, lui, mis en avant d'une part le paramètre introverti/extraverti et d'autre part une typologie basée sur quatre dominantes : intuition, pensée, sensation, sentiment. Même s'il existe certaines similitudes entre l'Ennéagramme et ces différents systèmes, la force de l'Ennéagramme c'est sa « dynamique verticale ». En effet, il ne se limite pas à faire un inventaire, quelle que soit la sélection de l'information retenue. Comme nous l'avons déjà mentionné, c'est une carte de notre monde intérieur, une boussole déterminant la direction de notre attention. C'est un guide pour découvrir comment nous grandir, nous bonifier au quotidien. Cet outil a d'abord pour vocation de nous guider dans la découverte de nous-mêmes, dans une plus grande conscience de ce que nous sommes, et de réveiller les talents qui sommeillent en nous. L'Ennéagramme est donc un guide pour ceux qui désirent se prendre en charge en prenant acte de leurs attitudes répétitives et autres schémas de pensée. Au-delà de la personnalité, il nous donne le moyen d'identifier la vertu principale que nous pourrions faire rayonner. Ainsi, les données que nous apporte l'Ennéagramme dépassent de très loin l'étude de la personnalité, pour peu qu'elles soient conjuguées à une bonne observation de soi.

Se connaître

L'étude de l'Ennéagramme commence par la reconnaissance de son vrai soi. C'est en effet par l'observation et l'acceptation de soi qu'un jour l'empathie et la compassion pourront intervenir. Il n'y a pas d'évolution psychologique ou spirituelle possible sans une solide connaissance de soi.

Découvrir son type dominant

La présentation sommaire des neuf profils que nous vous avons proposée n'est qu'un premier niveau de compréhension des types. L'Ennéagramme peut également être utilisé pour comprendre la dynamique d'un groupe, et discerner certains aspects de la conscience supérieure. Dans le contexte d'une première initiation, l'accès le plus facile à la profondeur du système passe par la capacité à découvrir son type dominant.

S'observer

L'observateur intérieur ou « conscience témoin » est cette forme de conscience qui est séparée des pensées, sentiments et sensations ordinaires. Cette conscience intérieure peut nous regarder vivre sans jugement, remarquant le déroulement de nos pensées, prenant acte des émotions et des sensations qui nous touchent, exactement comme on regarde un film projeté sur un écran. La différence majeure, c'est que plutôt que d'être ému, impliqué dans le film, l'observateur intérieur reste neutre. C'est surtout en développant cette forme de conscience que vous pourrez découvrir votre type dominant. Plus tard, le jour où ce type sera devenu évident, l'observateur intérieur vous servira à prendre acte du moment où vous réagissez en automatique. Il vous aidera à accroître votre compassion, vous aidera à « retirer vos lunettes » et à voir le monde selon une plus large perspective.

Accepter ses zones d'ombre

Un des objectifs principaux de l'Ennéagramme, on l'a vu, est d'augmenter la compréhension de soi-même et des autres. Un des paradoxes de ce travail est que plus nous avançons dans la connaissance de la personnalité de nos proches, plus nous devons creuser la connaissance de nous-mêmes et nous remettre en cause, surtout au niveau de nos défauts que nous préférerions ne pas voir. L'étude de l'Ennéagramme exige de l'humilité : plus notre capacité à nous observer se développe, plus nous pouvons constater combien nous sommes figés dans nos pensées, nos sentiments et nos sensations, et plus nous constatons le peu de contrôle que nous avons sur eux. La bonne nouvelle, c'est que la compassion, tant envers nous-mêmes qu'envers les autres, augmente rapidement quand nous découvrons combien ces schémas répétitifs sont chose commune chez tout un chacun.

Progresser une fois découvert son type dominant

Claudio Naranjo estime que « quiconque reconnaît son aliénation psychologique face aux passions éprouvera le désir de se libérer, animé par son intuition d'une liberté spirituelle. En d'autres termes, au plus profond de lui-même, l'Homme aspirera à la liberté ou priera pour se libérer de la passion afin de respirer un air plus pur ». Il s'agit là d'un travail quotidien, d'une constante surveillance de son ego pour éviter qu'il ne retombe dans la solution de facilité. Au fur et à mesure qu'elle se développe, l'observation de soi inclut un certain détachement par rapport à l'étude de son comportement mécanique. L'objectif consiste à tendre vers le détachement : détachement par rapport à ses pensées, détachement par rapport à de trop vives émotions, détachement à l'égard de certaines réactions instinctives. La vérité sur nous-mêmes peut nous libérer de certains mécanismes car, une fois reconnus, ils commencent à lâcher prise d'eux-mêmes. Un regard clair sur ce que nous faisons, sur le comment et le pourquoi de nos actes modifie nos réactions habituelles.

Dépasser la personnalité pour aller vers l'Essence

L'idée directrice propose que l'Essence, notre vrai moi, est une entité à part entière, avec ses caractéristiques et ses prédispositions propres en fonction du type. L'éducation peut soit bloquer ce potentiel, et l'adulte se fige alors dans sa personnalité, soit l'aider à son développement. Au fur et à mesure de son adaptation à son environnement social, l'enfant apprend à modifier son comportement pour s'adapter aux règles de conduite en vigueur. Petit à petit, il finit par perdre le lien direct avec l'harmonie universelle, avec l'Essence, pour ne plus se comporter que défensivement. Dès lors, le comportement devient contrôlé, le « je », l'ego, se met à enfler et l'enfant s'éloigne de plus en plus de l'Essence, de son vrai soi, celui qui agit librement sans contrainte ni désir de plaire. L'Ennéagramme, en nommant notre dominante, nous permet de voir combien ce comportement principal est devenu un inconvénient en occultant le reste de notre potentiel. Il ne faut pas en déduire que la personnalité est toute mauvaise. Elle nous a aidés à développer un trait de caractère principal. Certains estiment même que s'il n'y a pas de personnalité, il n'y a pas de matériau sur lequel travailler.

Comme dans d'autres typologies à vocation spirituelle, chaque profil de l'Ennéagramme est vu comme un agent de changement, comme l'axe de transformation grâce auquel la conscience ordinaire va évoluer vers les dimensions de l'être supérieur. Il offre trois avantages : avec une bonne observation de soi, il est immédiatement utile ; il s'applique aux situations du quotidien ; enfin, il est basé sur les tendances que l'on retrouve dans de nombreuses traditions et cultures, tant au niveau spirituel que philosophique.

Il est immédiatement accessible parce qu'il traite de la préoccupation centrale du type, la nomme et offre des voies d'observation de soi permettant de voir à quel point la passion a infiltré notre vie. Il a donc une valeur instantanée parce que si vous savez ce que vous cherchez, vous pouvez avec un enseignement relativement bref en apprendre long sur vous-mêmes. En général, la découverte de son propre type est considérée par les étudiants comme une très forte prise de conscience. Mais, comme nous l'avons vu, cette prise de conscience n'est que le point de départ d'un cheminement vers les dimensions supérieures de l'être.

Élargir la conscience

Ce genre d'expérience est difficile à décrire avec des mots parce qu'il s'agit surtout d'un vécu intérieur. Nous revenons là aux trois centres de perception. Avec de l'entraînement, il devient possible de focaliser ses énergies sur l'un ou l'autre de ces trois centres. Prenons par exemple le Six, le sceptique. Il peut être paralysé par la peur. La puissance de son mental imaginaire a littéralement figé la circulation des énergies. Après avoir passé les premières étapes de développement – la reconnaissance de son type dominant puis un travail d'auto-observation pour constater à quel point il est sous la dominante mentale associée au doute – le processus passe pour lui par une phase de reconstruction énergétique. La vertu du Six, le courage, représente la capacité de dépasser le réflexe paralysant pour, à volonté, s'ancrer dans son corps au moment où la peur cherche à submerger le système. Le Six peut alors utiliser sa peur comme un moyen, comme un carburant pour mobiliser son centre instinctif et faire face au danger. Il s'agit donc de pouvoir contacter et faire vivre les niveaux supérieurs de conscience (vertus et idées saintes). C'est ce qu'Helen Palmer s'efforce de transmettre dans son école qu'elle a nommée « Enseignement selon la tradition orale ».

Transmettre l'Ennéagramme : la pertinence de la tradition orale

David Daniels évoque cette méthode pédagogique : « La tradition orale repose sur les témoignages vivants des représentants de chaque type. Il ne s'agit donc pas de transmettre un savoir de génération en génération, même si c'est la signification première de cette expression. En fait, ce sont les représentants d'un même type qui révèlent leur propre histoire, dans le cadre d'un panel. Cela permet d'entendre directement les observations personnelles, les préoccupations quotidiennes et de percevoir les caractéristiques de chaque type. La tradition orale est probablement le meilleur moyen d'enseigner l'Ennéagramme. Elle offre tous les avantages : elle rend le système vivant, elle permet aux auditeurs d'identifier plus facilement leur type dominant et de mieux apprécier les différences entre les types. »

Pour résumer, l'Ennéagramme est une typologie ancienne, probablement d'origine spirituelle. Facile d'accès, cet outil nous permet avant tout de mieux nous connaître. La découverte de sa dominante est souvent décrite comme une « prise de conscience très forte de ce que je suis réellement ». Cette découverte n'est cependant que le début d'un cheminement qui consiste à transcender sa personnalité pour recontacter l'Essence de l'être, l'endroit où le Divin s'exprime à travers nous.

1

La Bible et l'Ennéagramme

Transformer l'âme

> « De fait, autant on y aspire et on la désire, autant on en fait l'expérience, ni plus ni moins. »
>
> *Le Nuage de l'inconnaissance,* chap. 34

La transformation spirituelle est un paradoxe. Quand nous la désirons, nous ne pouvons pas la provoquer directement. Nous y aspirons alors même que ce changement opère déjà en nous. Sa réussite est assurée alors que nous ne sommes pas encore à son terme. Ce paradoxe est connu de toutes les grandes traditions spirituelles. Trop souvent, nous vivons sur un mode limité, alors que l'œuvre de la transformation de l'âme évolue comme le souffle, comme le vent ou comme une danse. Il existe de nombreux moyens de commencer ce travail, beaucoup de chemins mènent en haut de la montagne mais, à son sommet, la vue est la même.

Lorsque nous parlons de « transformer » notre âme, cela peut laisser entendre que nous essayons d'accomplir quelque chose, comme suivre un programme qui nous garantit qu'à son terme nous serons plus aimants et plus en paix, plus conciliants ou plus aptes à supporter le fardeau de la vie. En fait, le mieux que nous puissions faire, c'est de nous préparer à être présents à rencontrer le Divin. Cette rencontre a lieu au plus profond de nous-mêmes et elle est possible à chaque instant, mais pour la plupart, nous poursuivons notre vie ordinaire sans prendre conscience que nous portons en nous l'image de Dieu. À certains moments, nous nous éveillons temporairement de notre sommeil : les moments de joie intense, de douleur ou de désir sont les déclencheurs les plus communs, mais nous finissons toujours par retourner à notre état habituel de somnambulisme.

La transformation est un processus d'éveil. Pour certains, il est instantané, sous la forme d'une expérience décisive qui change leur vie et les rend aussitôt plus aimants et plus présents. Néanmoins, chez la majorité des gens, ce parcours est plus lent, comme une succession de révélations, d'émotions et d'actions qui les rapprochent de leur nature divine, que certains appellent l'« Essence ». Au-delà de toutes les couches de notre personnalité, composée de tout ce que nous aimons et n'aimons pas, de nos habitudes et de nos préférences, existe quelque chose d'insondable, de profond et d'immuable. Étant créés à l'image de Dieu, nous portons en nous une image divine. Elle se révèle à son rythme, selon des raisons qui lui appartiennent. Nous contribuons à cette révélation, en acceptant son mode opératoire et en éliminant nos obstacles intérieurs qui l'empêchent de se répandre librement dans nos cœurs, avant de rejaillir dans le monde.

La Bible est prodigue en histoires de personnes qui ont laissé l'image divine cheminer en eux et les libérer de leurs faiblesses pour les nourrir d'un amour qui irradie sur les autres. Comme le dit Jean dans sa première lettre : « Ce que nous serons n'a pas encore été manifesté. Nous savons que lors de cette manifestation nous Lui serons semblables parce que nous Le verrons tel qu'Il est. Quiconque a cette espérance en Lui se rend pur comme celui-là est pur » (1 Jean 3, 2-3). Nous sommes destinés à ressembler à Dieu, et il est de notre devoir d'entreprendre le processus de guérison nécessaire de ces parties de nous encore incomplètes. Les récits bibliques nous fournissent de nombreux modèles qui ont consenti à cette œuvre de transformation. Nous avons beaucoup à apprendre d'eux si nous acceptons de les considérer comme des mentors. Parmi les différents supports possibles pour s'imprégner de leur enseignement se trouve l'Ennéagramme. Il se base notamment sur les équilibres entre les trois centres d'intelligence de l'homme que sont le mental, le cœur et le corps.

Comment comprendre plus profondément la Bible au travers des concepts proposés par l'Ennéagramme ? Comment utiliser notre connaissance de celui-ci au service d'une réflexion approfondie sur les personnages de la Bible ? La sagesse des Écritures peut être interprétée de nombreuses façons, et l'Ennéagramme s'avère une méthode particulièrement pertinente pour appréhender les récits bibliques sous un nouveau jour. Il nous offre des moyens de travailler sur nos façons de penser, d'agir et de ressentir. Sa découverte nous aide à mieux comprendre les caractéristiques de notre personnalité et leur tendance à entraver notre transformation spirituelle. En éclairant les personnages de la Bible à la lumière de l'Ennéagramme, nous pouvons mieux discerner comment notre âme lutte et croît.

Cet outil peut nous aider à découvrir la Bible qui est déjà, en elle-même, un instrument unique de la Révélation. La prière principale du judaïsme, que Jésus récitait probablement chaque jour, est celle-ci : « Écoute, Israël : Yahvé est notre Dieu, Yahvé est Un. Tu aimeras Yahvé de tout ton cœur, de toute ton âme et de tout ton pouvoir » (Deutéronome, 6, 4-5). Cette assertion fondamentale proclame que toute personne qui revendique la place essentielle qui revient à Dieu seul est une idole à rejeter. Une telle idole n'est pas nécessairement extérieure à nous : nous idolâtrons parfois nos comportements, nos attachements, nos principes et nos besoins. Utiliser l'Ennéagramme pour percevoir les illusions créées par notre personnalité nous permet de nommer les idoles qui se tiennent entre nous et la réalité divine. Une fois dévoilées, elles perdent leur pouvoir et redeviennent ce qu'elles étaient : de pâles et illusoires imitations du Divin qui nous avaient persuadés qu'elles représentaient qui nous sommes vraiment. Et si l'Ennéagramme nous invite à devenir plus authentiques avec nous-mêmes, c'est pour mieux nous libérer de nos idoles et nous aider à entrer davantage en communion avec la réalité plus profonde qui réside en nous : notre Essence. L'Ennéagramme a le pouvoir de nous révéler que l'Essence est plus belle que toute illusion que nous pourrions avoir de nous-mêmes. Quand nous contactons notre Essence, nous sommes imprégnés de sérénité et d'amour. Sa nature se reflète dans le nom divin que Dieu révéla à Moïse au buisson ardent : « JE SUIS », l'Essence pure de la divinité que partage l'humanité.

En nous mettant sur la voie de notre Essence, l'Ennéagramme renforce et rejoint la Bible. Ils tendent tous deux à célébrer et à approfondir notre expérience de la vie dans toute la grandeur de sa réalité. En évoquant l'image d'une source divine, ou Essence, la Bible comme l'Ennéagramme essaient de nommer et de transcender les fausses idoles que nous créons involontairement. Ces idoles sont comme des feux follets qui nous éloignent de notre âme. Nous nous égarons, suivant une vision faussée de nous-mêmes, et finissons par croire que ce faux moi représente ce que nous sommes vraiment. En nous accrochant à une représentation aussi restreinte de Dieu, il est facile de se contenter d'une vie confortable, oublieuse de tout travail de transformation. Nous pouvons vivre toute notre vie en pensant aller quelque part alors que nous ne faisons que subir certains événements extérieurs. Tant que nous réagissons de la même façon à ces événements, nous ne considérons pas chaque moment comme unique, et nous ne sortons jamais de notre façon habituelle de ressentir, de penser et d'agir. Or la transformation spirituelle proposée par la plupart des religions propose de transcender nos habitudes et de nous ouvrir à une sagesse plus profonde. Il ne s'agit pas de quelque chose d'inné mais d'un processus que nous devons apprendre.

En ces premières années du troisième millénaire, cette démarche consistant à renoncer à ses illusions pour se reconnecter à sa vraie nature suscite un grand intérêt. Nous le voyons dans la multitude de techniques de développement personnel proposées par des livres ou des séminaires. Certaines de ces techniques offrent des résultats rapides tandis que d'autres demandent une implication et une discipline plus conséquentes. Nombre d'entre elles proposent d'aider l'individu à acquérir une meilleure perception du sens de sa vie. À une échelle plus large, un changement de société requiert davantage que le cheminement d'un individu, cela nécessite aussi une transformation des structures sociales. Lorsqu'un certain nombre de personnes entreprend un tel voyage de transformation, alors l'impact sur le monde se démultiplie.

La plupart des traditions s'accordent à dire que la conscience collective bénéficie des fruits de tout effort spirituel et qu'un individu peut apprendre à vivre sa vie spirituelle en harmonie avec l'énergie de l'univers. On retrouve ce principe dans le Deutéronome (30, 14) : « Car la parole est tout près de toi ; elle est dans ta bouche et dans ton cœur pour que tu la mettes en pratique. » Cette « parole » est la même que celle qui transforme l'acte de création par « Que cela soit », dans les premiers versets de la Genèse. Dans une certaine qualité de présence, nous pouvons découvrir cette puissante source créatrice à l'intérieur de nous-mêmes. C'est dans cette perspective que nous pouvons permettre à notre développement spirituel de s'aligner sur sa source divine.

Toutefois, les êtres humains ont aussi la capacité d'entraver ou de réduire cette croissance. Trouver la direction où repose notre transformation mène à la joie et à l'intégrité. L'entraver ou l'éviter peut mener à la dépression, à la maladie ou à un sentiment d'insignifiance. La Bible et l'Ennéagramme ouvrent à des possibilités différentes mais complémentaires. Tous deux nous incitent à permettre au travail de transformation de commencer et de poursuivre son chemin afin que nous expérimentions la plénitude de la vie. Si étudier les Écritures à travers l'Ennéagramme nous apporte du plaisir mais pas de sagesse, des idées mais pas la transformation, alors notre amour de Dieu, de nous-mêmes et de notre prochain n'aura pas grandi, or c'est la seule chose qui importe vraiment (1 Corinthiens 13, 1-3).

Théologiens et mentors

> « Dieu n'est incompréhensible qu'à notre intellect, pas à notre amour. »
>
> *Le Nuage de l'inconnaissance*, chap. 4

Le théologien du XXe siècle Karl Rahner (1904-1984) est considéré par beaucoup comme l'un des plus grands penseurs existentialistes modernes[1]. Il utilisait les Écritures et son expérience pastorale pour affirmer que la communication de Dieu avec l'être humain est en réalité notre but le plus profond. En clair, notre mission ne consisterait qu'à être les récepteurs du message de Dieu[2]. Cette hypothèse tient sa source de l'essence même de la Bible. L'expérience du partage du Divin est au cœur de l'existence humaine. Envisager l'humain dans sa profondeur revient, en définitive, à rencontrer Dieu. Il existe également une maxime de la théologie disant que la grâce se construit sur la nature. Si considérer l'être humain dans sa profondeur nous mène naturellement à une rencontre avec le Divin, on peut légitimement affirmer que des systèmes comme l'Ennéagramme peuvent devenir des outils précieux dans la recherche d'une vie spirituelle authentique. L'expérience de la grâce devient alors le fondement de la spiritualité et de la théologie, qui sont souvent présentées de nos jours comme des alternatives mais qui n'étaient pas conçues pour être séparées.

Rahner affirme également que l'apprentissage de la prière présuppose un minimum de connaissance de la psychologie. Intensifier notre conscience et notre capacité à placer notre attention dans une certaine direction est indispensable si nous voulons entreprendre quoi que ce soit, tout comme l'exercice de se recentrer dans la prière. D'une part, cela exige une certaine distance avec les aspects superficiels de la vie. D'autre part, cela nécessite que nous confiions toutes nos pensées, tâches, intérêts, déceptions et joies à Dieu, et que, dans un sens, nous les recueillions à ce même endroit de nous-mêmes. Tout comme c'est en forgeant que l'on devient forgeron, c'est en priant que l'on apprend à prier[3]. Bien que la prière soit un don divin, il est aussi vrai que chaque être humain est appelé à devenir un être mystique capable de reconnaître la présence de la transcendance dans la monotonie du quotidien. Pour ce faire, nous devons prendre conscience que nous sommes en vie, que nous pensons, ressentons, agissons, et sommes, en définitive, en relation consciente avec le Divin. Dans ce processus, Rahner anticipe la transformation de la totalité de l'univers en la perfection du paradis, qui n'est pas considéré comme un lieu ni un état statique, mais comme l'accomplissement de relations parfaites et dynamiques entre le Créateur et l'univers. C'est ainsi, par notre conversion et transformation individuelles, tout comme dans notre interaction avec les autres et notre environnement, que nous contribuons à la transformation de toute réalité passée, présente et future. Notre renaissance individuelle est alors en phase avec celle de la société et du cosmos.

Lorsque nous recherchons des moyens de mieux comprendre cette potentialité, nous nous tournons souvent vers les grands archétypes, héros ou saints de tous les temps qui peuvent devenir pour nous des modèles ou des guides. Nous cherchons des exemples de personnes chez qui la relation entre l'être humain et la réalité que nous appelons « Dieu » est la moins pervertie. Admirer ces héros et héroïnes aiguise notre perception de la grandeur et nous encourage à suivre leur exemple. Les héros bibliques nous apportent une clarté spéciale, une intensité et une capacité à manifester cette relation que chacun peut être amené à expérimenter avec Dieu. À une époque où, souvent, Dieu semble absent, il est plus important que jamais de savoir reconnaître les exemples qui reflètent les expériences personnelles de l'humanité avec Dieu.

S'éveiller à sa vraie nature

> « Par conséquent, n'hésite pas, autant que tu le peux, et qu'il est permis de le faire, à suer sang et eau pour parvenir à une véritable connaissance et expérience de toi-même. »
>
> *Le Nuage de l'inconnaissance*, chap. 14

En proposant d'éveiller chacun à son potentiel, en clarifiant le mystère de l'accès à ses propres profondeurs spirituelles, l'Ennéagramme peut aider à ouvrir des portes et apporter des outils de transformation, quels que soient notre passé ou la gravité de nos problèmes actuels. Il peut nous aider à purifier et amplifier l'expérience à peine audible et souvent déformée de Dieu qui continue nonobstant à être présente dans chaque être humain. Il peut permettre d'outrepasser les limites imposées par la culture ou les croyances. Cette expérience peut nous mener à une adoration authentique du Divin ancrée dans la connaissance de notre vraie nature. Plus encore, nous pouvons acquérir une meilleure perception de la source de tout être auquel nous attribuons le nom de « Dieu ».

L'Ennéagramme, par sa description tant des zones d'ombre que du potentiel ultime des différents profils, propose d'approfondir notre connaissance de la nature humaine. En pratique, cela s'applique aux neuf sphères du désir : notre inextinguible soif d'amour, notre faim à tout vouloir comprendre, notre pulsion à produire, notre besoin d'identité et de reconnaissance, l'extase qu'inspire la vraie beauté, la force de la vérité, l'attrait de l'excellence, la joie des petites choses du quotidien et l'indicible béatitude de la paix absolue. Cette aspiration à ces qualités de l'Essence se retrouve dans le cœur de chaque être humain. En éclairant nos profondeurs intérieures, en explorant nos motivations, et en écartant les mauvaises herbes qui obstruent notre horizon, l'Ennéagramme nous aide à nous libérer pour que nous devenions qui nous sommes vraiment. Il nous donne les moyens de nous recentrer sur l'essentiel et de simplifier notre communication avec les autres.

Généralement, nous communiquons avec autrui suivant un mode « politiquement correct ». En suivant ce schéma de bonne conduite, nous trouverons qu'il est « bien » de payer ses impôts, aller à la messe et avoir un mode de vie sain, tout en nous sentant souvent vides intérieurement, comme si une partie de nous-mêmes demandait plus à la vie que simplement la regarder passer. Néanmoins, si nous parvenons à comprendre qu'aimer constitue la base de notre être, notre quête change de cap. Elle s'éloigne alors des impératifs de la morale pour viser notre capacité à aimer, passant ainsi de la prose rationnelle aux sonnets de l'amour. Nous comprenons dès lors que l'Essence qu'évoque l'Ennéagramme peut se trouver notamment dans les enseignements anciens sous le terme d'*imago Dei* ou « image de Dieu », source mystérieuse d'où émane toute création. Cette empreinte du Divin est gravée au plus profond de nous, sous le nom de ce que les Écritures appellent notre « cœur » :

> « La bouche du juste murmure la sagesse et sa langue dit le droit ;
> la loi de son Dieu dans son cœur, ses pas ne chancellent point. »

Psaume 37, 30-31

Dieu dit aussi à Jérémie :

> « Je leur donnerai un cœur pour connaître que Je suis Yahvé. Ils seront Mon peuple et Moi Je serai leur Dieu, car ils reviendront à Moi de tout leur cœur. »

Jérémie 24, 7

Connaître Dieu dans son cœur, c'est connaître la nature de l'*imago Dei* qui nous rappelle qui nous sommes au plus profond de nous. L'*imago Dei* est reliée à notre âme, elle est à l'origine de notre aspiration inconsciente à un mieux-être qui nous guide tout au long de notre vie.

L'Ennéagramme, comme d'autres supports, considère l'ouverture du cœur comme la clé de voûte de la transformation. Débusquer notre faux moi, accepter de mettre bas les masques, s'efforcer de retrouver notre Essence perdue demande des efforts courageux et constants. Cela requiert souvent une discipline de fer doublée de moments douloureux. La mort du faux moi nous révèle notamment que là où nous pensions être libres, nous fonctionnions en fait la plupart du temps selon une personnalité conditionnée. Il nous suffit de nous remémorer nos premiers pas hésitants, notre première expérience à bicyclette, plus tard nos efforts pour abandonner des habitudes installées comme fumer ou manger trop pour constater que c'est souvent notre comportement qui nous contrôle, et non l'inverse. Notre résistance au changement nous maintient dans la dysharmonie : une certaine inertie privilégie des schémas comportementaux répétitifs qui finissent par devenir presque naturels. Ces schémas nous empêchent d'être dans l'accueil de l'instant présent et engendrent un malaise intérieur qui pollue tant notre relation au Divin que nos relations avec les autres, sans même parler du chaos spirituel dans lequel sombre notre psychisme. Nous devons trouver le moyen de sortir de notre immobilité afin de pouvoir prendre un autre chemin.

Vérité métaphorique

> « Par conséquent, pour l'amour de Dieu, sois prudent avec cet exercice et ne mets en aucune façon ni tes facultés intellectuelles ni ton imagination à contribution. »
>
> *Le Nuage de l'inconnaissance*, chap. 4

Les relations s'expriment mieux par le langage poétique que par le langage logique. La vérité poétique ne cherche pas à trouver des descriptions exactes mais nous montre de nouveaux moyens, souvent étonnants, d'expérimenter à nouveau ce que nous pensions déjà savoir : « Ce qui a été souvent pensé, mais jamais si bien exprimé[4]. » La poésie nous surprend afin que nous voyions la réalité ordinaire avec un regard neuf. C'est l'exact opposé des formules et doctrines qui ressemblent davantage à un travail juridique qu'à un réel langage d'amour[5]. Par exemple, lorsque nous essayons d'imaginer la Trinité représentée comme un Dieu trois en un, nous faisons l'expérience d'un besoin de langage relationnel. « Il est bien rare de trouver un esprit qui, en parlant de la Trinité, sache ce qu'il dit », écrivait saint Augustin[6]. Changer de priorité pour nous concentrer sur la relation plutôt que sur l'énigme numérique (comment trois peuvent-ils être un ? comment un peut-il être trois ?) nous serait donc bénéfique. Pour tout mathématicien, un divisé par trois donne un décimal qui se répète à l'infini. Mais lorsque nous revêtons l'habit du poète, nous pouvons voir le mouvement entre un et trois comme un flux de relations qui se propage et ne pourra jamais être compris comme une fraction. C'est un tout, et c'est une partie, mais jamais divisée. Une « doctrine » de ce type ne peut être une essence céleste ou un carburant versé en nous de l'extérieur. La doctrine de la Trinité ne peut se vivre que dans nos relations d'amour, et nous ne pouvons imposer cette expérience à autrui. La présence divine en tant que source vivante ou terreau spirituel dans lequel réside notre être même grandit différemment en chaque être humain.

Notre développement au cours de cette vie peut être commencé mais ne peut être achevé avant que nous ne retournions à notre source au moment de notre mort. Il nous faut, là encore, parler au sens poétique davantage qu'au sens logique, puisque nous ne pouvons parler de notre propre expérience de la mort. En observant notre fausse personnalité, dominée par notre ego, nous entrevoyons l'étendue de nos problèmes et de nos conflits intérieurs. Nous découvrons que quelque chose entrave notre libre assentiment à la volonté divine. Nous lui résistons, alors qu'une partie de nous-mêmes aspire à l'étreinte de l'amour éternel. En nous confrontant à notre imperfection, nous admettons notre besoin d'une certaine purification avant de pouvoir entrer en présence du Très Saint. Nous ne pouvons accomplir cette purification par nous-mêmes : elle doit être faite pour nous et en nous.

La métaphore du purgatoire (car ce ne peut être qu'une métaphore en cette vie terrestre, un emprunt au langage commun) est utile pour décrire cet état simultané de désir et de manque. En mourant à notre ancien moi et en grandissant en Dieu, nous prenons conscience de notre condition de péché, de confusion et de dysharmonie. Le purgatoire peut ainsi être décrit comme cette conscience élargie combinée à la perte progressive de notre ego en la présence aimante de Dieu. Pour l'ego, cette rencontre est profondément humiliante, douloureuse et purifiante, mais c'est également la seule solution de faire mourir notre ancien moi pour renaître dans notre vraie nature en Dieu. Le purgatoire consiste en l'amour de Dieu qui nous purifie, nous illumine, nous libère, nous affranchit, et nous amène à la perfection[7]. Lorsque nous travaillons avec les modèles bibliques de personnages ayant entrepris ce changement, nous comprenons mieux où mène ce chemin. De même, l'Ennéagramme nous aide à discerner où et comment nous risquons de « dérailler » dans notre cheminement vers la plénitude.

Voir les choses de cette façon signifie comprendre que notre purification ne vient pas d'un besoin d'être punis mais des profondeurs de l'amour divin, qui cherche à nous libérer de notre fausse identité. De la même façon, l'enfer vient de notre liberté à rejeter ce qui est juste et susceptible d'être aimé pour nous tourner vers ce que savons être égoïste. Une des plus grandes valeurs ajoutées de l'Ennéagramme est de nous montrer comment inverser cette tendance et comment développer certaines qualités de nos personnalités, trop souvent mal utilisées. Nous pouvons néanmoins préférer façonner notre propre enfer en vivant en permanence en décalage avec l'amour de notre Créateur divin. Cet état constitue alors une forme de schizophrénie métaphysique dans laquelle nous rejetons l'amour divin pour nous engager dans un combat sans fin pour échapper à l'inéluctable. Notre travail au cours de cette vie est d'accueillir ce à quoi nous ne pouvons échapper, l'amour de Dieu, aussi appelé « chien de berger des cieux », qui nous poursuit dans les ruelles étroites et les sombres recoins de notre personnalité. Ainsi acculés, nous découvrons finalement que ce que nous fuyons est notre Essence, toujours disponible et toujours soutenue par l'étreinte divine.

La transformation et le monde

> « Dieu ne demande pas votre aide, Il vous demande vous. »
>
> *Le Nuage de l'inconnaissance*, chap. 2

En conciliant les différents aspects du travail de transformation spirituelle, l'Ennéagramme porte un message non seulement pour les individus qui cherchent à trouver un certain équilibre dans leur vie, mais aussi pour des groupes et des nations dans un monde qui devient rapidement un village tant la communication instantanée est désormais possible. L'Ennéagramme est un chemin, un voyage, une vie et un mode de vie. On l'a justement qualifié de « travail », qu'il s'applique à un individu ou à une communauté, menant à une transformation et une ouverture. Cette transformation s'accomplit non seulement grâce à nos efforts, mais également grâce à notre éveil à l'esprit divin qui réside en nous.

C'est la raison pour laquelle l'auteur du *Nuage de l'inconnaissance* peut affirmer avec une confiance absolue que « Dieu ne demande pas qu'on L'aide ». Ce que Dieu attend, en revanche, c'est nous, notre coopération et notre consentement à l'esprit d'amour dans nos cœurs. On dit souvent que Dieu aide ceux qui s'aident eux-mêmes, mais il serait sans doute plus exact de dire qu'il aide ceux qui laissent Dieu les aider. Cela s'applique aussi bien aux personnes en tant qu'individus qu'à l'humanité comme un tout. Notre transformation individuelle et collective permet à Dieu de nous montrer plus clairement l'image divine à partir de laquelle nous avons été créés. Nous découvrons alors que nous ne sommes pas notre personnalité. Sous ses épaisseurs, qui forment ce que Merton, entre autres, a appelé notre « fausse personnalité », réside notre vraie nature, cette partie de nous-mêmes qui porte l'image divine. Lorsque nous entreprenons de vivre selon notre vraie nature et empêchons notre fausse personnalité de nous contrôler et d'encourager nos illusions, alors l'image divine peut se déployer en nous comme une belle fleur face au soleil.

L'Ennéagramme est un des outils qui peut nous aider dans ce processus. En prenant en compte la globalité de l'être et en évoquant les faiblesses où nous pourrions dériver, il modèle différents chemins de transformation. En cela, il est entièrement compatible avec d'autres méthodes de travail sur la vie intérieure. D'un point de vue de chrétien, observer sa progression vers l'intégration et l'unité rejoint aisément le désir de prendre appui sur l'humanité du Christ. Il est celui dans lequel chaque chose trouve son équilibre et sa finalité et dans lequel nous trouvons le vrai sens de nos vies. La proposition de l'Ennéagramme d'entreprendre notre propre cheminement vers une incarnation plus consciente et plus centrée nous entraîne naturellement vers une plus grande union avec le Christ. Quand nous ajustons notre tête, notre cœur et notre corps sur notre Essence, nous vivons l'abondance, nous transformant un peu plus chaque jour en l'image de Dieu que nous sommes.

Pour certains, la popularité de l'Ennéagramme le met au rang d'une énième méthode New Age à la mode. Mais ceux qui ont choisi de l'explorer plus profondément ont constaté son pouvoir de transformation qui non seulement leur apporte un nouveau regard sur leur vie, mais leur permet aussi de mieux comprendre la complexité de la nature humaine. Certains considèrent qu'une grande partie de l'attraction de l'Ennéagramme réside dans le fait qu'on peut trouver « son » type et découvrir quels sont les comportements justes et les comportements compulsifs de ce profil. Chaque profil, ou type, présente des vertus et des écueils. Souvent, nous découvrons une profonde connexion entre les deux, et ce qui était notre difficulté la plus insurmontable peut alors devenir notre meilleur atout. La première étape, pour la majorité de ceux qui étudient l'Ennéagramme, consiste d'abord à trouver sa motivation principale et, à partir de là, chercher à déterminer son type. Ce premier pas n'est pas forcément facile et, idéalement, se fait en groupe. À partir de là, le vrai travail proposé par l'Ennéagramme consiste à nous aider à découvrir le chemin vers notre plénitude intérieure et à commencer ou à poursuivre notre travail d'intégration et de transformation avec un nouvel éclairage. C'est un outil qui nous aide à mettre en application notre transformation sociale aussi bien que personnelle. Il suppose une sensibilité à l'unicité de chacun, aussi bien aux talents de chacun qu'aux défis qu'il a à affronter. En 1902, William James, psychologue et étudiant en théologie, soulignait que lorsque nous essayons de classer la personnalité humaine, « la plupart des personnes étant des hybrides de plusieurs catégories, nous ne devrions pas accorder trop de respect à nos classifications [8] ». Nous devons donc garder cet avertissement à l'esprit lorsque nous affirmons qu'une personne ou un personnage (nous y compris !) correspond à tel profil de l'Ennéagramme.

L'Ennéagramme est pratique pour étudier certains personnages de l'Ancien et du Nouveau Testament en tant que représentants des neuf archétypes de ce système. Les traditions juive et chrétienne, comme beaucoup d'autres religions, ont consacré du temps et de l'énergie à comprendre la diversité des talents et des péchés dans nos vies. Les textes hébraïques et chrétiens en particulier ont dépeint de façon spécifique la relation d'alliance entre Dieu et les hommes. Ils se sont également penchés sur la rupture de cette relation à différentes époques de l'histoire de l'humanité. D'autres religions reconnaissent la présence d'un Absolu inhérent à chaque individu mais également que cette présence divine est souvent masquée ou même éclipsée par notre nature humaine. Les confessions, quelles qu'elles soient, évoquent cette rupture de notre relation à Dieu et le besoin qui réside en chacun de conversion et de rédemption (auquel nous faisons référence en parlant de « faire le Travail »). Dans les religions traditionnelles comme ailleurs, le commencement d'un nouveau millénaire provoque une effervescence de mouvements qui invite chacun à découvrir sa spiritualité et à l'explorer sans crainte. Cette dynamique incite également à remettre en question des idées acceptées depuis longtemps mais qui semblent répondre à des questions que plus personne ne se pose.

Comment tout cela va évoluer est imprévisible. Ce que nous savons, en revanche, c'est qu'il est en notre pouvoir d'influencer le monde et son avenir. En revenant vers des traditions qui ont bénéficié à tant de personnes par le passé, beaucoup y découvrent non pas des méthodes surannées, mais au contraire les graines d'une nouvelle vie. En réexaminant leurs propres traditions, libres de remettre en question ce qui leur a été enseigné, ces chercheurs redécouvrent souvent leur propre vie spirituelle et se mettent à la vivre plus pleinement et plus librement. Ils expérimentent ce que la Genèse décrit comme « l'Esprit divin planant au-dessus de leur chaos intérieur » qui apporte la lumière et la vie, conscients qu'ils sont porteurs de l'image divine. Les mots qu'ils lisent se chargent d'un sens nouveau et s'incarnent dans leur corps et dans leur psyché. Les enseignements qu'ils ont reçus comme des lois abstraites deviennent des rencontres intenses avec la présence divine en eux-mêmes.

L'Ennéagramme est un outil à la fois pratique et utile pour faciliter ce travail spirituel. Il incarne aussi bien des vérités du monde scientifique que des métaphores sur la vision poétique de la vie. Il agit sur la globalité de l'être, mentionnant que nous sommes tête, cœur et corps, et que ces trois parties de notre être peuvent être équilibrées et harmonisées afin de mener des vies heureuses et d'irradier notre bien-être sur les autres.

La psychologie, la poésie et la physique

> « L'imagination est la faculté qui nous permet de tout représenter, le passé aussi bien que le présent. »
>
> *Le Nuage de l'inconnaissance*, chap. *65*

L'intérêt que l'on accorde à la transformation tant cosmique que personnelle est en grande partie dû à l'œuvre de Carl G. Jung (1875-1961), à ses successeurs et, plus récemment, aux physiciens. Ils ont tous contribué à notre appréciation de l'importance du travail d'intégration, soit par une compréhension plus claire de la manière dont les archétypes et les rêves révèlent les mécanismes de notre activité intérieure, soit en sondant l'interconnexion entre la nature de la matière et l'énergie. Il nous faut examiner ce que les sciences modernes telles que la psychologie, l'anthropologie, la cosmologie ou la physique nous apprennent sur ce que signifie être un « Adam », nom donné par la Bible pour nous désigner nous, les enfants de la Terre. En outre, la poésie a toujours su comment aborder les plus grands mystères de l'existence humaine et nous montrer de nouvelles façons de voir le monde et de nous regarder nous-mêmes.

Le cloisonnement qui sépare aujourd'hui les différentes disciplines touchant à l'être humain remonte à l'époque où de nouvelles découvertes pouvaient être attaquées et soumises au littéralisme biblique (comme dans le cas de Galilée). Du coup, pour se prémunir, ces disciplines ont dû prendre des chemins séparés dans leur quête de savoir. Progressivement, elles ont perdu ce qui les liait dans leurs recherches individuelles de connaissances, oubliant leur grande quête de sagesse. Comme Einstein l'a dit : « La science sans la religion est boiteuse ; la religion sans la science est aveugle. » Chacune a besoin de l'autre. Le pape Jean-Paul II affirmait que « la science peut purifier la religion de ses erreurs et ses superstitions ; la religion peut purifier la science de l'idolâtrie et des faux absolus. Chacune attire l'autre dans un monde plus vaste, un monde dans lequel toutes deux peuvent s'épanouir[9] ».

À ce stade de l'histoire humaine, le besoin d'un dialogue interdisciplinaire ne pourrait être plus grand. Nous constatons clairement cette fragmentation des disciplines dans le monde universitaire actuel au sein duquel la multiplication des départements et des spécialisations rend souvent difficile la communication interdisciplinaire. Le fait que chacun soit dans sa tour d'ivoire renvoie à la tour de Babel, tant dans la division des peuples que dans la non-capacité à parler un langage commun. Il existe néanmoins un symbole qui correspond à l'espoir de la restauration d'une communication. Dans le récit biblique de la Pentecôte dans les Actes des apôtres, le souffle et la flamme de l'Esprit saint se répand sur les personnes présentes de différentes nations et leur permet de se comprendre entre elles. La métaphore s'applique à un niveau individuel comme à un niveau collectif. Au début de notre propre histoire, nous subissons une séparation de notre plénitude et unité originelles que nous aspirons à retrouver. L'Ennéagramme vise à nous faire réintégrer la plénitude en entraînant la tête, le cœur et le corps ensemble dans une expérience équilibrée de la vie. Il nous aide à nous souvenir de qui nous sommes fondamentalement et à y revenir par-delà les différents aspects de la personnalité acquise.

Les approches de la religion, de la science et de la psychologie ne sont donc pas aussi disparates qu'elles peuvent le sembler au premier abord. Certains des plus grands scientifiques modernes, et pas nécessairement les plus croyants, semblent s'exprimer en des termes qui rappellent ceux des grandes figures mystiques du passé. Il en résulte que les débats de physique moderne évoquent souvent beaucoup le langage de la théologie, et que les explications psychologiques relèvent souvent de la raison. Quand nous entendons les scientifiques parler de particules naissant spontanément du vide, nous pensons à la façon dont Dieu a créé l'univers à partir de rien. Les scientifiques, comme les conteurs, font appel à notre imagination lorsqu'ils essaient de nous représenter l'invisible. En nous apportant des métaphores qui tentent d'expliquer le monde intérieur et extérieur à nous, ils s'avèrent de précieux alliés lorsqu'il s'agit d'accéder aux savoirs naissants et à la conscience du troisième millénaire.

Nous avons appris de la psychologie et de l'anthropologie que beaucoup des symboles de notre inconscient (que Jung appelle les « archétypes »), ainsi que d'autres projections de notre vie psychique se manifestent à travers nos rêves, dans les mythes et les contes de fées de toutes les cultures et civilisations. Les histoires de la Bible ne font pas exception : elles fonctionnent de la même façon que nos rêves et nos contes. Jung a résumé leur pouvoir en expliquant l'influence des archétypes : « L'impact d'un archétype, qu'il prenne la forme d'une expérience immédiate ou qu'il s'exprime par le biais de la parole, nous attire parce qu'il fait appel à une voix plus forte que la nôtre. Celui qui parle avec des images primordiales parle avec la puissance de mille voix ; il fascine et domine, tout en soulevant l'idée qu'il cherche à exprimer l'occasionnel et le transitoire par un monde qui supporte tout. Il mue notre destin personnel en destin de l'humanité et invoque en nous toutes ces forces bienfaisantes, ces mêmes forces qui ont permis de temps à autre à l'humanité de trouver refuge contre tous les périls et de survivre aux nuits les plus longues[10]. »

La Bible est un des plus grands recueils de ces histoires qui nous touchent et rattachent notre histoire à une histoire plus universelle. C'est parce que le mystère de notre existence est ineffable, inexprimable directement par des mots que les récits bibliques, comme d'autres textes sacrés, utilisent des histoires, des mythes, des paraboles et quantité d'images pour exprimer des vérités trop compliquées pour le langage ordinaire. Ces vérités ont de multiples facettes qui ne peuvent être expliquées par de simples équations. Leurs archétypes pénètrent profondément dans notre inconscient et touchent notre âme à de telles profondeurs qu'ils peuvent mettre un certain temps à refaire surface. Des histoires mémorables comme celle d'Adam et Ève au jardin d'Éden, l'exil d'Agar, Abraham et Sarah quittant leurs terres, Moïse et Myriam poursuivis par leurs ennemis et se trouvant face à la mer Rouge, David dansant devant l'arche d'alliance, Marie chantant son Magnificat, Pierre trahissant puis confessant son amour, Marie Madeleine sortant du tombeau vide pour annoncer la résurrection, ces histoires nous touchent bien au-delà d'une fascination habituelle pour un récit ou une bonne histoire.

Pointer un doigt vers la lune

> « On peut sentir ce rien davantage qu'on ne peut le voir. »
>
> *Le Nuage de l'inconnaissance*, chap. 65

Les histoires de ces personnages, et de beaucoup d'autres dans la Bible, nous parlent de quelque chose de plus que d'eux-mêmes. Bien qu'écrites en prose, elles demandent à être lues comme de poésie. La distinction que nous faisons aujourd'hui entre poète et prophète était insignifiante dans le monde antique. La poésie portait sur des affaires sérieuses et les traitait mieux que la prose n'aurait jamais pu le faire[11]. Les histoires des Écritures font appel à notre vécu émotionnel en même temps qu'elles nous racontent quelque chose touchant à notre vie spirituelle. Si nous parvenons à voir Abraham et Sarah, Moïse et Marie, Déborah et Marthe pas seulement comme des personnages bibliques mais aussi comme des représentants de certains aspects de nous-mêmes, nous commencerons à envisager leurs histoires comme étant intimement liées aux nôtres. Ils deviendront alors des mentors qui nous guideront dans notre vie spirituelle. Leurs histoires sont des exemples particuliers de récits sur la foi et le sens, et toutes nous orientent vers quelque chose de bien plus grand que ces narrations en elles-mêmes. Ces histoires sacrées deviennent alors une voie d'accès privilégiée à la source divine et à l'expérience fondamentale de la vie[12].

Si nous omettons l'aspect poétique, nous courons le risque de transformer une icône en idole[13]. Une icône nous attire vers elle et, à travers elle, vers le mystère même de ce qu'elle représente. En revanche, une idole est une fin en soi et c'est l'objet en lui-même qui importe, davantage que la réalité qu'il représente. Comme dans le fameux proverbe du doigt qui pointe vers la lune, il nous est facile de ne regarder que le doigt et d'occulter la lune. Pour transmettre les mystères du cosmos, nous avons besoin d'un langage métaphorique et indirect. Les croyances et les doctrines peuvent devenir des idoles, alors que la poésie sait qu'elle n'est qu'une icône. Nous ne pouvons utiliser ce qu'un auteur appelait des « instruments de précision » pour disséquer le mystère quand il fait appel à une expression imagée pour le sonder[14].

Ce fait est bien connu de ceux qui ont entrepris les « exercices spirituels » de saint Ignace. Pendant plus de quatre cents ans, ces exercices ont été utilisés pour méditer sur les événements des Écritures en faisant appel à l'esprit, aux sentiments et aux sens. En étudiant les événements de la vie du Christ, ceux qui suivent ce chemin de prière à travers leurs pensées, leur imagination et leur perception sont encouragés à prendre davantage part à l'expérience réelle des Évangiles. Les Écritures ne se lisent pas comme de simples récits mais plutôt comme des moyens de transformation et de développement personnels. Les personnes et événements prennent vie dans l'existence de celui qui médite et transforme sa conscience en union plus intime avec le Divin. Il nous faut aller au-delà de toutes ces « paroles sur la Parole[15] » pour vraiment entendre Celui qui les prononce. Cela suffit à nous préserver de l'indifférence spirituelle et nous conduit à plus de compassion et d'action. Finalement, ce n'est ni notre doctrine ni nos méthodes herméneutiques qui nous aident à décoder l'Écriture, mais la force de l'amour que nous y mettons et notre désir de vivre cet amour[16].

Outre le langage de la poésie et de l'histoire, nous pouvons également nous tourner vers des concepts de physique afin de mieux envisager la Bible et l'Ennéagramme comme des sources potentielles d'énergie de transformation. Un des aspects les plus intéressants de la physique moderne réside dans l'intime corrélation entre la matière et l'énergie. En tant qu'êtres de chair, nous sommes soumis aux lois du monde physique. On dit que la matière est composée d'atomes dotés chacun d'un noyau contenant des neutrons, des protons et des électrons qui orbitent autour de lui. Personne n'a jamais vu d'atome ni d'archétype, pourtant ce sont des exemples qui nous aident à comprendre et interpréter la réalité. Nous savons que tous les électrons d'un atome ne se situent pas à la même distance du noyau. Tel un système solaire miniature, ils gravitent autour du noyau à différentes distances. À la différence des distances orbitales du système solaire, la distance entre les électrons et le noyau de l'atome peut changer. Les électrons peuvent passer d'une orbite à l'autre. Lorsqu'ils sont stimulés, ils s'écartent du noyau et retournent à leur propre orbite lorsqu'ils se stabilisent. Ils y reviennent à des rythmes différents, préférant certaines orbites à d'autres.

Si on transpose dans l'Ennéagramme le schéma atomique, on peut dire qu'il a neuf rayons d'orbite, soit un pour chaque profil. Comme des électrons gravitant autour de notre noyau, nous avons nos rayons de mouvement favoris. Ils représentent les endroits dans lesquels nous nous sentons chez nous et la façon dont nous vivons nos vies quotidiennes. Quand un stimulus intervient, qu'il soit agréable ou source de tension, nos mouvements gravitationnels changent. Nous pouvons devenir enthousiastes, tendus ou inspirés et nous servir de cette énergie pour sortir de notre orbite habituelle et explorer une nouvelle façon d'être. Au final, lorsque cette impulsion ou tension disparaît, nous constatons que nous ne sommes plus nous-mêmes et nous nous réinstallons dans le mouvement gravitationnel dans lequel nous nous sentons chez nous.

Cet exemple s'applique à tous les personnages littéraires et pas seulement à ceux de la Bible. L'intrigue dans une œuvre littéraire provient d'une rencontre avec quelque chose d'extraordinaire dans la vie du personnage. Une crise ou une intrusion contraint celui-ci à changer sa façon d'être et d'interagir, ou alors il rejette cette rencontre et continue sur le même chemin qu'auparavant. Même les récits de « tranches de vie » où il ne se passe apparemment rien suivent ce schéma. Choisir de ne pas réagir est une autre forme de prise de décision du personnage. Néanmoins, les histoires de la Bible montrent le plus souvent une intervention dans la vie du personnage qui est à l'origine d'un changement majeur dans sa façon de voir les choses. Il est fréquent que l'intervenant soit Dieu lorsqu'il s'immisce, souvent de façon soudaine et inattendue, dans une vie jusqu'alors ordinaire et demande un changement de direction. Moïse découvrant le buisson ardent, Samuel entendant la voix de Dieu l'appeler en pleine nuit, et Élisabeth sentant son enfant tressaillir en son sein sont autant de changements de direction dus à l'intervention divine. Aucun d'eux ne reprend son ancienne façon de vivre.

Tout ou rien

> « Qui est-ce donc alors qui l'appelle le "rien" ? Notre moi extérieur, sans nul doute, pas notre moi intérieur. Notre moi intérieur, lui, l'appelle le "Tout", car c'est par lui que nous apprenons le secret de toutes choses, physiques comme spirituelles, sans devoir les prendre en compte chacune séparément. »
>
> *Le Nuage de l'inconnaissance*, chap. 68

La physique moderne nous apprend que ce que nous percevons comme une nette séparation entre la substance et l'énergie n'est en réalité qu'une illusion. Lorsque quelque chose nous paraît « solide », nous pensons qu'il est plus fait de matière que d'énergie. Si nous nous cognons le pied contre un meuble, il nous est difficile de croire que nous avons touché plus d'espace que de matière solide. Pourtant, si nous supprimions l'espace dans n'importe quel objet substantiel, même très grand, les particules qui constituent cet objet se réduiraient à un point infiniment petit.

Notre monde dit « matériel » est en réalité constitué davantage d'espace que de matière, de néant que de substance. Des particules surgissent néanmoins de ce néant. Ce que nous appelons le « vide » n'est en fait qu'un « abîme qui entretient tout[17] » plutôt qu'un rien sans vie. L'espace qui nous semble vide n'est pas constitué de vide mais de matière, une matière d'où tout émerge[18]. En un mot, l'univers semble être constitué non de matière mais d'énergie, la « substance fondamentale de l'univers », et pourtant pas substantielle du tout. Il a été découvert que les particules subatomiques ne sont pas constituées d'énergie, mais sont énergie[19]. Le paradoxe scientifique selon lequel les particules sont de l'énergie a des répercussions dans tous les domaines du savoir humain. Si, en réalité, ce que nous ne pouvons voir est le fondement même de notre existence, au-delà de l'espace et du temps, nous pouvons comprendre la déclaration de saint Paul : « Ce qui est visible n'a qu'un temps, ce qui est invisible est éternel » (2 Corinthiens, 4, 8).

En appliquant ces idées à la Bible et à l'Ennéagramme, nous ne trouvons aucune incohérence. Le premier chapitre de la Genèse (1, 2) décrit la façon dont la matière surgit d'un « vide informe » par la force de la parole de Dieu. La matière provient du néant et on la retrouve à présent dans la magnifique diversité de toute création. Le diagramme de l'Ennéagramme peut également être perçu comme une illustration de ce propos (voir figure p. 13). Les neuf points se trouvent sur les bords extérieurs du diagramme. Le symbole en lui-même est constitué d'un cercle, d'un triangle et d'un hexagone. Ces neuf points sont fixes. Notre chemin de transformation se situe non pas sur les points mais dans les espaces entre eux et dans la diversité des mouvements possibles entre eux. Comme la matière, les points sont des représentations statiques ; le mouvement entre eux agit comme une énergie qui nous conduit à de nouveaux endroits et à la transformation. Les points sont des lieux que nous quittons ; si nous nous laissons capturer par l'un d'eux, nous sommes immobilisés et emprisonnés dans notre attachement à « notre » chiffre. Ce serait violer notre nature même qui n'est que mouvement et croissance. Emprisonnés dans « notre » type, il se pourrait que nous ne réalisions même pas que l'apparente solidité de notre espace familier n'est qu'une illusion qui doit être dissipée. Malheureusement, il peut arriver que nous passions toute notre vie enfermés dans notre prison à croire que nous sommes libres. Même si l'énergie et le mouvement sont les réalités sous-jacentes du cosmos, nous ne pouvons en aucun cas nous permettre de les ignorer.

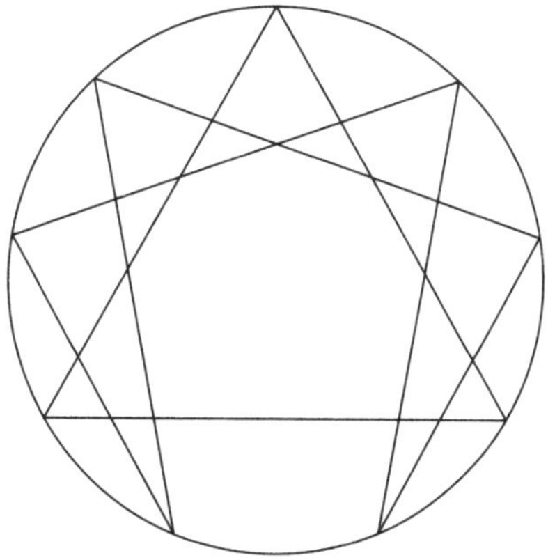

LIRE LA BIBLE

« Toutes les visions que nous avons sous notre forme humaine ont un sens spirituel. »

Le Nuage de l'inconnaissance, chap. 58

Avant que la Bible puisse être lue, elle était racontée, chantée et enseignée oralement. Depuis les premiers jours de l'imprimerie, elle n'a jamais cessé d'être un « best-seller » mondial. Cependant, beaucoup de lecteurs demeurent perplexes, ne sachant pas comment la lire. Ceux qui décident de la lire de la Genèse à l'Apocalypse perdent souvent pied aux alentours du Lévitique. Même les plus persévérants finissent par se demander s'ils ne devraient pas connaître certaines données historiques, linguistiques ou archéologiques pour rendre leur lecture plus profitable. Certains l'utilisent principalement comme un manuel ou un guide pour résoudre leurs problèmes quotidiens. Il y a même des éditions qui conseillent aux lecteurs des versets spécifiques en fonction de telle ou telle situation.

Néanmoins, ces dernières années, l'intérêt à lire la Bible s'est fortement développé, non pour y trouver des solutions rapides, mais pour mieux se connaître et découvrir sa relation à l'Éternel. Le grand critique littéraire Northrup Frye faisait référence à la Bible en empruntant l'expression de William Blake, le « grand code » qui permet de déchiffrer la civilisation et l'art occidentaux. Les codes sont souvent des énigmes que l'on peut résoudre mais le « code » biblique ne nous apporte pas de solutions faciles, plutôt des questions difficiles sur ce qui constitue la conscience. Il faut lire la Bible en tant que telle, non pas comme un texte historique, littéraire ou philosophique mais comme une histoire sacrée. Son enseignement spirituel est dissimulé dans les histoires, les psaumes et les paraboles. Ce n'est pas un simple registre d'événements, mais un recueil d'histoires qui ont résisté à l'épreuve du temps. Chaque histoire racontée « saisit l'imagination, imprègne le cœur et anime notre esprit de l'intérieur[20] ». En fin de compte, c'est ce qui donne à chaque récit son pouvoir immuable. Les récits bibliques qui se sont perpétués depuis des millénaires continuent de nous toucher émotionnellement. Les Écritures n'idéalisent pas l'histoire de l'humanité ni ne nourrissent les idéologies actuelles ; les personnes mentionnées y sont présentées à l'état brut, avec leurs faiblesses, leurs manies et leurs défauts, mais également avec leur capacité à atteindre des hauteurs sublimes. Il est difficile de trouver une source d'expérience plus riche et plus authentique.

Savourer l'amande douce

> « Aussi brisons l'âpre coquille et nourrissons-nous de la douce amande. »
>
> *Le Nuage de l'inconnaissance*, chap. 58

Il est possible de considérer les différents personnages de la Bible comme représentant des aspects de nous-mêmes, à la fois attirants et repoussants : ils sont courageux et beaux, mais aussi peureux et violents, ils sont fidèles, coléreux, généreux, forts, changeants, rancuniers et curieux. Leurs histoires perdurent car ce sont les nôtres formulées dans le langage des contes populaires et épiques, du pèlerinage et de la guerre. Connaître ces personnages, c'est commencer à se connaître soi-même car nous sommes tous concernés par l'archétype universel de l'homme.

Cette proposition n'a rien de nouveau. Philon d'Alexandrie (env. 25 après J.-C.) remarque que l'archétype humain est certainement présent dans la Genèse. Dans son travail sur l'interprétation allégorique de ce livre, il considère les récits de la Genèse comme une histoire illustrée de l'âme depuis sa création, en passant par sa chute et jusqu'à sa rédemption. Chaque personnage est envisagé comme représentant un niveau auquel une personne peut s'identifier en termes de développement de l'âme. Philon soutient que, lors de son parcours, l'âme oscille souvent entre deux pôles : la confiance en Dieu et la confiance en soi. Les récits de la Genèse auraient un écho avec n'importe quel aspect de la vie d'une personne. Pour une personne vertueuse, l'âme reconnaîtrait la sagesse divine comme mère de sa bonté. Vu sous cet angle, être sage, c'est faire de soi un foyer où ne faire qu'un avec Dieu, qui est la source et le fondement de tout être. L'âme doit avoir confiance en Dieu seul. La personne qui cherche la plénitude de la vie uniquement en elle-même sans référence à Dieu est symbolisée par Adam et Ève lorsqu'ils font le choix de désobéir à Dieu. Ainsi, les premiers chapitres de la Genèse plantent le décor d'une lecture personnalisée des récits bibliques.

Perdre de vue cette dimension spirituelle et lire ces histoires comme de simples intrigues mettant en scène des personnages historiques aboutirait à une mauvaise interprétation. La richesse des récits et cette présentation de la sagesse nous invitent à enquêter afin de trouver des similitudes avec notre vie et à laisser ces récits nous entraîner vers la plénitude de notre être : corps, âme et esprit. La croissance de notre spiritualité requiert l'implication de toute notre personne et un mouvement de conversion qui nous éloigne de nos compulsions égocentriques et nous recentre vers le fondement de notre être. Si nous ne faisons que changer au niveau comportemental, nous risquons finalement de ne « déplacer que les meubles[21] ».

Revendiquer la nature représentative des personnages bibliques va de pair avec l'hypothèse que chacun reflète un aspect de nous-mêmes et que leurs histoires sont aussi les nôtres. Dans la mesure où chacun d'entre eux fait écho à notre propre histoire, lorsque nous lisons leurs récits et les interprétons, nous comprenons qu'ils nous révèlent et nous interprètent également nous-mêmes. C'est un élément reconnu depuis longtemps dans la Séder de Pessa'h, la grande célébration juive de la liberté. Tous les ans, les fêtes commémorent à l'aide d'histoires et de rituels ce que Dieu a fait pour les Juifs réduits à l'esclavage en Égypte, mais aussi ce que Dieu continue de faire pour tous ceux qui participent aux festivités. L'abolition de l'esclavage n'est pas un événement ponctuel, c'est un phénomène qui se répète chaque fois que quelqu'un s'affranchit de tout obstacle à sa libération intérieure. La délivrance de Dieu est réitérée dans de nombreux moments du quotidien.

Cette manière de lire les Écritures n'est pas une nouveauté. Dès le IIIe siècle, le théologien chrétien Origène faisait ce commentaire : « Vous ne devez pas penser que toutes ces choses ne se sont produites que dans le passé, en réalité tout cela se réalise en vous aujourd'hui d'une façon mystique. » Cette méthode d'interprétation des textes (connue comme l'exégèse des Écritures) qui passe d'une lecture littéraire à une compréhension spirituelle d'un texte populaire remonte au moins à l'époque d'Origène. Cette lecture nous apprend à évoluer progressivement, en étudiant plus en profondeur un verset ou un court passage, passant du sens littéral au sens spirituel, incluant les aspects symboliques, mystiques et cosmiques du texte.

Cette tradition est en accord avec l'affirmation de saint Paul : « La lettre tue, l'Esprit vivifie » (2 Corinthiens 3, 6). Un article de loi peut à lui seul mener à une légalité dure si on essaie de figer un texte dans une signification unique. Les écrits sacrés n'ont pas qu'une seule dimension, au contraire, ils sont vivants et nous inspirent dans notre développement et notre transformation. Avant que les textes ne soient écrits et préservés sur les rouleaux des synagogues, puis plus tard sur les parchemins de bien des monastères, ils vivaient par une tradition orale qui nourrissait et transformait les auditeurs. Conter, chanter, danser maintenait en vie le souvenir de l'intervention divine de l'histoire. La Bible elle-même doit son origine à ces traditions vivantes qui ont affermi la foi des peuples.

Le fait de coucher sur le papier ces textes et histoires les a, en quelque sorte, uniformisés d'une façon qui permet de conserver, aujourd'hui encore, le sens de la tradition orale qui les a inspirés. Bien qu'ils aient été lus à voix haute, ils faisaient toujours appel à l'imagination et à l'esprit. Le sens littéral a été le tremplin vers de nouveaux niveaux de lecture et de compréhension des Écritures. Cette dynamique d'une lecture littérale vers une lecture spirituelle est pratiquée depuis longtemps lors de la *lectio divina* ou « lecture divine » qui était autrefois enseignée dans les monastères, mais qui est également pratiquée par les laïcs aujourd'hui. Afin d'entreprendre cette forme de lecture, il faut commencer par lire chaque mot. Lire lentement chaque mot constitue la partie *lectio* du processus pour aborder le récit ou passage littéral étudié. Après cette première lecture directe, nous entamons la *meditatio* sur le passage que nous avons lu pour réfléchir et discerner ce que cela implique dans notre propre vie. Ce qui nous mène à l'étape suivante, l'*oratio*, au cours de laquelle nous prions pour la nouvelle compréhension ou évolution spirituelle que nous avons atteinte. Enfin, nous arrivons à la dernière étape, la *contemplatio*, où nous nous abandonnons à l'Esprit suite à ce que nous venons de vivre, et où nous pouvons rester calmes en la présence silencieuse de Dieu. La *lectio divina* implique l'être tout entier : nous nous demandons ce qui est dit, ce que nous pensons, quels sentiments cela suscite en nous et ce que nous devons en faire. Il s'agit d'un processus holistique et transformateur dans lequel nous ne cessons de nous engager lorsque nous faisons l'expérience de voir les Écritures comme un texte « vivant ». Nous pratiquons un exercice similaire lorsque nous voyons les personnages bibliques au travers de nos connaissances de l'Ennéagramme. La tête, le cœur et le corps sont impliqués lorsque nous trouvons dans ces récits le reflet de certains aspects de nous-mêmes et que nous y voyons des icônes capables de nous mener vers notre plénitude.

Le sens premier, ou littéral, des Écritures est considéré comme le plus extérieurement accessible, tandis que le sens moral, ou spirituel, est davantage de l'ordre d'une perception intérieure. Tandis que les récits ordinaires tendent à nous entraîner vers le monde extérieur fait de personnes et d'événements, les histoires de la Bible, de la même façon que les mythes et les contes de fées, nous emmènent vers le monde intérieur de l'évolution et de la maturité. Dans cet esprit, nous devons voir au-delà du sens littéral et discerner le sens allégorique ou spirituel de notre lecture. Comme le disait Grégoire le Grand : « Nous devons rechercher dans les mots matériels le sens qu'ils contiennent… C'est ainsi qu'ils deviendront pour les lecteurs le mécanisme qui va les porter et non les écraser sous leur poids. Une lettre peut cacher le sens profond de la même façon que la coquille cache la graine ; comprendre avec l'esprit correspond à pénétrer la coquille jusqu'au sens profond[22]. » Si nous limitons nos commentaires à une compréhension littérale des différentes histoires de la Bible, nous resterons bloqués à la surface alors que nous recherchons la profondeur.

Voir l'ensemble du tableau signifie souvent oublier ce que nous avons vu la dernière fois que nous l'avons regardé. Le tableau n'a pas changé, mais nous si ; nous ne sommes plus la même personne qu'avant. Même s'il ne s'est écoulé que peu de temps depuis que nous avons étudié un des passages de la Bible, nous avons changé, même si ce changement est imperceptible, un mouvement a eu lieu, vers la lumière ou vers l'obscurité. L'Ennéagramme est un symbole dynamique qui permet de déceler un tel changement et peut s'avérer un atout pour lire la Bible. Une personne n'occupe pas toujours le même espace dans son système, elle bouge de point en point. De la même façon, on peut estimer que les personnages bibliques appartiennent à différents espaces selon celui qui les observe. Ils sont ici représentés dans les espaces qui paraissent appropriés selon ce que l'on sait d'eux. Néanmoins, certains pourront s'intéresser à l'exploration des différents espaces auxquels les personnages pourraient également appartenir, et nous vous encourageons à le faire. Élargir les possibles interprétations nous encourage à rester ouverts à l'immense complexité d'un individu et à la vaste diversité des êtres humains.

Les personnages de la Bible sont comme des archives fiables répertoriant la façon dont Dieu est entré en relation avec les hommes, depuis le tout début de l'humanité. Pratiquement toutes les expériences humaines possibles sont recensées au fil des pages et la sagesse des siècles se reflète dans ces récits.

Nous pouvons non seulement lire ces histoires et les étudier en profondeur, mais également les appliquer à nos expériences personnelles pour mieux favoriser l'avancement de notre transformation. Cela requiert une authentique connaissance de soi. Les mots seuls ne suffisent pas. La vérité de l'enseignement biblique est plus profonde que sa signification superficielle apparente. Nous pouvons emprunter au bouddhisme ses « Quatre Nobles Vérités » pour nous rappeler comment lire la Bible et l'intégrer à notre chemin de transformation :

> « Fie-toi au message du maître, pas à sa personnalité.
> Fie-toi aux sens et pas qu'aux mots.
> Fie-toi au véritable sens des choses, pas au sens éphémère.
> Fie-toi à ton esprit de sagesse, pas à ton mental ordinaire jugeant[23]. »

L'ENNÉAGRAMME

> « Ce travail exige une grande sérénité, une disposition pure et intégrée du corps comme de l'âme. »
>
> *Le Nuage de l'inconnaissance*, chap. 41

Il a parfois été suggéré que le fossé entre les mondes oriental et occidental est dû au fait que l'Orient privilégie le cœur, et l'Occident la tête. Ce raccourci peut paraître simpliste dans le contexte actuel de l'émergence d'une culture mondiale, mais cela a le mérite de nous aider à comprendre la mesure du don que fait l'Ennéagramme à toute culture. En se fondant sur les trois centres de l'être humain que sont la tête, le cœur et le corps, le travail de l'Ennéagramme nous montre comment établir un équilibre entre eux et nous faire avancer vers la plénitude. Il permet d'unifier les pensées, les sentiments et les actions sans accorder plus de poids aux uns qu'aux autres. Cependant, en revisitant la façon dont nous ressentons le monde et dont nous l'abordons généralement, nous allons découvrir qu'en fait, nous préférons l'un de ces centres aux deux autres. La pratique de l'Ennéagramme nous montre comment nous pouvons commencer à intégrer ces derniers et entreprendre notre processus

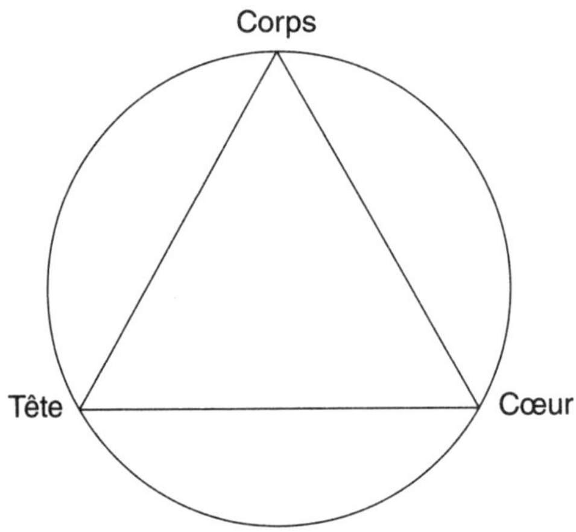

Chaque centre a sa propre énergie, son intelligence et sa raison d'être :

- Le corps : vivre, survivre, avancer, créer, faire.
- Le cœur : créer des liens, ressentir, être ou entrer en relation avec les autres.
- La tête : comprendre, voir, penser, créer du sens.

On se réfère à chaque centre sous différents termes :

- Le corps en tant que « centre moteur » ou « centre instinctif ».
- Le cœur en tant que « centre des sentiments » ou « centre relationnel ».
- La tête en tant que « centre mental » ou « centre de la réflexion ».

de transformation. En tant qu'outil de transformation, l'Ennéagramme cherche à établir ou à restaurer l'équilibre entre le mental, les sentiments et le corps. Ce rééquilibrage est essentiel à la guérison et à l'intégration tant individuelles que collectives.

Privés de l'un de ces centres, nous ne serions pas humains, et chacun d'eux a besoin des deux autres pour subsister. Qu'il y ait trois centres en nous n'est pas arbitraire. En grec classique, le trois correspond généralement à l'achèvement d'un processus. Cela se reflète dans le Nouveau Testament quand Jésus annonce qu'il ressuscitera le troisième jour (Matthieu 16, 21). Dans l'Évangile selon saint Jean, on nous dit que les noces de Cana eurent lieu le troisième jour (Jean 2, 1). Enfin, Pierre renie trois fois le nom de Jésus (Jean 18, 27). Dans l'Ancien Testament, c'est le nombre de jours et de nuits que Jonas passe dans le ventre de la baleine, ce qui correspond à sa rencontre avec Dieu après sa fuite (Jonas 1, 17). Gurdjieff, qui a amené le diagramme de l'Ennéagramme en Occident au XXe siècle[24], a mentionné la « loi de Trois » et la considérait comme un principe fondamental tant du monde physique que du monde culturel. Dans la plupart des grandes religions, nous retrouvons le trois comme représentation de la figure divine : dans le bouddhisme, les « Trois Joyaux (ou Refuges) » sont représentés par Bouddha, Dharma et Sangha ; dans l'hindouisme par Brahma, Vishnu et Shiva ; dans le christianisme, Dieu est Père, Fils et Saint-Esprit ; dans l'islam, les qualités de Dieu se manifestent par le pouvoir, la connaissance et la vie ; et dans le judaïsme, la représentation kabbalistique de l'arbre de vie contient Daath, Tipheret et Yesod. La cosmologie maintient également le fait qu'il y a trois lois dans l'ordre fondamental de l'univers : la différenciation, la subjectivité et la communion, et que l'univers s'effondrerait en l'absence de l'un de ces trois éléments.

Dans la tradition chrétienne, Évagre le Pontique, au IVe siècle, réfléchit dans un livre sur la prière contemplative à la signification spirituelle de la figure superposant un triangle et un hexagone et aux liens entre leurs sens numérologiques et la spiritualité[25]. Au XIIIe siècle, l'Espagnol Ramón Lull (mort en 1315 et qui sera béatifié par la suite) élabore un diagramme des neuf perfections de Dieu, représentées à l'intérieur d'un cercle, reliées les unes aux autres ainsi qu'au centre du cercle, qui symbolise l'Essence de Dieu. Un autre de ses diagrammes est constitué de trois triangles dans un cercle figurant la proximité relative entre Dieu et ses créatures. Une fois rassemblés, ces deux diagrammes peuvent être considérés comme les premiers prototypes chrétiens de l'Ennéagramme tel qu'il est représenté aujourd'hui[26].

En mathématiques également, 3 est le plus petit nombre premier impair et on l'associe à la stabilité. Un tabouret n'ayant que deux pieds ne tiendrait pas debout par exemple, il en faut un troisième pour créer l'équilibre. En outre, on ne peut plier un triangle à ses sommets puisque modifier sa forme reviendrait à la détruire. En revanche, on peut modifier une figure à quatre côtés (un rectangle) en réduisant les angles opposés de la figure afin de former un parallélogramme ou un trapèze[27].

Chez l'être humain, le trois est également le nombre de la stabilité et de l'équilibre. On le retrouve d'ailleurs dans le langage traditionnel lorsque l'on se réfère à une personne comme à un être composé d'un corps, d'un esprit et d'une âme. Les trois centres de l'Ennéagramme représentent les parties de nous-mêmes qui doivent être en accord et en équilibre afin que nous puissions devenir les icônes vivantes de notre Créateur. Nous pouvons rétablir toute déstabilisation personnelle en entreprenant le travail important et souvent difficile de la transformation de soi. Nous pouvons alors accorder toutes nos énergies et rétablir progressivement l'équilibre en nous. L'Ennéagramme nous fournit un modèle concret sur la façon de s'y prendre.

Il est le plus communément représenté par un diagramme qui relie les neuf points de la façon suivante :

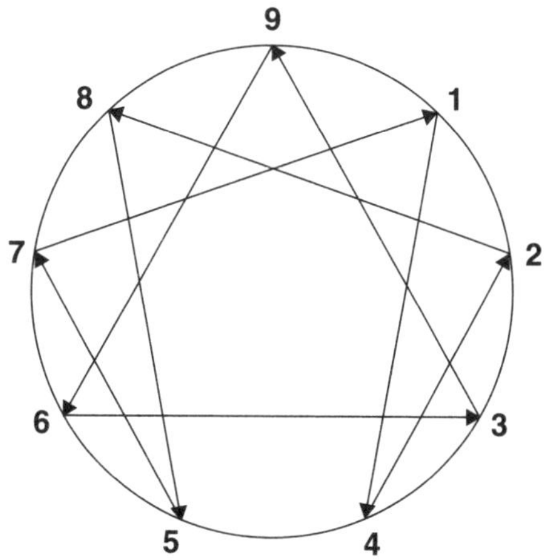

8, 9, 1 : centre corporel
2, 3, 4 : centre émotionnel
5, 6, 7 : centre mental

Chacun des trois centres, tête, cœur et corps, contient trois des neuf types de l'Ennéagramme. La tête ou centre mental est représentée par les types Cinq, Six et Sept, le cœur ou centre émotionnel par les types Deux, Trois et Quatre et le corps ou centre instinctif par les types Huit, Neuf et Un. On s'y réfère généralement comme au centre préféré d'un type. Bien qu'un nombre ou un type puisse être considéré comme notre base où nous résidons le plus souvent, nous n'y demeurons pas en permanence. Il nous arrive aussi de naviguer d'énergie en énergie selon la situation et nos besoins.

Notre nombre est comme un dos-d'âne sur notre route : il nous ralentit quand nous sommes à son niveau mais ne nous empêche pas de le dépasser pour continuer notre route ailleurs. Prendre en compte les neuf énergies et les maintenir dans un parfait équilibre reviendrait à aplanir tous les dos-d'âne jalonnant notre route. Si nous parvenions à atteindre un tel état d'harmonie et d'équilibre intérieur, nous serions disposés à vivre chaque moment en connexion profonde avec notre centre divin. Nous pourrions alors être « centrés dans la paix » et incarner dans notre vie la juste dynamique émanant de cet équilibre.

Chacun des types de l'Ennéagramme est généralement associé à un nom ou à une appellation représentative de la nature de chaque profil. Il arrive que les appellations diffèrent. Voici les noms des types selon les auteurs :

	Hurley-Donson	**Palmer**	**Riso-Hudson**
Un	Performant	Perfectionniste	Réformateur
Deux	Bienfaiteur	Altruiste	Bienfaiteur
Trois	Ambitieux	Battant	Téméraire
Quatre	Individualiste	Romantique	Individualiste
Cinq	Observateur	Observateur	Investigateur
Six	Protecteur	Loyal Sceptique	Loyal
Sept	Rêveur	Épicurien	Passionné
Huit	Provocateur	Protecteur	Compétiteur
Neuf	Conservateur	Médiateur	Pacificateur

Derrière ces neuf types de personnalité, l'idée générale proposée par l'Ennéagramme converge remarquablement avec l'appel de la Bible à se détourner du vice dans sa forme la plus basique et d'aspirer aux vertus que l'Ennéagramme représente comme les neufs visages de Dieu : la perfection, la dévotion, le travail, la créativité, la sagesse, la loyauté, la joie, la compassion et la paix. La Bible regorge d'instructions pour nous faire sortir des fixations égotiques des neuf espaces (bien qu'elle ne l'exprime pas dans un langage aussi moderne) et nous rapprocher de Dieu. Elle nous encourage à lutter contre les distorsions ou les passions qui sont l'héritage commun à tous les êtres humains et à surmonter nos pulsions instinctives, avec l'aide de la grâce divine.

Naturellement, lorsque l'on a une certaine expérience et que l'on utilise l'Ennéagramme au quotidien, on est plus à même de déceler comment on évolue entre ces espaces, plus précisément même que nous pouvons le déterminer chez les autres, y compris les personnages d'un texte. Les personnages bibliques peuvent aisément être considérés comme des exemples vivants de chacun des neuf types. Nous estimons qu'il est possible d'assimiler un personnage à un espace particulier sans nécessairement connaître les données biographiques liées à sa personnalité. Lorsque nous choisissons d'accepter ces personnages comme mentors, nous trouvons dans leur vie un certain écho à la nôtre ; leurs histoires mettent en lumière les événements et les choix de notre propre vie.

Il ne faut pas oublier que les points de l'Ennéagramme ne sont que de simples représentations d'un système en deux dimensions alors que nous évoquerons souvent le passage d'une énergie à une autre. Le diagramme n'est qu'un support pour évoquer ce qui relève d'un langage poétique. Il nous faut également garder à l'esprit que l'Ennéagramme traite de changement et de transformation. Il a pour vocation de nous faire passer d'un état d'être mécanique à un réveil menant à une nouvelle vie intérieure. Tout cela est cohérent avec l'appel constant de la Bible à la conversion et à l'ouverture du cœur. Dans les Évangiles, l'appel à la repentance ou la conversion ne s'adresse pas aux bien-portants mais à ceux qui ont besoin d'un médecin (spirituel) : non pas à l'homme vertueux mais au pécheur (Matthieu 9, 12-13). Cela requiert davantage qu'un simple changement de comportement. La conversion, ou *métanoïa*, dont parlent les Écritures affecte chacun de nos trois centres. Le mot *métanoïa* désigne à la fois un changement d'esprit, un ressenti douloureux et un changement radical pour un nouveau départ. Il est à la fois lent et soudain, nous transformant continuellement, avec parfois des changements soudains. On ne peut pas être « un petit peu converti », pas plus qu'une femme ne peut être « un petit peu enceinte ». Bien que notre transformation soit progressive, le changement de direction est une véritable volte-face[28]. Si on l'interprète correctement, l'insistance de la Bible sur la repentance n'est ni plus ni moins qu'un encouragement à entreprendre un travail de transformation sur chacun de nos trois centres, à la fois lentement tout au long de notre vie et ponctuellement à chaque instant.

Les choses telles qu'elles sont

« Travaille avec enthousiasme et plaisir plutôt qu'avec une force brute. »

Le Nuage de l'inconnaissance, chap. 41

Dans un livre où il considère chaque point de l'Ennéagramme comme une représentation de ce qu'il appelle une « Idée sainte », A. H. Almass observe que toutes les « Idées saintes » constituent une perception claire de la réalité, clarté qui n'est possible qu'avec une perspective dépourvue d'ego[29]. Chaque « Idée sainte » représente une façon de nous purger de notre faux moi, ce qui permet de laisser passer certains aspects du Divin. Libérés de notre vision de nous-mêmes limitée à un seul point de l'Ennéagramme, il nous est alors possible d'absorber les « Idées saintes » représentées dans les huit autres points. En arrêtant de nous accrocher à notre point comme seule façon de voir la réalité, nous parvenons à une vision clarifiée des choses telles qu'elles sont vraiment[30]. On ne peut limiter la réalité à nos idées et à ce que nous voudrions qu'elle soit. Il nous faut apprendre à nous détacher de nos préconceptions et autoriser la Réalité à se montrer à nous telle qu'elle est. Les traditions orientales et occidentales reconnaissent le rôle des trois centres de l'être humain. L'Occident a parfois tendance à sous-estimer l'importance du corps et à surestimer celle de la tête tandis que l'Orient utilise depuis longtemps le corps pour enseigner ce que la tête ne peut savoir. Ces deux traditions utilisent le cœur, mais de manières différentes : l'Occident préfère généralement parler d'« émotions » quand l'Orient mentionne surtout la « compassion ». Le chemin de transformation proposé par l'Ennéagramme honore différentes traditions sans jamais nous demander d'abandonner notre culture ou nos croyances personnelles.

C'est parce qu'il traite de l'individu en tant qu'être humain, quels que soient son statut social ou sa culture, qu'il parvient à poursuivre sa mission de nourrir l'esprit, d'apaiser le cœur et de respecter le corps.

Les grandes traditions d'Orient et d'Occident nous ont toujours rappelé de toutes les façons possibles que nous ne percevons pas les choses telles qu'elles sont : nous les voyons telles que *nous* sommes. Nous devons comprendre qui nous sommes, comment nous le sommes devenus et revoir la majorité de nos a-priori sur nous-mêmes et sur le monde. Il est difficile de réaliser que notre réalité n'est pas la même que celle des autres. Comme les aveugles de l'histoire essayant de décrire un éléphant, nous découvrons souvent que notre expérience est très différente de celle d'autrui, même si nous avons tous touché le même éléphant. L'Ennéagramme peut nous aider à comprendre comment nous percevons et interagissons avec le monde et aussi à quel point la perception des autres sur ce même monde peut être différente. Même s'il ne faisait que cela, l'Ennéagramme serait toujours un atout précieux pour encourager la paix au sein des familles et des nations.

L'aspiration au Divin

> « L'humilité n'est rien d'autre que la véritable connaissance et la conscience de soi tel que l'on est réellement. »
>
> *Le Nuage de l'inconnaissance*, chap. 13

L'humilité : se souvenir que nous sommes humus ou terre nous amène à une compréhension plus profonde de nous-mêmes, des autres et de l'univers. L'humilité va de pair avec le fait de savoir que la conscience, tout en provenant de la terre, se développe également vers une compréhension de notre interdépendance avec l'univers entier et notre âme divine. Cette idée n'est pas nouvelle. Les Psaumes, notamment, nous rappellent que toute création est imprégnée de sa source divine.

« Quand Tu envoies Ton souffle, ils sont créés, et Tu renouvelles la face de la terre. »

Psaume 104, 30

Ou encore :

« Que tous les fleuves battent des mains et les montagnes crient de joie, à la face de Yahvé, car Il vient pour juger la terre. »

Psaume 98, 8-9

Dans son désir d'union à son Créateur, la nature, y compris la nature humaine, tend à retourner à ses origines divines par une divinisation du cosmos. Le bouddhisme parle de la nature de l'esprit, ou de l'esprit de Bouddha, comme « simplement l'immaculé qui se regarde naturellement lui-même[31] ». Les textes de Platon dépeignent le monde que nous voyons comme une ombre du transcendant. Les principes d'Athanase, qui datent du Ve siècle de notre ère, démontrent que l'union avec Dieu ne se fait « pas par la transformation de Dieu en être de chair, mais en faisant du divin avec de l'humanité ».

À notre époque, le pape Jean-Paul II a signalé que nous avions besoin d'une anthropologie qui dépasse ses propres limites et aille dans le sens d'une divinisation de l'humanité[32]. Cet objectif coïncide avec les écrits des premiers chrétiens qui n'évoquent que peu le péché et la faiblesse humaine et parlent davantage du fait que nous sommes créés à l'image de Dieu et réhabilités à cette image par notre union avec le Christ. Comme l'écrit saint Paul : « Et ce n'est plus moi qui vis, mais le Christ qui vit en moi » (Galates 2, 20). La vie chrétienne vise à la transformation à l'image du Christ, ce que l'Église orientale appelle la « déification » ou « divinisation ». Notre soif de savoir qui nous sommes, déclare l'abbé Georges de Grigoriou, ne peut être étanchée que si nous atteignons notre objectif d'être unis avec notre Archétype, Dieu[33].

Faire un bon usage chrétien de l'Ennéagramme, c'est l'utiliser pour nous éveiller à cette possibilité et à la réalisation de notre transformation. L'Ennéagramme est en accord avec toutes ces traditions dont le but consiste à nous rappeler qu'au fond de nous-mêmes existe une étincelle divine susceptible de devenir un brasier qui illumine notre nature ainsi que le monde dans lequel nous vivons.

Une question d'équilibre

« Accepte ce qui vient ! »

Le Nuage de l'inconnaissance, chap. 42

Les neuf points de l'Ennéagramme représentent neuf différents types d'énergie. Nous possédons tous en nous les neuf énergies mais nous ne les utilisons pas toutes également. Dès que nous parvenons à découvrir lesquelles nous délaissons, nous sommes en mesure de les développer afin de rétablir l'équilibre avec celles que nous favorisons. Réussir à trouver un pareil équilibre intérieur amène à la plénitude et au bonheur. Les neuf points de l'Ennéagramme sont également répartis entre trois aspects, ou centres, de la personne humaine : la tête, le cœur et le corps, ou encore penser, ressentir et agir. Indubitablement, tout le monde pense, ressent et agit, mais il est moins évident que chacun préfère l'un de ces trois centres, se sert du deuxième pour soutenir le premier et délaisse le troisième. Ce dernier est mis de côté à tel point qu'il devient un obstacle à notre croissance. C'est du côté de ce troisième centre que nous devons chercher à commencer notre travail de transformation.

On peut ainsi dire que cet ouvrage est organisé autour des centres que nous délaissons (ou centres « réprimés » comme on s'y réfère parfois). Lorsque l'un des centres est mis de côté, cela ne signifie pas qu'il disparaît ou devient obsolète pour un individu, cela implique seulement que le centre négligé est moins développé que celui que nous préférons et dans lequel nous nous sentons chez nous. Étant donné que chaque type « demeure » dans un centre préféré, les deux autres centres soutiennent le premier à des degrés différents. Parmi ces deux autres centres, il y en a généralement un qui est plus efficace tandis que l'autre est plus en retrait. Au lieu de profiter de sa force, notre centre réprimé est plus connu par sa défaillance qui définit en partie ce que Jung appelle notre « ombre ». Cette ombre représente non seulement ce que nous refusons d'admettre sur nous-mêmes mais aussi les parties de nous-mêmes que nous refusons d'utiliser ou encore celles que nous utilisons à mauvais escient[34]. Lorsque notre psychisme est dérangé, il nous faut chercher du côté de notre centre réprimé pour comprendre comment rétablir l'équilibre en nous. On ne saurait trop insister sur le fait que chaque centre est nécessaire et vital. En définitive, notre objectif est d'établir une relation équilibrée entre les trois afin de retrouver notre intégrité et vivre avec énergie, intuition et bonheur. Si nous restreignons notre connaissance de nous-mêmes à la compréhension d'un seul « espace » de l'Ennéagramme, nous renonçons à rechercher cet équilibre précieux qui associe toutes les énergies et assure la stabilité et la sainteté.

Tout au long de ce livre, notre objectif est d'encourager chacun à retrouver la globalité de son être, plutôt que de demeurer cloisonné, ce qui entraverait la croissance psychique et le chemin de transformation. Effleurer une meilleure compréhension de soi n'est pas suffisant, l'Ennéagramme nous encourage à être dans le mouvement plutôt que l'immobilité ; il clarifie comment commencer notre retournement d'un soi égocentrique à notre centre divin.

La typologie de Karen Horney

La psychiatre Karen Horney (1885-1952) a publié beaucoup de travaux importants sur les différents types de névrose et la façon dont ces pathologies bloquent un développement sain. Elle divise le psychisme humain en trois catégories dominantes qui peuvent faire obstacle à notre accomplissement personnel ; elle prend comme référence trois types de personnalité : effacée, expansive ou résignée[35]. Bien que la démonstration d'Horney concernant ces types repose principalement sur des comportements névrotiques, elle s'intéresse également à la résolution des névroses. Les termes qu'elle emploie connotent l'ombre ou les aspects refoulés de la psyché. Utiliser sa typologie pour nous aider à comprendre les centres réprimés de l'Ennéagramme nous permet de voir plus clairement comment quelqu'un préfère interagir avec les autres : certains iront « gentiment » vers les autres (les effacés), d'autres seront prêts à interagir avec eux par des confrontations positives ou négatives (les expansifs) alors que le troisième groupe préférera observer ou se tenir à l'écart des autres (les résignés). Comprendre le fonctionnement de chaque dynamique est une des clés de notre transformation.

Kathy Hurley et Theodorre Donson, enseignants en Ennéagramme, se réfèrent à ces groupes et leurs travaux sur ce sujet ont permis de mieux comprendre les dynamiques de l'Ennéagramme[36]. Don Richard Riso et Russ Hudson les appellent les « triades de Karen Horney[37] ». Dans ce livre, nous avons choisi de traduire différemment les termes employés par celle-ci de façon à ce que leur sens soit fidèle à la description qu'elle en fait. Nous parlerons ici des profils « conciliants » (correspondant à l'effacé de Horney), « assertifs » (l'expansif chez Horney) et « en retrait » (résigné pour Horney.) Ces termes suggèrent aussi que l'on applique la « loi de Trois » dans la mesure où elle prône l'équilibre psychique. L'énergie assertive va vers l'extérieur, l'énergie réservée la retient et l'énergie conciliante apaise la tension entre les deux[38].

Ensemble, les neuf profils forment une image assez complète de la personne humaine. Dans nos mouvements vers les autres (conciliants), contre eux (assertifs) et quand nous nous mettons à l'écart des autres (en retrait), nous expérimentons toute une gamme de possibilités par lesquelles nous pouvons être transformés. Quel que soit notre type ou espace préféré, ils doivent tous travailler ensemble dans un équilibre harmonieux pour accueillir plus pleinement l'image divine en chacun. Chaque centre réprimé contient trois des neuf types :

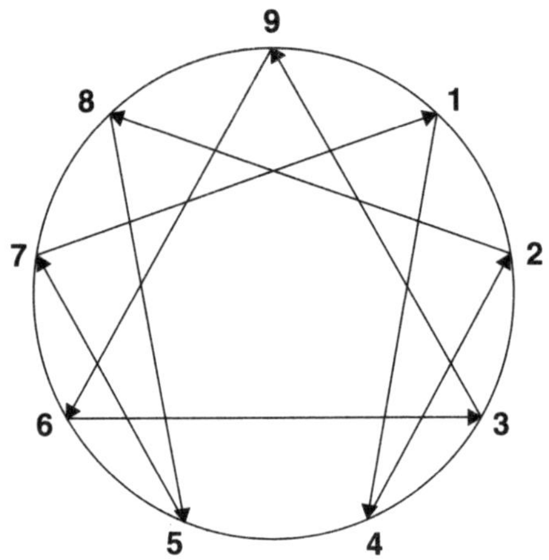

Profils conciliants : types Un, Deux, Six
- Les Un suivent leur autocritique.
- Les Deux suivent leur besoin de donner.
- Les Six suivent l'autorité extérieure.

Profils en retrait : types Quatre, Cinq, Neuf
- Les Quatre se retirent vers la profondeur de leurs sentiments.
- Les Cinq se retirent dans leurs pensées.
- Les Neuf se retirent vers un endroit tranquille.

Profils assertifs : types Trois, Sept, Huit
- Les Trois affirment leur besoin de réussir.
- Les Sept affirment leur besoin de ne pas souffrir.
- Les Huit affirment leur besoin de décider.

Ainsi, en étudiant les centres réprimés, nous examinons en même temps les trois aspects de penser, ressentir et agir. Quel que soit le type d'une personne, elle se clarifiera en prenant en compte son centre réprimé. En termes d'Ennéagramme, nous pouvons reformuler cette typologie en déclarant que les types Un, Deux et Six constituent les aspects conciliants de soi, que les types Sept, Huit et Trois regroupent nos tendances assertives et que les types Quatre, Cinq et Neuf sont les énergies de notre personnalité qui tendent à la résignation.

Remarque : aucune utilisation de l'Ennéagramme n'est possible tant que l'on n'a pas fait l'effort de commencer à localiser son type dominant. L'Ennéagramme nous invite aussi à analyser certaines caractéristiques de notre personnalité qui peuvent nous paraître évidentes, mais qui peuvent aussi se révéler des aspects « obscurs » que nous ignorions jusqu'alors.

Le corps, l'esprit et le cœur

> « Que Dieu m'empêche de séparer ce qui a été uni, le corps et l'esprit. Car Dieu veut être servi avec un corps et une âme, les deux ensemble. »
>
> *Le Nuage de l'inconnaissance*, chap. 48

Lorsque nous appliquons les principes de l'Ennéagramme à notre interprétation des différents personnages bibliques présentés ici, leurs histoires s'éclairent et nous invitent à une nouvelle forme de réflexion. Nous percevons leurs choix et leurs conflits à travers notre compréhension du mouvement vers l'intégration ou la désintégration des hommes de toutes les époques. Pour chacun des personnages de la Bible dont il est ici question, il n'est pas tant question d'affirmer qu'il ou elle est de tel ou tel profil que d'utiliser leurs histoires comme exemples concrets du travail de Dieu en nous pour nous mettre sur la voie de la guérison, de l'épanouissement et de l'union avec le Divin. L'action de Dieu ne se limite pas à un seul schéma. Dans chacun des neuf types de l'Ennéagramme, nous découvrons que chacun rencontre Dieu à sa façon. Si nous sommes dans l'excès de notre profil, Dieu sait comment nous confronter pour nous amener à la croissance et à la plénitude. D'autre part, nous ne sommes pas limités à notre type pour apprendre la multitude des bontés de Dieu pour l'humanité. Bien que nous « préférions » fonctionner sur un type, nous pouvons avoir accès aux neuf énergies et aucune n'est hors d'atteinte du Divin.

La notion de conversion en réponse à l'appel divin revient comment un leitmotiv dans les traditions juive et chrétienne. Cela commence dès l'histoire d'Adam et Ève dans le livre de la Genèse, qui a pour but de montrer leur état originel d'union et d'harmonie avec eux-mêmes, avec l'autre, avec la nature et avec Dieu. Cependant, cet état d'unité est bientôt remis en question lorsque nos premiers parents décident de découvrir par eux-mêmes la notion de bien et de mal en désobéissant à l'ordre divin de ne pas manger du fruit de l'arbre interdit. Ils agissent ainsi comme nous tous, lorsque nous décidons très jeunes de renoncer à notre innocence pour répondre aux demandes de l'ego. Comme Adam et Ève, nous essayons alors de nous cacher de Dieu lorsqu'il appelle Adam et nous appelle, nous aussi : « Où es-tu ? » (Genèse 3, 9). Comme nous, Adam et Ève se cachent l'un de l'autre quand ils constatent leur vulnérabilité, leur nudité qui révèle trop d'eux-mêmes et qu'ils ressentent alors peur et honte. Ils se couvrent avec des feuilles de figuier que Dieu, dans sa bonté, remplace par des peaux de bête. C'est en réalité l'histoire de chacun de nous, lorsque nous passons de l'innocence et la simplicité de l'enfance aux difficultés et aux problèmes de la vie adulte. Très tôt dans notre vie, nous avons aussi cherché des feuilles de figuier afin de cacher qui nous sommes vraiment, perdant ainsi la vision claire de notre place dans cet univers. Dieu continue néanmoins à chercher à nous atteindre en dépit de nos tentatives désespérées pour nous cacher. Les neuf visages de Dieu sont neuf façons avec lesquelles Dieu va à notre rencontre et influe sur notre transformation.

Le travail de l'Ennéagramme permet de retrouver notre unité originelle. Nous ne pouvons pas revenir au jardin d'Éden mais nous pouvons continuer notre route dans le monde, dans nos villes et nos villages en quête d'une rencontre bienvenue avec le Divin qui nous restaurera dans notre plénitude. Le travail avec l'Ennéagramme nous propose de nous libérer des compulsions acquises dès le début de notre vie. Il nous indique comment amorcer un mouvement conscient vers notre Essence, notre soi caché sous la feuille de figuier. Dans son évolution progressive, d'un espace/énergie/type à un autre, il nous désigne notre âme qui aspire à la connaissance de soi. Nous apprenons que nous pouvons nous déplacer consciemment des ténèbres à la lumière, d'une habitude tenace à une nouvelle énergie pour la liberté. L'Ennéagramme nous montre une manière d'entreprendre ce chemin de révélation qui nous amène de notre soi égocentrique à notre centre divin et nous aide à déterminer quelle direction nous conduira à notre transformation.

La transformation ne se limite plus alors aux petits hauts et bas de la vie ordinaire dans laquelle un pas dans une direction est souvent aussitôt contrarié par un mouvement contraire. De telles oscillations ne sont généralement pas les indices d'une authentique transformation. Alors que nous oscillons encore, nous prenons parfois conscience que nous sommes divisés : nous agissons selon certaines croyances tout en conservant dans notre conscience l'idée que ce ne sont que des rêves qui ne se réaliseront pas. Une authentique transformation n'implique pas de telles hésitations, expliquait William James, mais davantage un changement de notre attitude, de nos croyances, de notre comportement qui « deviennent stables au point d'expulser définitivement de la vie de l'individu leurs anciens rivaux[39] ».

Il est fréquent que nous ressentions une certaine excitation au commencement du processus de transformation, pourtant sa réalisation peut vite devenir difficile et être ralentie par notre confusion intérieure. À cette étape, en tout cas, nous sommes en bonne compagnie : « Puisque je ne fais pas le bien que je veux, et commets le mal que je ne veux pas », écrit saint Paul (Romains 7, 19). Saint Augustin évoque également de façon mémorable dans ses *Confessions* son dilemme. Il déplore la façon avec laquelle il retardait sa réponse à Dieu en disant : « Donne-moi encore un peu de temps, » et ce « peu de temps » s'est prolongé pendant très longtemps[40]. Il réussit tout de même à prier : « Faites que ce soit maintenant, faites que ce soit maintenant[41]. » Nous vivons dans cet état de tension entre notre besoin de « temps » et notre désir « que ce soit maintenant ». Le travail spirituel consiste à laisser le processus se faire *maintenant*.

À PROPOS DE CE LIVRE

« Je veux que jamais vous n'abandonniez cet ouvrage tant que vous vivrez. »

Le Nuage de l'inconnaissance, chap. 41

Nous espérons que les lecteurs de ce livre le liront du début à la fin. Cela peut donc sembler étrange d'y inclure un passage sur la façon de le lire. Nous voudrions souligner que tout ce qu'il contient est dépourvu de sens tant qu'il n'est pas incarné et ne prend pas vie dans celle du lecteur. Comme un homme attablé dans un restaurant qui, affamé, trouverait si délicieux tout ce qui se trouve au menu qu'il se mettrait à manger la carte, il n'y a aucun intérêt à se contenter de lire quelque chose sur le travail de transformation. Il faut en faire l'expérience dans son corps, dans son esprit et dans son cœur. Bien que les livres, vidéos, conférences et séminaires aient chacun leur utilité quand il s'agit de nous aider à avancer, ils ne constituent qu'une piètre nourriture pour notre esprit si on ne les met pas en pratique dans notre vie. Nous espérons que les histoires de ce livre prendront vie dans celle des lecteurs et seront à même d'inspirer de nouvelles méditations sur la Bible afin d'intégrer ses mots dans notre quotidien. N'oublions jamais que c'est Dieu qui les anime en nous.

Même si les chapitres sur les neuf types de l'Ennéagramme peuvent se lire dans n'importe quel ordre, l'idéal serait de les lire dans celui où ils sont présentés. Les trois composantes de la personnalité, tête, cœur, corps, même s'ils peuvent être considérés séparément, ne sont jamais complètement déconnectés. Il n'est généralement pas très utile à notre travail spirituel de rester concentré uniquement sur celui où l'on se sent le plus à l'aise. Les caractéristiques de chacun des neuf types permettront ainsi de mettre en valeur leurs complémentarités aussi bien que leurs particularités. La spiritualité de l'Ennéagramme est très concrète et on peut assez facilement se l'approprier. Les personnages bibliques incarnent l'expérience personnelle de chacun et nous montrent des exemples concrets de la vie ordinaire tout en conservant leur signification mythique ou archétypique.

Pour chacun des neuf espaces de l'Ennéagramme, les lecteurs découvriront deux portraits de personnages de la Bible représentant cet espace. Dix-huit personnages sont ainsi analysés en prenant en compte : leurs excès, leur chemin de transformation et surtout la façon avec laquelle Dieu les rencontre, où qu'ils soient, et les invite à se convertir ou à se transformer. Par une étonnante synchronicité, dans l'alphabet hébreu où les lettres sont associées à des nombres, nous avons découvert qu'en choisissant dix-huit caractères pour notre analyse, la lettre correspondant au dix-huit est *haï* qui est aussi la première lettre du mot « vie » dans le langage hébraïque. Ces dix-huit caractères représentent ainsi les neuf espaces de l'Ennéagramme et évoquent la vie humaine dans sa totalité et dans toute sa richesse, tant dans ses failles que dans sa transformation vers la plénitude. L'image divine existe en chacun sous beaucoup de formes différentes et les découvrir dans la création aussi bien qu'à l'intérieur de nous est un processus qui se déploie et s'approfondit tout au long de la vie.

Les personnages de la Bible nous sont parvenus grâce à des siècles de tradition orale. Leurs histoires se sont nuancées au fil du temps et au gré de leurs interprétations par diverses cultures. À quelques exceptions près (comme pour l'apôtre Pierre), nous n'avons que peu de détails historiques les concernant. Ces personnages ne sont donc pas toujours considérés comme des personnages historiques ou même réels. Quoi qu'il en soit, même si on ne les considère que comme de puissants archétypes, figures symboliques ou mentors, ils peuvent nous aider à en apprendre davantage sur nous-mêmes.

Chacun illustre l'interaction vivante entre l'Ennéagramme et la Bible. Leurs histoires peuvent contribuer à nous éviter de tomber inutilement dans des embûches et, au contraire, nous guider vers un chemin de croissance spirituelle. Comme le disait l'auteur de l'épître aux Hébreux (4, 12) : « Vivante, en effet, est la parole de Dieu, efficace et plus incisive qu'aucun glaive à deux tranchants, elle pénètre jusqu'au point de diviser l'âme et l'esprit, les articulations et les os ; elle peut juger les pensées et les intentions du cœur. » Il nous faut garder à l'esprit qu'on ne lit pas ces récits bibliques pour se distraire mais pour qu'ils nous transpercent jusqu'au plus profond de nous-mêmes, et contribuent à élargir notre conscience et à ouvrir notre cœur.

Ces histoires se tissent autour du thème inépuisable de la présence divine en chacun et de la possibilité de la découvrir en soi. Ces thèmes sont évoqués dès la Genèse : création et travail, voyage et Terre promise, libération et justice, ainsi que le shabbat. Ils nous présentent les archétypes de notre propre parcours du chaos originel intérieur vers le sens et la révélation. Comme nous le disent les Écritures, l'Esprit plane au-dessus des eaux au début de notre histoire, il apporte l'ordre au chaos et éveille la création à la vie. Ce mouvement est initialement individuel, mais il ne tarde pas à se manifester comme une impulsion qui crée des liens entre les individus et avec l'univers.

À la fin de l'histoire de chaque personnage, on trouve un psaume qui reflète l'énergie de son type dans l'Ennéagramme. On peut se contenter de lire ces psaumes ou les méditer de l'intérieur, à partir de l'énergie particulière à cet espace. Ils sont là pour encourager l'unification entre notre tête qui les lit, notre cœur qui les ressent et notre corps avec lequel nous les comprenons et les appliquons dans notre quotidien. Aucun de ces psaumes n'est propre à un seul type de l'Ennéagramme, ils peuvent donc tous être lus pour stimuler notre inspiration, quelle que soit notre énergie personnelle à ce moment-là.

Chaque chapitre ayant trait à un type en particulier se conclut par un résumé de ses points positifs ainsi qu'une invitation au lecteur à développer les dons évoqués et quelques suggestions générales sur la manière d'accomplir ces changements dans notre vie. Contrairement à cet homme qui mourait de faim dans un restaurant, nous sommes incités à nous rassasier avec davantage que le texte sous nos yeux. Ce livre a pour objectif de nous inspirer vers un chemin de croissance, d'intégration et d'accomplissement quelle que soit la forme que cela prenne.

Chaque personnage biblique, présenté comme un mentor, constitue donc un moteur pour notre imagination, nos pensées et nos actions. Pour chacun d'eux, on pourrait se poser les questions suivantes :

- Quelles caractéristiques de ce type manifeste ce mentor ?
- Que puis-je apprendre sur moi-même grâce à ce personnage ?
- Comment ce mentor m'aide-t-il à trouver un sens dans ma vie ?
- Quel élément de l'Essence de ce personnage me touche ?

Ces dix-huit facettes différentes de l'expérience humaine résident toutes dans notre psychisme, quel que soit l'espace de l'Ennéagramme auquel nous croyons appartenir. Dans chaque récit, Dieu offre, à ces personnages aussi bien qu'à nous-mêmes, un moyen de transformation. Cet ouvrage nous invite à explorer les nombreuses façons de développer notre vie spirituelle et les multiples occasions de nous transformer que la vie nous offre. Il n'essaie pas d'apporter des solutions toutes faites par le biais de l'Ennéagramme, mais s'efforce d'ouvrir notre cœur, notre âme et notre esprit à la présence de l'énergie divine. La connaissance de cette énergie nous vient de ces récits bibliques mais elle est toujours présente et active dans notre vie ; elle nous appelle à poursuivre le processus de conversion et de croissance vers la perfection humaine.

2

Les profils conciliants

Les types Un, Deux et Six

« Car vos pensées ne sont pas Mes pensées, et
Mes voies ne sont pas vos voies, oracle de Yahvé. »

Isaïe 55, 8

La triade des profils conciliants est composée des types Un, Deux et Six. Les noms communément donnés aux personnes associées à ces trois points de l'Ennéagramme sont le « réformateur » ou le « perfectionniste » (type Un), l'« altruiste » ou le « bienfaiteur » (type Deux), le « loyaliste » ou le « sceptique » (type Six). Ces appellations sont très générales, il existe beaucoup de variations et de nuances dans chaque type de l'Ennéagramme. Les profils conciliants partagent le fait de réprimer leur centre mental. Cela ne signifie pas que l'intelligence est faible mais que, bien qu'active, elle est souvent peu productive. Ces trois types ont une bonne capacité d'analyse, mais l'afflux d'informations rend la prise de décision difficile. Leur raisonnement a tendance à se bloquer en se focalisant sur une partie de la situation au lieu de l'appréhender dans son ensemble.

Les profils conciliants rencontrent de nombreux obstacles lorsqu'ils essaient d'accroître leur lucidité. Le chemin des personnes de type Un, qui ont tendance à être idéalistes, est entravé par leur tendance à la perfection. Elles analysent les options en quête de *la* solution parfaite et repoussent le passage à l'acte tant qu'elles ne l'ont pas. Pour les représentants du profil Deux, altruistes et nourriciers, le besoin d'être aimés les pousse à se rendre utiles au point de parfois perdre conscience d'eux-mêmes. S'occupant surtout des besoins des autres, ils finissent par ne même plus avoir conscience de leurs propres besoins. Intellectuellement, ils n'arrivent pas à se mettre eux-mêmes dans le champ. Pour les représentants du type Six, le mental implose lorsque trop d'options semblent menacer leur sécurité.

Ces trois profils estiment qu'au final, leur réflexion est généralement stérile, donc improductive. C'est ce qui fait d'eux des profils « conciliants » au sens psychologique du terme. D'ordinaire, ce mot fait référence à quelqu'un de passif qui attend de voir et accepte ce qu'on lui propose. Cependant, être conciliant signifie également avoir la conscience de ce qui est juste, savoir comment se comporter envers les autres, obéir à des valeurs. Les types conciliants ne sont pas forcément dans la soumission, mais ils sont généralement enclins à éviter le conflit. Il existe pas mal de bonnes raisons pour chercher à faire ce qui est juste. Les représentants du type Un se préoccuperont de la justice et de la justesse de leurs actes. Ceux du type Deux sauront comment subvenir aux besoins des autres. Ceux du type Six souhaiteront se montrer aussi accueillants que possible. Le terme « conciliant » connote également notre façon de réagir face à une situation. Ainsi, le Un se soumettra à sa critique intérieure, le Deux agira en fonction du besoin des autres et le Six réagira en fonction de la figure d'autorité.

La vulnérabilité des représentants de ces types provient de la tension entre leur désir de se rebeller et leur besoin d'affection. Dans leur cas, le besoin d'affection prend le pas sur leurs élans de rébellion et ils deviennent alors des personnes conciliantes qui vont consacrer beaucoup d'énergie à essayer d'obtenir l'assentiment des autres[1]. Quand ils commencent un chemin de transformation, il va leur falloir abandonner leur croyance consistant à se sentir incapables ou inutiles acquise lors de leurs élans à contenter les autres au détriment de leur propre intégrité. Les Un devront tendre vers davantage de confiance en eux, les Deux devront apprendre à s'aimer eux-mêmes et les Six devront oser une juste témérité.

Dans la forme la plus saine, être conciliant nous permet de chercher ce qui est juste, même lorsque nous sommes dans la peur ou l'hésitation. À l'opposé, cela peut nous desservir en nous empêchant d'agir. Si l'on subit la loi de son autorité intérieure en la prenant au pied de la lettre, on devient conciliant pour de « mauvaises raisons » : on se met en quête d'un référent extérieur qui va diriger notre travail de transformation à notre place. Cela ne fonctionne pas : tant que nous n'aurons pas foi en nous-mêmes, nous vivrons dans l'illusion qu'en savoir long sur la transformation suffira à nous transformer. Pour un profil conciliant, la transformation passe par le fait de faire confiance à son autorité spirituelle intérieure plutôt que de s'appuyer sur des règles extérieures. Une fois en contact avec notre centre divin, nos actes seront dictés par l'amour et la compassion, et « contre de telles choses il n'y a pas de loi » (Galates 5, 23).

En appliquant ces aspects conciliants aux Écritures, vous constaterez que les personnages choisis ne sont pas des individus effacés. Ils dégagent plutôt une image de grandeur et de force. Dans notre société, l'effacement de soi fait référence à une personne qui dégage relativement peu d'énergie ou de pouvoir, donc pas forcément quelqu'un que l'on souhaite prendre pour modèle. Mais être conciliant peut également s'avérer être la vertu par laquelle nos personnages de la Bible vont se détourner de leurs préoccupations égocentrées et se relier à leur Essence divine.

Au premier abord, ils peuvent donner l'impression d'avoir peu de points communs : comment placer sur un même plan le zèle de Jean Baptiste et la douce loyauté de Ruth ? Ou encore la loyauté hésitante de Pierre et la franchise de Paul ? L'honnête époux de Ruth a-t-il tant de points en commun avec la mère des Maccabées ? Comme nous le verrons, malgré d'apparentes différences, ces six personnages partagent certains traits de caractère, peu visibles pour ceux qui se contentent d'aborder ces récits comme une succession d'événements. Utiliser l'Ennéagramme pour illustrer leurs histoires constitue une invitation à les étudier sous différents angles. Comme un diamant aux multiples facettes, la sagesse de l'Ennéagramme les éclairera, mettant de la clarté dans leurs histoires.

Ces profils sont souvent animés par un sens de la justice s'ils sont de type Un, par le désir d'apporter leur aide s'ils appartiennent au type Deux, et par la loyauté s'ils sont de type Six. Lorsque nous avons recours aux modèles bibliques de ces profils, nous remarquons que la présence de Dieu ou un événement soudain devient l'impulsion qui leur permet d'entreprendre le processus de la transformation. Leur attention, jusque-là trop orientée à l'extérieur, devient alors une présence centrée, à référence interne. Cette nouvelle posture est très éloignée de l'égocentrisme. Davantage de conscience va leur permettre de se relier à leur centre divin. C'est de cette source qu'ils puiseront leur sens de la justice, de l'amour, de la foi et de la loyauté. Ils auront alors la capacité de pacifier leur centre mental afin qu'il les aide à agir justement. Jean Baptiste parvient ainsi à comprendre sa relation indéfectible à Jésus ; Paul réussit à transformer son esprit colérique pour devenir un missionnaire de la nouvelle foi chrétienne ; Ruth, aidée de Booz, apprend à combiner l'amour de l'autre avec l'amour de soi ; Pierre comprend que perdre ses moyens ne signifie pas perdre sa foi ; et la mère des Maccabées parvient à surmonter sa peur de souffrir. Tous ces mentors bibliques ont appris à éprouver de la compassion envers eux-mêmes. Ils comprennent que leur salut ne vient pas de l'extérieur, en s'ajustant à l'autre, mais de l'intérieur : de leur démarche consistant à laisser mourir leur ego afin de devenir libres d'accueillir avec amour les incitations de l'Esprit.

TYPE UN : JEAN BAPTISTE ET PAUL

> « On t'a fait savoir, ô homme, ce qui est bien, ce que Yahvé réclame de toi : rien d'autre que d'accomplir la justice, d'aimer la bonté et de t'appliquer à marcher avec ton Dieu. »
>
> Michée 6, 8

Les représentants du profil Un sont les réformateurs et les perfectionnistes de notre monde. Dans l'Ennéagramme, ils se situent dans le centre du corps, et leur désir fondamental est de faire ce qui est juste. Leur crainte est de ne pas atteindre la perfection[2]. La vertu des Un est la sérénité et leur passion est la colère intérieure, doublée de ressentiment[3]. Leur idéal est de vivre pour un but plus grand et leur vraie nature est le discernement.

Jean Baptiste et Paul, les deux réformateurs dont il est question ici, représentent cette tendance à être perfectionniste. Ils sont motivés par leur connaissance de ce qui est juste et cherchent à changer le monde pour qu'il corresponde à cette définition. Quand le monde, ou une partie du monde, les rejette, ils sont enclins à tomber dans le ressentiment ou la colère. Ils ne comprennent pas pourquoi les autres ne voient pas ce qui s'impose à eux comme étant bien, juste et sage. Lorsque nous nous retrouvons dans notre espace Un, nous nous souvenons que notre force réside dans notre sagesse intérieure qui ne provient pas de notre ego mais de notre conscience spirituelle. Notre faiblesse est le ressentiment que nous nourrissons envers ceux qui voient les choses autrement ou ne sont pas d'accord avec nous.

Certains pourraient trouver étrange que des personnages tels que Jean Baptiste et Paul appartiennent à un des types dits « conciliants » puisque nous les percevons comme de fortes personnalités, voire comme autoritaires. Ils nous apparaissent comme pointilleux et déterminés à parvenir à leurs fins. Au premier abord, ils semblent audacieux, francs et fervents dans leurs croyances. Tous deux prêchent à de larges audiences et vont être amenés à souffrir physiquement à cause de ce qu'ils proclament, jusqu'à sacrifier leur vie. Être conciliant ne veut pas dire être soumis. Dans l'Ennéagramme, les profils conciliants ayant fait le travail de transformation ont appris à écouter leur autorité intérieure. Ils se sont affranchis de leur confusion sur le sens de l'obéissance et s'éveillent à une nouvelle conscience fondée sur la loi de l'amour.

Tout comme les autres types conciliants (les profils Deux et Six), le type Un réprime son centre mental. Les personnes de type Un sont des êtres d'action et de mouvement. Leurs actes sont souvent guidés par leur sentiment d'avoir raison ou leur désir d'apporter une certaine justice à une situation donnée. Leur centre mental étant souvent le moins habité, l'aspiration des Un à la sainteté et à la perfection les empêche le plus souvent d'avoir un sentiment de fierté puisque celle-ci n'entre pas dans l'image qu'ils cherchent à acquérir[4]. Pour les représentants de type Un, le premier pas vers la conscience de soi est d'admettre leur impuissance ou leur petitesse sans pour autant perdre leur connexion à l'essence divine. Lors de sa conversion, Paul change de nom afin de symboliser sa prise de conscience. Son ancien nom, Saül, était celui du premier roi d'Israël, soit un nom important pour quelqu'un d'important. Après sa conversion, Saül se fait connaître sous le nom de Paul, ce qui signifie « petit » ou « homme de peu ». Paul accepte volontiers son nouveau nom qui marque la dissolution de son ego. De même, Jean Baptiste dit de Jésus qu'« il faut qu'il grandisse et que moi je décroisse » (Jean 3, 30). Ces deux personnages sont pour nous des exemples qui nous apprennent à nous libérer de nos fausses identités et à vivre dans la lumière de notre véritable centre divin.

Jean Baptiste comme Paul étaient des agitateurs et des provocateurs, à la fois réformateurs et francs, critiques et prophètes pour les personnes de leur temps et donc, par extension, pour les hommes de tous les temps. Ils possédaient tous les deux la caractéristique des conciliants consistant à aller vers l'autre et à entrer en relation. Ils étaient également capables de s'adapter aux changements de situation, et ont tous les deux sacrifié leur vie pour leurs idéaux. Ces capacités à réformer, à réagir face aux injustices et à appeler à la conversion se retrouvent aussi bien chez Jean Baptiste que chez Paul.

Jean Baptiste

> « Il y eut un homme envoyé de Dieu ; son nom était Jean. Il vint pour témoigner, pour rendre témoignage à la lumière, afin que tous croient à travers lui. »
>
> Jean 1, 6-7

Jean Baptiste est l'un des rares personnages à être présent dans les quatre Évangiles. Nous savons qu'il jeûnait et qu'il passait beaucoup de temps seul dans le désert à se préparer et à s'entraîner pour sa mission. Il incarne le fait que dans un corps ouvert et discipliné, l'Esprit peut circuler et s'exprimer librement.

Dans les quatre Évangiles, Jean apparaît dès le début comme un personnage transitoire qui incarne la passerelle prophétique entre les Écritures juives et les enseignements de Jésus. Par ce rôle (qui peut être l'objet d'une lecture littérale comme spirituelle), il représente le travail du Un qui dit savoir discerner que quelque chose de nouveau et de juste arrive et qu'il est bien placé pour l'annoncer. Il démontre le désir de perfection et d'achèvement de ce profil. Il accepte sa responsabilité de provocateur annonçant l'émergence du royaume. Il veut aussi montrer aux autres ce qu'il voit et peut manquer de tolérance lorsque les autres sont trop lents à adhérer à sa vision des choses.

L'histoire de Jean Baptiste nous offre un bon exemple d'expérience « initiatique » au cours de laquelle nous empruntons le chemin qui nous fait passer d'une ancienne vie à une nouvelle. Cette traversée suppose un premier éveil à notre vie intérieure, et marque le début du travail de transformation. Cette expérience est symbolisée par le baptême : l'immersion dans le Jourdain après s'être repenti de ses péchés, puis la renaissance en une âme purifiée prête à suivre un nouveau chemin.

Les quatre évangélistes prennent grand soin de relier la mission de Jean à celle de Jésus. Jean représente le résumé et la conclusion de l'histoire prophétique du peuple hébreu, regardant à la

ean
Baptiste

fois vers l'arrière et vers l'avant. Jésus, cependant, ne regarde pas le passé, mais le présent et l'avenir. La vie de Jean signe la fin d'une ère et Jésus ouvre la porte à un nouveau mode de vie. Jean dit de Jésus : « Derrière moi vient un homme qui est passé devant moi parce que avant moi il était » (Jean 1, 30). Nous avons déjà évoqué sa capacité à lutter contre sa tendance au ressentiment. Nous ne trouvons dans ce propos aucune trace de ressentiment mais une simple reconnaissance et sa volonté de mettre Jésus sur le devant de la scène.

C'est une position difficile pour une personne de type Un. Les Un veulent avoir raison et le fait de savoir que quelqu'un de plus important allait mettre un terme à sa mission a dû être difficile pour Jean. Quand Jésus se soumet à lui pour être baptisé et que la voix qui s'élève des cieux proclame que Jésus est le Fils bien-aimé de Dieu « qui a toute ma faveur » (Luc 3, 22), nous n'aurions pas été surpris d'entendre Jean s'indigner alors : « Et moi ? Je n'ai jamais cessé de prévenir le peuple que ce moment allait venir et j'ai fait le plus difficile en les exhortant à changer de vie pour préparer son arrivée. N'ai-je donc pas ta faveur, moi aussi ? » Il aurait pu y avoir du ressentiment et de la colère à ce moment-là, pourtant Jean n'affiche ni l'un ni l'autre. C'est précisément cela qui fait de lui un bon modèle à suivre lorsque émerge le ressentiment de ne pas être reconnu pour ce que l'on a accompli. Le personnage de Jean nous apprend ainsi à quoi ressemblent les fruits du travail de transformation pour le type Un.

Jésus sait trouver le Un où il est. Il confirme que la quête de Jean est juste en insistant pour que Jean le baptise du baptême de la repentance dans les eaux du Jourdain. Ainsi, Jésus fait acte de solidarité avec le peuple élu, son peuple, également appelé à la *métanoïa* : changer d'opinion sur la façon dont la vie doit être vécue. Humainement parlant, Jean est le prophète qui aide Jésus à pleinement comprendre sa mission sur terre. Jean effectue une tâche majeure, plus grande que celle de tous les prophètes qui l'ont précédé, en annonçant la présence du Messie et en le baptisant dans l'eau.

Jean et Jésus ont grandi ensemble : leurs mères étaient cousines et de très proches amies avant leur naissance. Les enfants sont nés avec seulement six mois d'écart (Luc 1, 26). Nous savons que Marie, enceinte, est allée rendre visite à sa cousine Élisabeth dans la région montagneuse et a demeuré auprès d'elle trois mois durant, jusqu'à la naissance de Jean, preuve de leur proximité (Luc 1, 39-56). L'arrivée de Marie dans la maison d'Élisabeth et Zacharie a fait tressaillir de joie l'enfant dans le sein de sa mère (Luc 1, 44). Ce fut la première réaction de Jean, dépourvue de toute rancune à l'égard de Jésus, alors que tous deux étaient encore dans les entrailles de leurs mères. Les deux femmes ont, bien entendu, élevé leurs fils ensemble, autant que la distance et les opportunités le permettaient. Ce lien de parenté semble n'avoir jamais gêné les deux garçons.

La naissance même de Jean est due à l'intervention divine. Élisabeth était stérile et atteignait un âge avancé, tout comme son mari, Zacharie (Luc 1, 7). L'ange Gabriel apparut à Zacharie et lui annonça que sa femme allait enfanter d'un fils qui serait « grand devant le Seigneur » (Luc 1, 15). Élisabeth et Zacharie ont-ils raconté l'histoire de sa naissance à Jean ? Zacharie chantait-il à son fils le cantique que lui avait inspiré l'Esprit saint dans lequel il appelait Jean le « prophète du Très Haut » qui « marchera[it] devant le Seigneur, pour lui préparer les voies, pour donner à son peuple la connaissance du salut par la rémission de ses péchés » ? (Luc 1, 76-77)

En présumant que ce fût le cas, l'œuvre de Jean commença dès son enfance lorsqu'il apprit sa mission. Il pouvait entretenir sa vision d'un monde parfait dont il serait l'annonciateur tout en sachant qu'il avait l'approbation divine : « L'enfant grandissait et son esprit se fortifiait. Et il demeurait dans le désert jusqu'au jour de sa manifestation à Israël » (Luc 1, 80). Sa croissance et la fortification de son esprit sont liées, ce qui indique que cette croissance n'est pas uniquement physique : elle s'accompagne d'une progression dans son travail spirituel intérieur. Il vit dans le désert, un endroit d'attente et d'espérance, tout comme les Hébreux qui traversèrent le désert pendant quarante ans dans l'espoir d'arriver en Terre promise, et comme Jésus qui passa quarante jours dans le désert avant de commencer à prêcher aux foules. Le désert est l'endroit où l'on rencontre des tentations et des bêtes sauvages. Si nous les rencontrons directement et ouvertement, nous percevons enfin le ministère des anges (Marc 1, 13). C'est un endroit de notre psyché autant qu'un lieu physique, un espace où faire face à nos obsessions et à nos peurs. Pour Jean qui vit dans le désert jusqu'à l'arrivée de Jésus, cela veut dire grandir en maîtrise et en connaissance de lui-même ainsi qu'en discernement, autant de qualités caractéristiques du type Un. Son expérience dans le désert l'aide certainement à éviter les pièges qu'il doit affronter au cours de son travail intérieur. Pour lui comme pour nous, le danger consisterait à présumer que nous avons été choisis pour accomplir ce travail parce que nous possédons une particularité unique, dont nous avons de bonnes raisons d'être fiers. Une telle manifestation de l'ego mène aisément à l'orgueil, puis au ressentiment.

Les personnes de type Un possèdent un don qui leur permet de vaincre cette idée : ils peuvent reconnaître que la perfection ne provient pas de leur propre désir de ce qui est juste mais qu'elle se trouve déjà dans la justesse elle-même de ce qui est. Nous devons comprendre que si Jean voit son esprit se fortifier, cela ne signifie pas que son estime de lui-même et sa détermination se renforcent, mais qu'il autorise l'Esprit divin à le transformer et à le façonner de telle façon qu'il devienne la voix prophétique de Dieu. Être un prophète requiert de mettre de côté ses intérêts personnels et son ego. C'est un processus frustrant et même souvent humiliant. Moïse essaya de se soustraire à la demande de Dieu d'aller voir le pharaon en lui présentant des arguments en rapport avec ses intérêts personnels et son ego. Il lui opposa qu'il n'était qu'un moins que rien, que personne ne le croirait et qu'il ne savait pas parler avec suffisamment de sagesse (Exode 3, 11-17). Jean Baptiste a sans doute des inquiétudes similaires, mais nous n'en trouvons aucune trace dans les quatre Évangiles. Tous le décrivent comme une voix qui crie dans le désert pour préparer le chemin du Seigneur (Matthieu 3, 3). Ce n'est que par une traversée du désert et une purification de l'ego que l'on peut devenir une voie de Dieu. Préparer le chemin du Seigneur requiert que le prophète dise ce qui est. Or il ne peut le savoir que s'il a fait l'expérience d'une rencontre authentique et profonde avec Dieu, avec Celui dont le nom même est « Je suis celui qui est » (Exode 3, 14).

La préparation de Jean à cette mission prophétique lui permet de reconnaître la présence du Messie quand il fait son apparition. Nous trouvons tout de même quelques indices démontrant qu'il n'est pas toujours certain de ce que représente la mission de Jésus au début de son ministère public. Jésus apporte espoir et optimisme, il proclame la Bonne Nouvelle aux pauvres, délivre les captifs et favorise la venue du Seigneur (Luc 4, 18-19). Jean, en revanche, fustige avec plus de pessimisme les foules qui viennent à lui, les traitant d'« engeance de vipères » et les avertissant de la « Colère prochaine » (Luc 3, 7). Jean permet à son attitude critique et à son inflexibilité typiques du profil Un de le dominer. Il vient « ne mangeant ni ne buvant » tandis que Jésus est qualifié de « glouton et ivrogne » (Matthieu 11, 18-19) par ses détracteurs, parce qu'il apprécie la nourriture et la compagnie de ses amis et parce que certaines de ses relations sont considérées comme des pécheurs notoires. Jean limite son alimentation aux sauterelles et au miel sauvage (Matthieu 10, 41), alors que Jésus multiplie le pain, le vin et le poisson et donne en abondance la nourriture à ceux qui ont faim.

Les Évangiles, cependant, soulignent la démarche de Jean vers une meilleure compréhension de sa mission et vers une meilleure connaissance de soi. Se remettre en question, si on le fait honnêtement, entraîne une meilleure connaissance de soi, ce que nous retrouvons dans les questions que Jean se pose pendant son emprisonnement. Son arrestation est le parfait exemple de son caractère : il est emprisonné pour son franc-parler quand il dénonce un comportement qui n'est pas juste :

« En effet, Hérode, avait fait arrêter Jean et mettre en prison à cause d'Hérodiade, la femme de Philippe, son frère, qu'il avait épousée. Car Jean disait à Hérode : Il ne t'est pas permis d'avoir la femme de ton frère. »

Marc 6, 17-18

En prison, Jean semble réintégrer son désert personnel et être aux prises avec des doutes sur la pertinence de ses enseignements et de ses actes. On pourrait même se demander s'il ne met pas sérieusement en doute le fait d'avoir raison sur l'identité de Jésus. Il est difficile pour une personne de ce profil de se confronter à la possibilité de s'être trompé au sujet de Jésus. Ceux que Jean avait qualifiés d'« engeance de vipères », les collecteurs d'impôts et les légionnaires, non seulement Jésus ne leur reprochait rien mais, au contraire, il les accueillait.

Un indice se retrouve quand Jean, captif, entend parler des enseignements de Jésus. Après avoir entendu de son père qu'il était le « prophète du Très Haut », Jean reçoit la parole de Jésus : « Qui accueille un prophète au nom d'un prophète recevra une récompense de prophète » (Matthieu 10, 41). Pourtant Jean est en train de dépérir en prison. Il se demande peut-être si Jésus sait qu'il est là, et à quel genre de « récompense de prophète » il peut prétendre. Jésus le considère-t-il comme un prophète ou est-il en train de le juger ? Encore une fois, Jean doit lutter contre sa tendance de Un à succomber à la colère, au ressentiment et à juger toute situation. Chez certaines personnes de type Un moins évoluées, on peut même trouver un rapport inversé entre ce qu'ils ont accompli et leur sécurité intérieure[5]. Plus leur succès est grand, moins ils sont sûrs d'eux-mêmes, non pas par fausse humilité mais à cause de leur incessante critique intérieure. C'est un exemple de la mauvaise utilisation du centre mental qui amène le Un à sombrer dans une spirale d'apitoiement sur soi.

Nous voyons Jean faire face à ce dilemme et tenter de le surmonter au détriment de sa propre opinion en envoyant à Jésus un message bouleversant : « Es-tu celui qui doit venir ou devons-nous en attendre un autre ? » (Matthieu 11, 2). En d'autres termes, la vie et la mort imminente de Jean auront-elles fait office de témoin de la vérité ou la vision de Jean était-elle voilée par une illusion égocentrique de droiture ? S'adapter à cette nouvelle situation était nécessaire en raison de l'abandon dont il se sentait victime et de la nouvelle tournure que prenaient les événements. Celui qu'il avait déjà annoncé comme étant le Messie faisait l'objet de controverses et son comportement commençait à dépasser les limites de l'acceptable. Jean avait dit de lui : « Il faut qu'il grandisse et que moi je décroisse » (Jean 3, 30), mais la réalité d'une telle vérité a dû être source de souffrance. Il ne s'agit pas seulement de la popularité grandissante de Jésus mais, au niveau spirituel, de la diminution de l'ego au fur et à mesure que l'essence divine d'une personne grandit et se développe jusqu'à imprégner l'être tout entier. Le « déclin spirituel » de Jean est symbolisé par son emprisonnement physique qui va permettre à son ego de se détendre afin que le vrai soi puisse prendre sa place.

Pour une personne de type Un, savoir ce qui est vrai et bien est crucial. Jean a besoin de savoir qu'il avait raison. Si tel est le cas, un changement social pourrait résulter des baptêmes et des réformes qu'il a initiés et encouragé les autres à poursuivre. Il en a appelé beaucoup à se repentir et se convertir. S'il s'était trompé, sa détresse l'aurait entraîné vers la mélancolie et un profond ressentiment. En tant que Un, il a une prédisposition à la colère, émotion sur laquelle il a pu s'appuyer pour appeler les foules à se convertir, mais qui peut se retourner contre lui sous forme de culpabilité et de regrets. En tant que représentant d'un profil conciliant, Jean pourrait tomber dans l'un ou l'autre de ces schémas. Le mouvement positif vers la croissance spirituelle ne peut se produire que s'il devient conciliant en écoutant la voix qui l'appelle à la transformation personnelle et non celle qui le pousse à la destruction.

Jean Baptiste est un véritable exemple de justice et de justesse. Il est l'exemple même de l'homme qui a dédié sa vie à préparer la « voie du Seigneur », aplanissant le terrain, préparant soigneusement la route, en quête de perfection même dans ce monde imparfait. Certains décrivaient Jean comme colérique, rigide et prompt au jugement, quelqu'un qui nous ferait peur si nous venions à le rencontrer sur les rives du Jourdain. Ce type de personnalité est fréquent chez les Un qui doivent travailler sur leur impatience face aux imperfections ou à la négligence des autres, tout en restant conscients de leurs propres limites. Ils savent déceler les besoins urgents qui nécessitent d'être traités. Ils veulent convertir et réformer le monde et ils le veulent maintenant. C'est ce qui rend si bouleversante la question que se pose Jean en prison. Jean, le vertueux perfectionniste, en arrive à se demander s'il a bien agi avec justesse, si Jésus est réellement « celui qui doit venir ou si devons-nous en attendre un autre ? ». Nous présumons qu'il est prêt à entendre la réponse, quelle qu'elle soit, et que son aspect conciliant lui permettra d'accepter ce qu'il entendra.

Jésus s'empresse de lui adresser une réponse que seul quelqu'un de type Un puisse comprendre et chérir : il lui dit que les aveugles retrouveront la vue, que les sourds retrouveront l'ouïe, que les impurs seront purifiés et que les pauvres recevront la Bonne Nouvelle et que « heureux celui qui ne trébuchera pas à cause de moi » (Matthieu 11, 6). Par ces mots, Jésus rassure Jean sur ses atermoiements spirituels, lui assure que la justice est en cours et que sa vision du monde n'était pas biaisée. Jésus demande alors gentiment à Jean de persévérer dans sa foi et de ne pas se laisser offenser par ses paroles et ses actes. Il l'encourage à être plus indulgent envers lui-même et à s'ouvrir à sa propre béatitude. Cette réponse à son désir d'être juste l'encourage, Jean comprend que justice et justesse sont à l'œuvre et continueront à l'être même en l'absence de sa participation active. Sa mission est accomplie. Son ego est affranchi de son besoin de voir le terme de sa mission. Tout comme Moïse qui mourut avant d'atteindre la Terre promise, Jean n'abordera pas le martyre à venir comme une victime impuissante mais comme un référent de la justesse. Il ne vit plus pour voir l'accomplissement du règne de Dieu mais sa mort à lui-même le fait renaître à une nouvelle vie.

Le rôle du réformateur est d'aider les autres à s'éveiller et à adoucir leurs cœurs endurcis face au découragement et au désespoir qu'amènent les épreuves du quotidien. Nous retrouvons en Jean Baptiste le don du type Un : voir ce qui ne va pas et a besoin d'être changé, dépasser le statu quo et avancer dans sa transformation, ce qui n'est autre que le don de prophétie. En tant que prophète, le Un est capable de déceler les défauts d'une situation ou d'un système ainsi que visualiser l'unité qui pourrait en sortir. Dans sa forme la plus pure, son besoin de repentance et de réforme n'est pas le résultat d'un jugement critique mais le fruit d'un désir ardent que justice soit faite et que la vie s'améliore et s'harmonise.

Les mots de Jésus envers Jean vont dans ce sens : il dit de lui qu'il n'est pas « un roseau agité par le vent », ni « un homme bien habillé » (Matthieu 11, 7-8). Ces images de flexibilité et de docilité sont très différentes de ce que Jean a appris à comprendre dans sa vérité intérieure. Il est fort et sûr de lui, il a appris à réduire son ego pour laisser l'esprit grandir en lui. Jésus dit de Jean qu'il est « plus qu'un prophète », plus encore même que le porte-parole de Dieu de par son travail de transformation intérieure. Jésus annonce que Jean est le messager de Dieu dont on avait prédit la venue, celui qui annonce la venue de Dieu au monde. Ses déclarations sur Jean comme quelqu'un capable de surmonter sa colère afin de voir la sagesse de la vérité sont la meilleure des récompenses imaginables pour un profil Un : « En vérité je vous le dis, parmi les enfants des femmes, il n'en a pas surgi de plus grand que Jean le Baptiste » (Matthieu 11, 11). Dieu va à la rencontre des Un dans leur désir de perfection et de justice et leur assure que ces qualités sont déjà présentes dans leur essence divine, prêtes à se manifester au monde, non par le schéma habituel de l'ego, mais en s'abandonnant à l'expression de l'esprit divin en soi.

Prier dans l'esprit de Jean Baptiste
Psaume 1

Heureux celui qui ne suit pas les conseils des impies,
ni dans la voie des pécheurs ne s'arrête,
ni au siège des railleurs ne s'assied,
mais se plaît dans la loi de Yahvé,
mais murmure Sa loi jour et nuit !

Il est comme un arbre planté près du ruisseau,
qui donne son fruit en la saison,
et jamais son feuillage ne sèche.
Tout ce qu'il fait réussit.
Pour les impies rien de tel !

Mais ils sont comme la balle qu'emporte le vent.
Ainsi les impies ne tiendront pas au Jugement,
ni les pécheurs à l'assemblée des justes.
Car le Seigneur connaît le chemin des justes
mais la voie des impies se perd.

Paul

« Nous ne cessons de prier pour vous et de demander à Dieu qu'il vous amène à la pleine connaissance de Sa volonté, en toute sagesse et intelligence spirituelle. »

Colossiens 1, 9

Le fonctionnement de la justice exige souvent des changements radicaux, pas seulement dans la société mais aussi en chaque individu. La conversion la plus spectaculaire des Écritures est probablement celle de Paul. Son histoire incarne les points faibles et les points forts du type Un, sous un jour humain et pas toujours très favorable. Il est certainement le personnage biblique ayant la pire réputation, principalement pour les commentaires qu'il adressa

Paul de Tarse

שאול התרסי

aux communautés locales sur le rôle des femmes dans les églises et les relations entre maris et épouses. Dans notre contexte moderne, lire des extraits de ses écrits perturbe et parfois même offense certains. On préfère souvent mettre en avant sa force de caractère et son charisme, voire laisser de côté ses textes à cause de quelques passages délicats. Néanmoins, ses écrits recèlent des textes d'une éloquence et d'un sens profond du Divin qui comptent parmi les œuvres chrétiennes les plus belles et les plus pertinentes.

Paul est incontestablement un excellent représentant des forces et des faiblesses du type Un. Voici l'une des versions de sa conversion :

> « [Le Christ] est apparu à Céphas [Pierre], puis aux douze. Ensuite, il est apparu à plus de cinq cents frères à la fois – la plupart d'entre eux sont toujours en vie et quelques-uns sont morts –, ensuite il est apparu à Jacques, puis à tous les apôtres. Et, en tout dernier lieu, il m'est apparu à moi aussi, comme à l'avorton. Car je suis le moindre des apôtres ; je ne mérite pas d'être appelé apôtre, parce que j'ai persécuté l'Église de Dieu. C'est par la grâce de Dieu que je suis ce que je suis, et sa grâce à mon égard n'a pas été stérile. Loin de là, j'ai travaillé plus que tous : oh, non pas moi, mais la grâce de Dieu qui est avec moi. »

1 Corinthiens 15, 5-10

Cette description nous révèle le cœur de la transformation des Un : elle provient de leur sens de ce qui est juste, de la juste colère qui peut en découler, de leur travail laborieux et pas toujours récompensé. Tous ces éléments aboutissent à l'amoindrissement de leur ego et à les rendre plus conciliants envers leur autorité intérieure remplie de grâce. La véritable grandeur de Paul repose sur sa volonté à laisser ses préoccupations égoïstes de côté et à admettre qu'il avait tort, ce qui est certainement la partie la plus difficile pour un profil Un. Admettre qu'il a tort amène le Un à s'apitoyer sur lui-même, à se mépriser et à sombrer dans le regret des erreurs du passé. Le travail laborieux que constitue la transformation nécessite une *métanoïa* : un détournement de ce comportement malsain vers une façon d'être plus large. L'accomplissement de ce profil se retrouve dans la description que fait Paul de l'abandon de son ego et de son lien avec son essence. Il les appelle les « fruits de l'Esprit » : « charité, joie, paix, patience, tendresse, générosité, confiance dans les autres, douceur, maîtrise de soi » (Galates 5, 22). Il est vrai que pour un type Un, l'impuissance et la souffrance peuvent également être perçues comme des éléments positifs, encore faut-il qu'elles ne soient pas centrés sur l'ego mais considérées comme des conséquences prévisibles et souhaitables d'une vie authentique[6]. Nous retrouvons encore des traces d'une telle attitude dans les écrits de Paul :

> « Trois fois j'ai été battu de verges ; une fois lapidé, trois fois j'ai fait naufrage. Il m'est arrivé de passer un jour et une nuit dans l'abîme ! Voyages sans nombre, dangers des rivières, dangers des brigands, dangers de mes compatriotes, dangers des païens, dangers de la ville, dangers du désert, dangers de la mer, dangers des faux frères ! Labeur et fatigue, veilles fréquentes, faim et soif, jeûnes répétés, froid et nudité ! »
>
> 2 Corinthiens 11, 25-27

Paul n'utilise pas cette énumération comme prétexte pour se complaire dans le ressentiment et les lamentations. Il nous montre comment il a mis ces événements à profit pour obtenir cette puissante énergie de transformation qui va au-delà de l'ego et embrasse l'humanité tout entière : « Qui est faible, que je ne sois faible ? Qui vient à tomber, qu'un feu ne brûle ? » (2 Corinthiens 11, 29). L'énumération de ses souffrances l'aide à susciter l'empathie chez les autres et à apporter plus de légèreté à sa propre situation. Lorsqu'il était Saül, avant sa conversion, il passait son temps à « ravager l'Église, il allait de maison en maison, il en arrachait hommes et femmes et les jetait en prison » (Actes 8, 3). Son approche d'autrui était davantage destructrice que complaisante. Il croyait réellement agir pour le mieux en s'opposant aux premiers chrétiens ou, comme ils se faisaient appeler, les « adeptes de la Voie » (Actes 9, 2). Saül était un pharisien, un enseignant et défenseur de la loi de Moïse. Il ne tolérait pas ceux qui semblaient édulcorer la loi stricte qu'il avait étudiée et pratiquée toute sa vie. À ce moment précis de son existence, il exprimait sa nature conciliante en se rendant esclave de la loi éternelle. Son autorité intérieure ne faisait qu'un avec les lois extérieures. Dans son esprit, il réalisait son rêve de perfection propre au type Un en adhérant à toutes les dispositions de la loi de Moïse, aux six cent treize commandements et aux traditions. Il les respectait avec tant de dévouement qu'il en était venu à mépriser tout ce qui allait à l'encontre de ce mode de vie. Il écrivit ultérieurement qu'il était « quant à la Loi un pharisien, quant au zèle un persécuteur de l'Église, quant à la justice que peut donner la Loi un homme irréprochable » (Philippiens 3, 5-6). Le zèle, la justice et la perfection sont des idéaux du Un, mais ils doivent être incarnés comme supports de la nature divine, et non comme des gratifications pour l'ego. Saül était aveuglé par son désir de voir les choses telles qu'il voulait les voir. De son point de vue, cette nouvelle secte juive constituée de disciples de Jésus représentait une menace pour l'ordre public. Il était évident pour lui qu'ils avaient mal compris et mal interprété ce que la loi et les prophètes leur avaient enseigné. Il était donc juste de les faire arrêter afin que la loi soit appliquée. Il apportait une solution simple aux problèmes que les chrétiens posaient : il essayait de les forcer à changer. Mais ces adeptes de la Voie refusaient de changer, au point d'être prêts à mourir pour leur croyance. Saül lui-même avait présidé et assisté au premier martyre archivé dans les Écritures chrétiennes : la lapidation d'Étienne. Saül aurait entendu le long discours de celui-ci avant sa lapidation, au cours duquel il soutenait que Jésus était le Juste prédit par Moïse. Il aurait également entendu Étienne, dans son dernier soupir, affirmer voir Jésus dans la gloire « debout à la droite de Dieu » (Actes 7, 52-58). Saül avait entrepris de persécuter l'Église dispersée en ravageant les maisons l'une après l'autre immédiatement après la mort d'Étienne (Actes 8, 3).

La colère naît souvent du refus que la réalité ne se plie pas à sa propre volonté. La rage de Saül le guida jusqu'à Damas afin d'y arrêter davantage de chrétiens. Il était empli d'un zèle soi-disant justifié, « ne respirant toujours que menaces et carnage à l'égard des disciples du Seigneur » (Actes 9, 1). Dans un tel état, les Un se trouvent dans un état de désintégration causé par la colère et un profond ressentiment qui secoue tout leur corps, provenant de la droiture compulsive de l'ego inaccessible à la grande droiture de Dieu.

Néanmoins, en tant qu'homme de Dieu, Saül est une personne intègre animée d'un véritable amour de Dieu. C'est de là que va jaillir l'éclair qui va lui faire se poser la question : « Et si je me trompais ? » Comme nous l'avons déjà mentionné, avoir tort est, pour une personne de type Un, une prise de conscience terrifiante, aussi brutale qu'une chute de cheval. Et c'est précisément ce qui arrive à Saül. Il tombe de son cheval et perd la vue, ce qui symbolise qu'il ne peut plus voir les choses telles qu'il les voyait avant. Il a alors une vision de Jésus lui demandant pourquoi il le persécute. Saül est projeté dans une nouvelle réalité. Il doit tout réapprendre et remettre en question ce que signifie son sens de la droiture. Au moment de sa conversion, la vérité du moment s'imprime de façon indélébile dans son esprit. Il se perçoit lui-même de façon plus lucide et plus objective. Cette lucidité permet aux représentants du profil Un d'être plus ouverts et moins réactifs. Ils deviennent alors capables de laisser tomber leurs jugements envers eux-mêmes et envers les autres, ainsi que leur besoin de défendre la vérité. Ce faisant, ils permettent à leur âme de se détendre et à la révélation de s'exprimer.

Certains prétendent que Saül serait tombé dans une sorte de transe, une sorte d'état de conscience modifié, où la personnalité se dissocie tout en renforçant la réalité du présent[7]. En d'autres termes, Saül, devenu Paul, est enfin prêt à admettre ce qu'il pressentait déjà dans son inconscient, à savoir qu'Étienne disait vrai. Cette ouverture, cette acceptation sont la meilleure preuve du désir de Paul de rechercher la vérité. Comme le soulignait William James, une conversion aussi soudaine se produit fréquemment chez des personnes ayant un soi subliminal actif qui peut être à l'origine de « flashs » intérieurs[8]. Une prise de conscience à partir d'une telle fulgurance ne diminue en rien sa signification, ni la réalité des changements, ni la durée de ses effets. Quand Paul laisse l'Esprit saint l'envahir, « il lui tomba des yeux comme des écailles, et il recouvra la vue » (Actes 9, 18). Les écailles de ses anciennes perceptions égotiques de droiture devaient tomber afin qu'il puisse dorénavant voir avec un nouveau regard la réalité plus grande de la droiture de Dieu.

Toutes les caractéristiques du Un se retrouvent chez Paul. Il a déjà été décrit comme « le P-DG personnel de Dieu, un motivateur, un organisateur, un manager exemplaire ; il est le "responsable qui a toujours à l'esprit l'image globale"[9] ». C'est un homme rationnel et idéaliste, fidèle à ses principes, méthodique, perfectionniste et droit. Lorsqu'il découvre que ceux qu'il persécutait ne sont pas dans l'erreur, il a besoin de réajuster ce qui est « bien » aux yeux de Dieu. Ce changement profond de son cœur et de son esprit lui permet de dire qu'il espère « gagner le Christ et être retrouvé en lui, non avec ma justice, celle qui vient de la loi, mais avec celle qui s'obtient par la foi dans le Christ, la justice qui vient de Dieu par la foi » (Philippiens 3, 8-9). Il s'agit de la véritable force des types conciliants : leur volonté d'effectuer les changements nécessaires, même s'ils sont douloureux, pour se mettre à l'écoute d'une nouvelle voix intérieure et non plus de référents imposés de l'extérieur. Cette voix nouvelle est celle de l'Esprit saint. Plus Paul « gagne le Christ », plus son ego se libère, lui permettant de découvrir l'harmonieuse beauté de chaque existence.

Se convertir ne signifie pas devenir parfait, mais cela nous met sur le chemin de la perfection. À partir de ses écrits, nous pouvons établir que Paul, même après s'être converti, conserve les mêmes tendances du Un à être droit, intolérant et inflexible. Nous en retrouvons les traces lorsqu'il s'en prend à ceux qui insistent pour que les nouveaux chrétiens se soumettent à la loi de Moïse et soient circoncis. Paul écrit : « Qu'ils aillent jusqu'à la mutilation, ceux qui bouleversent vos âmes ! » (Galates 5, 12).

Son imperfection continue de le frustrer, « puisque je ne fais pas le bien que je veux et commets le mal que je ne veux pas » (Romains 7, 19). Les conflits entre les différentes communautés de l'Église mettent sa patience à l'épreuve : « Le Christ est-il ainsi divisé ? Paul a-t-il été crucifié pour vous ? Avez-vous été baptisés au nom de Paul ? » (1 Corinthiens 1, 13). Il est évident qu'il a un soupçon de ressentiment lorsqu'il refuse d'emmener Marc avec lui à cause de son abandon passé (Actes 15, 38). L'impatience de Paul a également des bénéfices lorsqu'elle ne sert pas les désirs de l'ego mais son aspiration à être en union totale avec le Christ et en phase avec la perfection dans toute création. Il écrit qu'il attend impatiemment la création nouvelle car « nous gémissons nous aussi intérieurement dans l'attente de la rédemption de notre corps » (Romains 8, 23). Il est lui-même avide de « s'en aller et d'être avec le Christ, ce qui serait, et de beaucoup, bien préférable ; mais demeurer dans la chair est plus urgent pour votre bien » (Philippiens, 23, 24).

Nous voyons nettement la connexion saine que Paul entretient avec l'espace du corps dans cette source d'énergie infinie qui le guide sans faiblir dans sa mission : « Et voici quelle est la volonté de Dieu : c'est votre sanctification ; c'est que vous vous absteniez d'impudeur, que chacun de vous sache user du corps qui lui appartient avec sainteté et respect » (1 Thessaloniciens 4, 3-4). Pour les représentants du type Un, l'espace du corps est soutenu par le centre émotionnel : les émotions influent fortement sur les actes. Paul nous en apporte un bon exemple quand il s'oppose à Pierre à propos de ce que les chrétiens doivent conserver de la loi de Moïse. Les sentiments forts de Paul lui permettent d'agir catégoriquement et avec lucidité : « Quand Céphas vint à Antioche, je lui résistai en face parce qu'il s'était donné tort » (Galates 2, 11). Comme l'indiquent justement Riso et Hudson : « L'honnêteté est un puissant moteur dans toutes les situations des Un[10]. » Dans ce cas précis, nous reconnaissons en Paul la lucidité propre aux Un : il est persuadé d'avoir raison et il s'oppose à Pierre dans un face-à-face et non dans son dos.

Dans son épître aux Galates, Paul montre clairement qu'il a dû faire face à l'un des fardeaux classiques du profil Un : supporter les défauts de l'autre sans essayer de les rationaliser ou de les justifier. Il s'agit là d'un fardeau commun à tous, cependant le désir de perfection des Un accentue fortement ce sentiment. Paul rapporte qu'en voyant la faute d'autrui, il faut agir de la façon suivante : le rétablir « en esprit de douceur » (Galates 6, 1) et prendre soin de ne pas succomber à la tentation de tomber dans le jugement. Il nous faut « porter les fardeaux des uns et des autres » (Galates 6, 2) ce qui demande d'accepter les failles de l'autre ainsi que ses comportements désagréables[11]. Paul ajoute que chacun doit examiner sa propre conduite « car tout homme devra porter sa charge personnelle » (Galates 6, 4-5) afin de se préserver de tomber dans le jugement critique d'autrui. Porter sa charge personnelle signifie porter le fardeau de l'humanité sans justification ni amertume.

C'est certainement parce qu'ils ne parviennent pas à lâcher leur éternelle insatisfaction des imperfections du passé que les Un réussissent à transformer ces défaillances en vertus et que leurs plus grandes faiblesses deviennent leurs meilleurs alliés. Paul nous donne un exemple de cette capacité quand il dit : « [Jésus] m'a jugé assez fidèle pour m'appeler à son service, moi, naguère un blasphémateur, un persécuteur, un insulteur » (1 Timothée 1, 12-13). Il prend conscience de ses erreurs passées tout en sachant que Dieu rencontre le Un dans cet espace de droiture pour le convertir à la foi. Le jugement sévère du Un devient une saine capacité à faire preuve de discernement sans avoir recours à des accès d'émotions malsaines[12]. Paul peut alors se targuer de ses actions passées, non par fierté mais parce qu'il en a été absous.

Les qualités naturelles de chef que possèdent les Un sont d'autant plus grandes qu'ils acceptent ce rôle en contrôlant la soif de perfection de leur ego. Paul peut donc revendiquer : « Voici qu'est préparée pour moi la couronne de justice, qu'en retour le Seigneur me donnera en ce Jour-là » (2 Timothée 4, 7-8). Cette tendance à être critique envers soi-même et envers les autres s'estompe alors et laisse Dieu seul être juge, ce qui allège Paul de ses préoccupations de perfection. Il reconnaît également Dieu – et non plus lui-même – comme le seul à avoir le pouvoir d'offrir la « couronne ». Le seul véritable juge est Dieu, ce qui permet au Un de lâcher prise et de laisser les choses s'accomplir : « Finissons donc avec ces jugements les uns sur les autres » (Romains 14, 13). C'est un soulagement sans nom pour un représentant du type Un qui se trouve libéré de ce fardeau qu'il s'infligeait à lui-même : celui d'essayer de rendre chacun parfait. La joie profonde de Paul repose sur cette vérité qui le pousse à implorer : « Je vous en prie donc, montrez-vous mes imitateurs » (1 Corinthiens 4, 16). Son besoin de perfection n'est pas imposé aux autres, il est partagé par tous ceux qui cherchent la vérité. Paul sait que l'imiter revient à se rapprocher de l'essence divine que nous partageons tous.

Les confessions détaillées de Paul nous apportent de bons aperçus du processus de conversion du Un et de l'intervention de Dieu suivant les caractéristiques de ce profil. Bien que toutes les personnalités aient tendance à réagir automatiquement dans certaines situations, pour les Un, perdre leur objectivité et se retrouver piégés par leurs propres critiques, phobies et limites est particulièrement difficile. Leur problème principal est leur autocritique, cette perception de déficience qui les rend plus vulnérables à l'impatience, au ressentiment et à leur compulsion de rectifier ce qui n'est pas tel que cela « devrait » être. Ils entrent parfois dans un cercle vicieux de frustration engendré par leurs inlassables tentatives de devenir parfaits, ce qui est, par nature, impossible. Paul, qui dit de lui-même qu'il est un pharisien inflexible et perfectionniste, finit par voir et dénoncer l'inflexibilité mortelle de la loi. Paul, militant colérique, change du tout au tout après le cri d'incitation à la compassion de Jésus disant que c'est lui que Paul persécute en tourmentant ses disciples. Il est lui-même persécuté, ce qui l'adoucit jusqu'à devenir aussi tendre qu'une mère nourricière. Celui qui persécutait les infidèles et tourmentait sans pitié l'Église naissante finit par entrevoir ses contradictions et ses conflits intérieurs. Il est enfin prêt à se soumettre à une loi plus profonde, celle de l'Esprit, sans perdre sa vivacité. Il devient néanmoins plus serein et plus objectif face à de nouvelles persécutions en souffrant en « son Nom ».

Paul devient le symbole de l'intelligence naturelle du Un, c'est-à-dire l'intelligence de l'âme de celui qui est réellement présent dans la réalité. Il représente également la capacité du Un à synthétiser, source de la sagesse qui survient quand tous les éléments se rejoignent dans une unité intérieure. Il lui devient possible de contempler la grandeur et la profondeur du plan de Dieu et il peut s'extasier face à la beauté du dessein universel. Il parvient à ne faire qu'un avec le Christ en qui il reconnaît la perfection, vraie Essence du Un. Il l'identifie simplement avec lui : « Pour moi, certes, la Vie c'est le Christ et mourir représente un gain » (Philippiens 1, 21).

Ainsi, les Un qui s'intéressent à Paul peuvent probablement mieux entendre leur propre appel à la transformation et accepter que l'Esprit Saint les guide vers leur propre Essence : mieux discerner comment leur colère les aveugle, prendre davantage conscience de leur tendance à la critique, de leurs standards idéalistes et du fait qu'ils commettent parfois les fautes qu'ils reprochent aux autres. Accepter leurs propres talents, non plus à travers le voile de leur jugement subjectif, mais en tant que bénédictions divines. Ils sont faits à l'image de Dieu et donc ouverts et capables de se laisser améliorer. Les Un peuvent se laisser toucher par tout ce qui est tel que c'est et laisser la vérité de la réalité les atteindre. Ils savent permettre à la perfection inhérente à toute création de leur révéler sa vraie nature affranchie de leurs critiques intérieures. Une fois libérés de leur besoin compulsif de toujours s'améliorer, ils cessent de se contraindre à devenir meilleurs. Leur expérience du mystère de la souffrance, que Paul a d'ailleurs vécue avec intensité, s'accompagne alors d'une grande sérénité. Nous retrouvons des indices de la sagesse des Un dans les écrits de Paul. Il prie pour ses lecteurs et leur conseille de « demander à Dieu qu'Il vous fasse parvenir à la pleine connaissance de Sa volonté, en toute sagesse et intelligence spirituelle » (Colossiens 1, 9). Il sait que la sagesse de Dieu est inaccessible à l'homme, pourtant il n'éprouve aucun ressentiment à cet égard, seulement une grande joie : « Ô abîme de la richesse, de la sagesse et de la science de Dieu ! Que ces décrets sont insondables et ces voix incompréhensibles ! Qui en effet a jamais connu la pensée du Seigneur ? » (Romains 11, 33-34). Le désir de savoir pour avoir raison est remplacé par une soif de connaissance personnelle de Dieu qui sait tout et maîtrise tout. Paul n'a plus à agir seul à présent : « ce n'est plus moi qui vis mais le Christ qui vit en moi » (Galates 2, 20). Il s'agit là d'un simple constat témoin d'une incroyable liberté pour le Un. Il est enfin libre d'agir non pas en fonction de son ego et de son besoin d'avoir raison, mais en suivant son centre divin qui est joyeux, sage et prêt à grandir.

Prier dans l'esprit de Paul
Psaume 17

Écoute, Yahvé, la justice,
sois attentif à mon cri.
prête l'oreille à ma prière,
point de fraude sur mes lèvres.
De ta face sortira mon jugement,
Tes yeux verront où est le droit.
Tu sondes mon cœur, tu me visites la nuit,
Tu m'éprouves sans trouver en moi d'infamie :
ma bouche n'a point péché à la façon des hommes,
la parole de tes lèvres, moi je l'ai gardée.
Aux sentiers prescrits, affermis mes pas,
à tes traces, que mes pieds ne chancellent pas.
Tends l'oreille vers moi, écoute mes paroles,
signale tes grâces, toi qui sauves
ceux qui recourent à ta droite contre les assaillants.
Garde-moi comme la prunelle de l'œil,
à l'ombre de tes ailes cache-moi
aux regards de ces impies qui me ravagent ;
ennemis au fond de l'âme, ils me cernent.

Ils sont enfermés dans leur graisse,
ils parlent, l'arrogance à la bouche.
Ils marchent contre moi, maintenant ils m'encerclent,
ils ont l'œil sur moi pour me terrasser.
Leur apparence est celle d'un lion impatient d'arracher
et celle d'un lionceau tapi dans sa cachette.

Dresse-Toi, Yahvé, affronte-les, renverse-les,
par Ton épée délivre mon âme des impies,
des mortels, par Ta main, Yahvé,
des mortels qui, dans la vie, ont leur part de ce monde !

Avec Tes réserves Tu leur rempliras le ventre,
leurs fils seront rassasiés
et ils laisseront le surplus à leurs enfants.
Moi, dans la justice, je contemplerai Ta face,
au réveil je me rassasierai de Ton image.

En résumé

La mort prématurée par décapitation de Jean Baptiste ne nous permet par d'assister au processus d'évolution du Un qui, progressivement, s'ouvre entièrement. Cependant, nous comprenons aisément qu'il a atteint avant sa mort un objectif clé : vivre pour un but plus grand que soi. Jean, qui était déjà lui-même un personnage reconnu suivi par de nombreux disciples, se réjouit du fait qu'il doive décroître pour que Jésus grandisse. Sa vraie nature apparaît également à travers sa sagesse et la qualité de son discernement.

Dans le cas de Paul, nous voyons un persécuteur arrogant surmonter son obsession de la perfection, sa tendance à guetter les fautes et à se projeter dans les autres. Sa conversion soudaine porte beaucoup de fruits. Il sait dès lors ajuster ses idées à une réalité plus grande et il se consacre dorénavant à prendre le temps de devenir parfait et non à vouloir l'être immédiatement. Il accepte avec sérénité l'éventualité de tout ce qui pourrait lui arriver. Paul, qui était jadis impatient, ne vit plus pour lui-même, il vit pour le Christ. Il éprouve de la compassion et soutient les nombreuses communautés qu'il a fondées et auxquelles il est entièrement dévoué. Il poursuit son labeur, très différent de la personne crispée et opiniâtre qu'il était auparavant. Il est toujours conscient de ses imperfections, mais elles ne le paralysent plus. Sa vision du monde s'est ouverte, il voit bien au-delà de ses préoccupations personnelles. Responsable d'un ministère prenant, il montre par ses enseignements qu'il se détend à contempler le déroulement du dessein de Dieu.

TYPE DEUX : RUTH ET BOOZ

> « Si donc vous, qui êtes mauvais, savez donner de bonnes choses à vos enfants, combien plus votre Père qui est dans les cieux en donnera-t-Il de bonnes à ceux qui L'en prient ! »
>
> Matthieu 7, 11

Les Deux sont connus comme étant les bienfaiteurs et les altruistes de ce monde. On compte le profil Deux parmi les trois types situés dans le centre émotionnel qui aspirent, plus que tout, à être aimés. Leur vraie nature est d'être bons envers eux-mêmes. Ils sont empathiques et bienveillants envers tout le monde, leur vertu principale est l'humilité et leur passion est son contraire, l'orgueil.

Tout comme le Un, le Deux utilise mal son centre mental. Les actes d'un Deux sont généralement dictés par son désir de se sentir aimé. Dans sa forme inférieure, l'aspiration du Deux à l'amour peut se traduire par l'illusion que la fusion avec une personne lui permettra de trouver l'unité qu'il recherche. En réalité, il n'aspire pas à atteindre l'unité avec quelqu'un mais l'unité intérieure qui survient lorsque l'âme sait qu'elle ne fait qu'un avec Dieu. Cette union intérieure est représentée par de nombreuses images différentes, parmi lesquelles nous retrouvons : le bien-aimé et sa bien-aimée dans le Cantique des cantiques, l'unité du yin et du yang, le mariage entre le Christ et son Église et l'intégration de l'*animus* à l'*anima*. Un tel « mariage » ne concerne pas que les Deux ; cette union concerne tous ceux qui tendent à s'unir à leur centre divin. C'est de lui que proviennent l'amour et la compassion envers soi et autrui.

On constate la présence d'un mouvement binaire chez le Deux, de l'extérieur vers l'intérieur : il donne pour recevoir, cherchant l'amour comme la guerre. Le Deux non encore transformé donne gratuitement en apparence, en réalité il exige de la reconnaissance et de l'estime en contrepartie. Les Deux veulent qu'on ait besoin d'eux tout en souhaitant rester indépendants des autres. Ils refusent de reconnaître une quelconque loi ou autorité qui pourrait réfréner leurs dons. Parmi les indices de ce besoin de se sentir indispensables, nous retrouvons leur tendance à prendre soin des autres et à veiller sur eux, parfois au point de s'imposer. Étant donné que les Deux appartiennent à un profil conciliant, ils sont réellement persuadés que leur valeur dépend de ce qu'ils donnent aux autres. Cette croyance les pousse à donner et donner devient une récompense en soi car cela leur procure un sentiment de bien-être. Il s'agit d'une fausse charité, en réalité intéressée, qui se déguise en altruisme[13] : tel est le piège pour les Deux. Ils se laissent facilement leurrer par leur soi-disant générosité et nourrissent leur estime d'eux-mêmes en se flattant de leurs actions.

La parabole de Jésus séparant les moutons des chèvres dans l'Évangile selon saint Matthieu illustre cette imposture. Il explique que les âmes des justes sont véritablement généreuses et donnent sans savoir qu'elles le sont : Seigneur, demandent-elles, « quand nous est-il arrivé de te voir affamé et de te nourrir, assoiffé et de te désaltérer ? » (Matthieu 25, 37). Ces âmes justes se sont contentées de faire ce qu'elles devaient faire, igno-

rant qu'elles sont plus généreuses que d'autres. Elles ne connaissent pas cette récompense que procure la satisfaction d'avoir fait acte de charité : pour elles, il ne s'agit que d'un acte passé, terminé et oublié.

Les Deux qui ont effectué le travail de transformation possèdent cette qualité de donner librement qui ne provient pas de l'ego mais coule de l'infinie fontaine divine. Ils sont alors capables de donner non pas pour éprouver le plaisir égoïste qu'ils pourraient en tirer, mais grâce à la compassion divine qu'ils laissent couler en eux. Ce n'est plus leur ego qui donne, c'est le donateur divin qui accorde ses bienfaits à la création grâce à la réceptivité et à la disponibilité de ceux qui incarnent l'espace sain du type Deux. Les fruits de ce travail intérieur fourniront une énergie d'autant plus puissante que l'on s'abandonne à elle. Lorsque William James décrit une telle conversion, il stipule que « quand le nouveau centre d'énergie a été recouvert pendant si longtemps, il est prêt à fleurir. La consigne alors est de ne pas y toucher, il doit s'épanouir de lui-même[14] ».

Nous le voyons s'épanouir en Ruth et en Booz, personnages bibliques dont la magnifique façon de donner et de recevoir a toujours été présentée comme un modèle à suivre. Ils manifestent la véritable nature conciliante du Deux, par exemple quand Ruth accepte sa place dans une nouvelle communauté et parvient à aimer ses nouveaux compagnons de plus en plus chaque jour, ou quand Booz s'acquitte de ses obligations légales non parce qu'il y est contraint, mais parce qu'il admire sincèrement Ruth et sa famille. Observer des personnes de type Deux revient à observer des relations. Il est donc pertinent d'analyser deux figures dont les histoires, au lieu d'êtres distinctes, se mêlent l'une à l'autre pour ne former qu'un seul récit illustrant qu'une relation d'amour et d'alliance peut être le reflet de l'âme qui aspire à ne faire qu'un avec son Essence.

Ruth et Booz

> « Où tu iras, j'irai, où tu demeureras, je demeurerai ; ton peuple sera mon peuple et ton Dieu sera mon Dieu. »
>
> Ruth 1, 16

Il serait possible d'analyser entièrement le livre de Ruth avec la perspective du profil Deux de l'Ennéagramme. Les thèmes abordés dans ce livre sont l'alliance, le mariage et le don de soi, des thèmes qui se prêtent bien aux questions relatives aux Deux. Sa structure suit le mouvement de ce profil d'un état fragmenté à un état de plénitude. Les quatre chapitres évoquent le chemin qui passe par les larmes et les cœurs brisés, puis par le travail laborieux et l'attente dans la méditation, pour enfin aboutir à un mariage et à la conclusion d'une alliance.

Le livre de Ruth explore la nature de la providence divine qui soutient les veuves et les étrangers, en s'occupant de l'exilé et en suivant l'idée que la providence travaille à un dénouement heureux qui résoudra des problèmes apparemment sans recours. Les personnages sont tous, à leur façon, dans l'aide et le soin aux autres. Ruth et Booz sont prêts à prendre des risques et à s'engager afin d'apporter des solutions en ces temps difficiles. C'est une thématique qui revient tout au long de la Bible pour illustrer comment se manifeste l'amour de Dieu pour l'humanité.

Le livre de Ruth nous donne non pas un mais bien deux exemples de personnages qui possèdent les caractéristiques du type Deux. Ils témoignent de la capacité de ce profil conciliant à « suivre le courant », à trouver et exploiter le bon dans toute situation. Leur personnalité conciliante leur permet d'avoir une certaine souplesse qui leur ouvre ainsi qu'à leurs proches des possibilités inattendues de changement et d'évolution. Elle leur permet également de s'adapter aux besoins des autres. Dans le meilleur des cas, les Deux sont profondément généreux, humbles, altruistes et avenants. En tant qu'altruistes, ils font passer les besoins des autres avant les leurs, allant souvent jusqu'à les occulter complètement. On qualifie parfois les Deux de « bienfaiteurs des hommes[15] ». En tant que bienfaiteurs, ils prennent soin des autres et les choient. Néanmoins, leur tendance à vouloir s'occuper d'autrui peut parfois les rendre trop fusionnels et trop envahissants.

Nous retrouvons chez Ruth ce besoin commun à tous les Deux d'être un « ami spécial » ayant une place privilégiée dans la vie de l'autre[16]. Quand le mari de Ruth, le fils de Noémie, meurt, elle se raccroche à sa belle-mère, ce qui lui assure le statut de belle-fille préférée. Elle est assurée dans cette position quand Orpa, veuve d'un autre fils de Noémie, décide de ne pas rester auprès de celle-ci et de retourner auprès de son peuple. Aucun reproche n'est fait à Orpa sur sa décision, elle sert simplement à mettre en valeur de façon théâtrale celle de Ruth de rester. Le départ d'Orpa prouve que Ruth avait le choix et qu'elle aurait pu, elle aussi, rentrer parmi les siens.

Booz est l'autre représentant du profil Deux dans ce récit. Booz est un proche parent de Noémie et incarne la caractéristique des Deux à vouloir prendre part à toutes les décisions importantes et à être reconnus dans ce statut décisionnel[17]. Il réussit à atteindre ces deux objectifs de façon admirable : il intervient pour aider Noémie et Ruth quand elles reviennent et prend soin d'annoncer publiquement ce qu'il a l'intention de faire pour elles. C'est parce que l'histoire de Ruth et celle de Booz sont liées qu'il est intéressant de les analyser ensemble.

Aux yeux de beaucoup, Ruth est souvent vue comme un exemple de loyauté. Toutefois, il semblerait que sa loyauté provienne plus de son désir de rester auprès de sa belle-mère que de son attirance pour le mode de vie de la tribu. Noémie pourrait aussi être une figure d'autorité pour Ruth, ou bien une personne qu'elle pourrait plier à sa volonté, domaine dans lequel le Deux est habile. Les deux femmes sont veuves et la décision de Ruth de rentrer auprès de Noémie au lieu de retourner auprès de son peuple, les Moabites, tient plus de son besoin fondamental de sentir qu'elle est aimée que de son attirance intrinsèque pour le Dieu du peuple de Noémie. On peut néanmoins constater que cela a motivé son engagement : « Ton peuple sera mon peuple et ton Dieu sera mon Dieu » (Ruth

1, 16). Bien que cela ressemble à un serment de loyauté altruiste, on y décèle un soupçon du désir du Deux à fusionner entièrement avec quelqu'un. Cette fusion se confond souvent avec le vrai travail spirituel, lorsque nous fusionnons avec notre essence divine.

On ne nous donne pas le même genre d'informations sur Ruth que celles que nous attendrions d'un écrivain moderne. Nous ne savons pas si son refus de rentrer chez son peuple vient de souffrances passées qu'elle souhaite oublier ou si cela indique qu'elle n'a pas vraiment de famille à retrouver. Lorsqu'elle demande à Noémie si elle peut l'accompagner, sa requête est formulée de telle façon qu'une sensibilité moderne pourrait y voir un attachement malsain à sa belle-mère. Ces concepts ne figurent pas dans l'histoire de l'Ancien Testament, mais l'analyse du personnage de Ruth par le filtre de l'Ennéagramme nous apporte des indices sur le potentiel des Deux à être inconsciemment manipulateurs. Cette tendance peut aussi être perçue comme une simple tendance à s'imposer. Il lui est impossible de dire non, mais elle dit à Noémie spontanément et avec insistance : « Ne me presse pas de t'abandonner et de m'éloigner de toi ! » (Ruth 1, 15). Ruth se défend, elle réclame un privilège au détriment de ce que les valeurs de Noémie pourraient avoir à dire. Elle franchit sans peine la frontière entre deux peuples sans s'arrêter pour réfléchir à d'éventuelles conséquences. Le fait de rechercher à tout prix la compagnie d'un autre est un indice que le Deux est perdu lorsqu'il se retrouve seul. Être seul est pour lui le signe qu'il est superflu et mal-aimé. Il se sent alors tombé en disgrâce et s'efforce de cacher cette émotion. Se sentir seul crée un besoin des autres afin de redonner du sens à sa vie et d'apporter de la saveur à ce qu'il fait[18].

Noémie fait alors un discours relativement long (étant donné la brièveté de l'histoire) sur les difficultés de son veuvage, de son âge et du fait que même si elle venait à se remarier et à avoir d'autres fils, Ruth n'attendrait pas qu'ils arrivent à l'âge adulte. La mélancolie fait parler Noémie comme une personne de profil Quatre (nous le détaillerons plus loin) ; elle dramatise ses sentiments et insiste sur son état de malheur intérieur. L'attraction de Ruth envers sa belle-mère représente peut-être l'intuition qu'en tant que Deux, elle doit apprendre à prendre soin d'elle-même et de ses émotions tout en restant attentive aux besoins des autres. Cette démarche est la clé de son développement intérieur, d'où, peut-être, son attrait pour sa belle-mère. Dans ce processus, les Deux apprennent à éprouver une profonde satisfaction que seule une expérience authentique peut leur procurer. Ruth apprend à connaître ses propres besoins, ce qui l'amène à faire l'expérience authentique de l'unité totale entre les réalités extérieure et intérieure. Noémie sait déjà comment faire, Ruth doit le découvrir et cela n'est possible que si elle reste auprès de sa belle-mère.

Le personnage de Ruth se développe en parallèle avec l'histoire qui passe d'une période de stérilité à une période de fertilité. Les deux femmes ont quitté Bethléem à cause de la famine, elles y retournent au moment de la moisson et découvrent qu'il y a à présent suffisamment de nourriture pour vivre. *Beth-léem* signifie « maison du pain », ce qui renforce le thème de l'abondance vers lequel s'oriente l'histoire. Le passage de la famine à l'abondance marque un tournant pour Ruth. Dans sa détermination à venir en aide à Noémie, elle se retrouve à récolter de l'orge pour elles deux. En tant que Deux, elle doit découvrir que la meilleure manière de donner aux autres, c'est d'être aussi généreuse envers les autres qu'envers soi-même, quelque chose de particulièrement difficile à apprendre pour la plupart des Deux.

Ruth travaille sans relâche comme glaneuse dans les champs, « elle s'est à peine reposée » (Ruth 2, 7). Ce besoin d'être sans cesse en mouvement correspond à la réponse d'un Deux au stress : il manifeste une prévenance presque agressive envers autrui. Ruth est très consciente du fait que les autres ouvriers ont remarqué qu'elle travaillait avec acharnement depuis l'aube et elle apprécie cette reconnaissance de son mérite. En règle générale, les Deux évitent la routine, mais l'attention que Ruth reçoit et le fait de savoir qu'elle rend service à Noémie adoucissent son ennui.

Booz, de la famille du défunt mari de Noémie, fait alors son apparition dans l'histoire. Il est décrit comme un homme riche et bon dont la générosité tire Ruth et Noémie de la pauvreté et de la famine. Il autorise et encourage Ruth à récolter les provisions nécessaires dans son champ. Bien que le lecteur le sache, elle, pour sa part, ne sait rien de sa généreuse assistance. Elle ignore qu'il a demandé à ses moissonneurs de laisser délibérément tomber de leurs boisseaux plus d'épis que d'habitude. En fait, il leur a même ordonné d'en laisser tomber des poignées entières afin que Ruth puisse en prendre autant qu'elle en a besoin.

Booz apparaît comme un Deux équilibré : il est généreux, altruiste et véritablement charitable. Il est capable de donner sans avoir besoin que l'attention se porte sur lui. Quand il permet à Ruth de travailler dans son champ, il l'exhorte aussi à rester près des femmes lorsqu'elle travaille dans le champ, et lui garantit qu'aucun des jeunes ouvriers ne viendra l'ennuyer. Quand elle lui demande la raison d'une telle générosité, il répond qu'il a entendu parler de sa bonté envers sa parente Noémie. Il fait preuve d'un soutien plein de compassion et donne avec générosité, caractéristiques d'une saine incarnation du profil Deux[19].

Quand un Deux en rencontre un autre, il peut y avoir incompatibilité entre leurs dynamiques. Si chacun veut donner plus que l'autre, leur comportement va perdre tout son sens et se transformer en compétition. Ils risquent de perdre de vue la nécessité de se limiter à leur propre cas. Pourtant, dans l'histoire de Ruth, il n'y a aucune manifestation de cette dynamique, ce qui suggère que Ruth et Booz sont capables de reconnaître leurs propres besoins aussi bien que ceux des autres. Booz est heureux d'aider cette jeune femme et Ruth parvient à accepter son aide.

D'une manière générale, lorsque les Deux ont besoin d'aide, ce besoin se transforme en dépendance. Dans les cas extrêmes, ils croient que les autres devraient faire leur travail à leur place ou donner un sens à leur existence afin de vivre en s'appuyant sur les autres[20]. Ruth ne se laisse pas entraîner dans de tels extrêmes, néanmoins il est intéressant de remarquer que la dépendance à Booz est latente à ce moment précis. Toutefois, elle résiste au mouvement qui la pousserait dans cette direction, ce qui montre qu'elle sait qu'elle a aussi ses propres besoins à satisfaire.

Booz accueille Ruth en Israël et la loue pour ce qu'elle a fait en faveur de sa belle-mère, il prie Dieu de la récompenser pour ses bonnes actions. Ruth accepte ses louanges, ce qui est bon signe pour un Deux, et elle laisse ses sentiments remonter à la surface, elle prend conscience de qui elle est réellement[21]. Elle dit à Booz : « Tu m'as consolée et tu as parlé au cœur de ta servante, alors que je ne suis même pas l'égale d'une de tes servantes » (Ruth 2, 13). Elle agit de façon à la fois attachée et détachée, elle accepte la parole de Booz sans se fondre dans son identité. Cet équilibre n'est pas facile à trouver pour un Deux. Booz l'aide encore un peu plus en lui proposant du pain et du vin avec ses ouvriers. Il fait preuve de générosité et se montre respectueux de ses besoins. Il s'occupe d'elle sans l'étouffer de gentillesse. Ayant ordonné aux moissonneurs de jeter quelques épis en plus pour que Ruth les trouve, il semble incarner la vertu première du Deux consistant à être bon et généreux. Il éprouvera par la suite un intérêt plus personnel pour Ruth, mais à ce moment-là de l'histoire, sa bonté est désintéressée, ou en tout cas elle semble l'être.

Noémie paraît moins avancée dans sa croissance spirituelle. En tant que représentante du profil Quatre, en situation de stress, elle sort de sa mélancolie habituelle pour évaluer l'état de ses relations et essayer de trouver des moyens de se rapprocher des personnes qu'elle aime[22]. Cette tendance est sans doute à l'origine de son conseil à Ruth de « chercher à s'établir » (Ruth 3, 1) en allant voir Booz pour lui demander de l'épouser suivant la loi du lévirat disant que le plus proche parent d'un défunt doit donner des enfants à sa veuve (Deutéronome 25, 5-6). Noémie s'inquiète évidemment de son propre avenir autant que de celui de Ruth, mais ce conseil est présenté de telle façon qu'il semble surtout aider Ruth : « pour que tu sois heureuse » (Ruth 3, 1). La peur de l'abandon du Quatre peut parfois le mener à masquer son appréhension en prétendant n'avoir pour seule motivation que d'aider l'autre alors qu'il espère le garder proche de lui pour apaiser son besoin personnel de sécurité. Vers la fin du récit, Noémie progresse dans son développement : elle se comporte en Quatre qui a pris le chemin de la transformation. Elle participe activement et avec tendresse à la vie de la communauté une fois né l'enfant de Ruth. Elle devient la nourrice de l'enfant, et elle est bénie par les femmes qui lui assurent qu'elle n'a pas été abandonnée et que Dieu « sera pour toi un consolateur et le soutien de ta vieillesse » (Ruth 4, 15). Elle apprend que sa peur de ne pas avoir d'identité a été apaisée par le regard inébranlable que Dieu pose sur elle. Son sentiment d'être isolée s'est ouvert sur une conscience qu'elle n'est pas une intruse mais qu'elle fait au contraire partie intégrante de sa communauté et de sa famille.

Quand Noémie apprend à Ruth qu'il est du devoir de Booz d'assumer le rôle de père de l'enfant de Ruth, ses instructions ne sont ni inconvenantes ni indécentes. Noémie se soucie d'assurer une descendance légale à son défunt mari ainsi qu'à sa belle-fille. Ruth suit les instructions de Noémie : elle attend que Booz ait mangé et bu et qu'il soit « d'humeur joyeuse » et elle s'allonge « doucement » près de lui (Ruth 3, 7). Booz se réveille à minuit, surpris de trouver Ruth à ses côtés. Sa réaction montre qu'il est dans la catégorie saine des Deux puisqu'il apprécie qu'elle s'offre à lui. Il comprend pourtant ce qu'elle attend de lui. Il n'est ni dans l'empressement de la prendre ni dans la jubilation à la perspective de le faire ultérieurement. Les formules usuelles pour ce genre de cas dans les récits bibliques telles que « il alla vers elle » ou « il s'unit à elle » (Genèse 16, 4 ; 29, 23 ; 29, 30 ; 30, 4 ; etc.) nous frappent par leur absence. Dans la situation présente, c'est Ruth qui « va vers » Booz et il considère son geste comme un acte de loyauté et non de séduction. Il déclare qu'elle est une « femme parfaite » (Ruth 3, 11), l'assimilant donc à l'*eshet hayil*, soit à la femme vertueuse décrite dans le poème qui conclut le livre des Proverbes (31) où sont louées les vertus de toutes les parfaites maîtresses de maison de la tradition hébraïque. Il est évident que Ruth en fait partie bien qu'elle ne soit pas juive de naissance.

Booz, dans son fonctionnement altruiste, se souvient qu'il existe un autre parent, plus proche que lui dans la parenté, qui doit d'abord approcher Ruth car il est le premier à avoir le droit de faire sa demande. La façon dont l'histoire est racontée nous mène à penser que Ruth et Booz passent la nuit ensemble sans avoir de rapport sexuel, bien que Ruth, une belle jeune femme, se soit clairement offerte à lui. En effet, il est écrit que Booz « se leva avant l'heure où un homme peut en reconnaître un autre » (Ruth 3, 14). Booz prouve l'étendue de sa générosité en faisant passer son parent avant lui. Lorsqu'il renvoie Ruth auprès de Noémie, il lui donne généreusement six boisseaux d'orge pour qu'elle ne rentre pas les mains vides, autre signe qu'il souhaite prendre soin d'elle et lui faire des cadeaux.

La façon dont Booz sécurise sa demande est un exemple intéressant du comportement d'un Deux qui, sous couvert de bonnes intentions, dissimule une raison personnelle ultérieure. Parfois, les Deux sont généreux pour des raisons égoïstes. Bien qu'il sache faire preuve de charité désintéressée, Booz est également capable de se servir de cette caractéristique pour satisfaire, parfois inconsciemment, son besoin d'amour et de reconnaissance[23]. Il manipule avec habileté la négociation avec l'autre parent en n'évoquant l'affaire que partiellement. Il lui dit d'abord que Noémie a une terre à vendre et le parent dit vouloir la racheter. Booz fait ensuite part de l'information importante qu'il a occultée : en acquérant la terre, l'acheteur gagnera aussi Ruth et devra laisser l'héritage au nom de sa maison. Le parent n'est pas d'accord car cela met en péril son propre héritage. Booz peut alors réclamer en toute liberté Ruth et sa terre et il ne perd pas de temps pour occuper la place désormais vacante. Le prix de la terre ne sera pas un problème, ce qui coïncide avec le besoin des types conciliants de se sentir acceptés et de mesurer leur valeur en amour et non en argent, en fonction du prix qu'on leur accorde et du besoin qu'on a d'eux[24]. Bien que le Deux se montre parfois trop protecteur, il semblerait qu'il ne s'agisse pas là de l'attitude adoptée par Booz. Il est véritablement ému de la demande de Ruth au nom de la famille de Noémie tout en étant parvenu à conclure une affaire financièrement intéressante.

Bien que la passion du Deux soit l'orgueil, son chemin d'évolution tend vers une humilité sincère. Ruth et Booz reconnaissent les grâces qu'ils ont reçues de Dieu et l'un de l'autre. Leur élan l'un vers l'autre représente le mouvement d'amour de Dieu vers l'humanité. Même si Dieu n'est pas un personnage actif dans ce récit, l'attraction de Ruth pour Israël et de Booz pour Ruth est un symbole de la façon dont Dieu aide les Deux à se transformer au travers de leurs relations aux autres.

Ruth, autrefois une étrangère, est acceptée dans la famille de Booz. On la compare même à Rachel et Léa, mères des douze fils de Jacob « qui, à elles deux, ont édifié la maison d'Israël » (Ruth 4, 11). On la compare également à Tamar, une veuve dont l'astuce et l'obstination lui ont permis d'assurer qu'un héritier naisse dans la maison de Juda quand, à l'opposé de Booz, celui-ci avait manqué à son devoir de s'occuper de sa belle-fille devenue veuve (Genèse 38). Le contexte met Ruth en évidence comme l'une des matriarches d'Israël. Obed, fils né de l'union de Ruth et Booz et reconnu comme appartenant à la famille de Noémie, sera le père de Jessé qui engendrera David. Cela fait donc de Ruth l'arrière-grand-mère de David qui deviendra le plus grand roi de la maison de Juda. La morale de l'histoire est que sans les inlassables efforts de Ruth, sans sa loyauté sans faille et son abondante capacité à donner et à recevoir, la lignée du Messie n'aurait pu s'établir dans la maison de David.

L'histoire de Ruth se lit comme une parabole ou comme un conte. Il s'agit souvent d'histoires dans lesquelles les archétypes sont perçus sur les plans conscient et inconscient. En tant que conte moral, le livre de Ruth évoque la non-exclusivité ; même le concept de Dieu est abordé avec une approche propre au Deux. Le livre renforce l'idée que le Dieu des Hébreux est le même Dieu que celui des non-Hébreux : un Dieu généreux qui ne connaît pas de limite, qui est démonstratif et plein de bonté. Même les étrangers peuvent bénéficier de ses largesses et tenir des rôles essentiels dans le déroulement de l'histoire sacrée. Au niveau des archétypes, cette histoire traite d'un étranger qui devient essentiel à l'établissement d'un nouvel ordre au sein de la communauté. On est facilement touché par ces histoires de pauvres qui deviennent riches. Nous avons tous eu l'impression, à un moment ou un autre, d'être dans la pauvreté et de ressentir le besoin de nous rassurer sur nos richesses. Le Deux qui se trouve en chacun de nous doit rester attentif à ses propres besoins et à son désir d'être aimé, même lorsque l'on souhaite donner aux autres sans retenue. Nous voyons dans le mariage de Ruth et Booz une image de l'âme unie, une métaphore du mouvement donner-recevoir qui, si nous l'équilibrons correctement, apporte une nouvelle vie au monde.

L'amour de Ruth, d'abord pour Noémie, et par la suite pour Booz, est le genre d'amour qui vous saisit et vous sauve la vie[25]. Ce n'est pas un hasard si cet amour est celui qui émane d'une âme transformée. La naissance d'Obed annonce que ce qui est créé par cette harmonie intérieure marque le début d'un nouvel équilibre qui sera perpétué par les générations suivantes. Le processus consistant à donner et recevoir décrit ici est censé se poursuivre en nous et devrait inévitablement déverser de l'abondance dans nos vies.

Prier dans l'esprit de Ruth et Booz
Psaume 66

Acclamez Dieu, toute la terre,
chantez à la gloire de Son Nom,
rendez-Lui sa louange de gloire,
dites à Dieu : Que Tu es redoutable !

À la mesure de Ta force, Tes œuvres.
Tes ennemis se font Tes flatteurs.
Toute la terre se prosterne devant Toi,
elle Te chante, elle chante pour Ton Nom.

Venez, voyez les gestes de Dieu,
redoutable en hauts faits pour les fils d'Adam :
Il changea la mer en terre ferme,
on passa le fleuve à pied sec.

Là, qu'on se réjouisse en Lui,
souverain de puissance éternelle !
Les yeux sur les nations, Il veille
sur les rebelles pour qu'ils ne se relèvent.

Peuples, bénissez notre Dieu,
faites retentir Sa louange,
Lui qui rend notre âme à la vie,
et préserve nos pieds du faux pas.

Tu nous as éprouvés, ô Dieu,
épurés comme on épure l'argent ;
Tu nous as fait tomber dans le filet,
Tu as mis sur nos reins une étreinte.
Tu fis chevaucher à notre tête un mortel,
nous sommes passés par le feu et par l'eau,
puis Tu nous as fait sortir vers l'abondance.

Je viens en Ta maison avec des holocaustes,
j'acquitte envers Toi mes vœux,
ceux qui m'ouvrirent les lèvres,
que prononçait ma bouche en mon angoisse.

Je T'offrirai de grands sacrifices
avec la fumée des béliers,
je le ferai avec des taureaux et des boucs.

Venez, écoutez, que je raconte,
Vous tous les craignant-Dieu,
ce qu'Il a fait pour mon âme.

Vers Lui ma bouche a crié,
l'éloge déjà sur ma langue.
Si j'avais vu de la malice en mon cœur,
le Seigneur ne m'eût point écouté.
Et pourtant Dieu m'a écouté,
attentif à la voix de ma prière.

Béni soit Dieu
qui n'a pas écarté ma prière
ni Son amour loin de moi.

En résumé

Chez Ruth comme chez Booz, nous trouvons des exemples de questions auxquelles le Deux est confronté, telles que la peur d'être rejeté, le désir d'être aimé inconditionnellement, la recherche d'intimité et le besoin de prendre soin des autres et de donner.

Ruth manifeste les aspects positifs du Deux dans son abandon à une cause plus grande et dans son acceptation que l'amour de Noémie et Booz pour elle est inconditionnel. Booz, à l'instar de Ruth, travaille dur. Il sait déceler les besoins d'autrui et y pourvoir avec générosité. Tous deux montrent les merveilles d'une amitié authentique et des relations harmonieuses. Ils sont tous les deux bienfaiteurs et altruistes et se soucient réellement du bien-être de l'autre. Ils sont empathiques et sensibles autant que dévoués et loyaux. Ils reçoivent tous deux la récompense de leur prévenance envers les autres : Ruth en restant auprès de Noémie et Booz en prenant Ruth pour femme. À la fin de l'histoire, tous les personnages se savent aimés et ils ont ainsi appris à s'aimer eux-mêmes.

TYPE SIX : PIERRE ET LA MÈRE DES MACCABÉES

> « Déchargez-vous de toute votre inquiétude sur lui, car il prendra soin de vous. »
>
> 1 Pierre 5, 7

Les Six sont appelés les « loyalistes » et les « protecteurs » dans l'Ennéagramme. Leur idéal est d'avoir confiance en soi et en la bonté de la création et de la vie. Les Six sont loyaux et dévoués ainsi que fidèles et responsables. Leur vraie nature est d'être courageux et efficaces en toutes circonstances. Leur vertu est le courage et leur passion la peur ou la lâcheté. La peur n'est pas habituellement considérée comme un vice ou une passion, Jean la présente comme le contraire de l'amour dans l'une de ses épîtres : « Il n'y pas de crainte dans l'amour : au contraire, le parfait amour bannit la crainte, car la crainte implique un châtiment, et celui qui craint n'est point parvenu à la perfection de l'amour » (1 Jean 4, 18). Les Six aspirent à se sentir en sécurité et la peur les saisit lorsqu'ils ont le sentiment de ne pas avoir de soutien et de ne pas pouvoir survivre seuls.

Le Six est le troisième des profils conciliants. À l'instar des Un et des Deux, le centre mental des Six est mal utilisé. Chez les Six, cela provient de leur manque de confiance en eux qui les pousse à se rassurer en cherchant du soutien auprès des autres. Ils préfèrent se référer à des règles ou à une structure plutôt que de penser par eux-mêmes[26]. Les Six sont pourtant au cœur de la triade mentale de l'Ennéagramme qui regroupe les types Cinq, Six et Sept. En fait, souvent, leurs qualités mentales se retournent contre eux : même lorsqu'on leur apporte une information dont ils ont besoin, ils trouvent moyen de la remettre en question[27]. Il est ainsi difficile de prendre une décision alors qu'il est important pour eux d'en prendre. Malgré sa capacité de réflexion développée, le Six se laisse souvent surprendre par des situations potentiellement dangereuses à cause de son imagination débordante.

Le courage est la vertu que le Six acquiert au prix d'efforts colossaux. En effet, la bravoure demande de prendre des décisions pendant des périodes de tension alors que le processus décisionnel n'est ni facile ni rapide pour le Six. Pour développer son courage, le Six peut choisir de se retrouver dans une position de dirigeant, rôle qu'il endosse en se dévouant entièrement à la communauté ou à l'organisation dont il a la charge. Le Six peut tout aussi bien choisir l'autre option et défier l'autorité en place, quitte à sembler irresponsable. Son mouvement est une alternance de confiance et de méfiance, pendant qu'il pèse les informations qu'il a recueillies. Les Six peuvent temporiser avant de mettre en place une bonne idée, parce qu'il leur faut prendre en compte l'opinion et les suggestions des autres. Quand ils sont confrontés au besoin d'agir, les Six hésitent, doutent de leurs capacités. Ils tombent dans la procrastination et deviennent nerveux à force d'indécision. Ils peuvent ainsi préférer poursuivre la phase d'analyse plutôt que de passer à l'action. Les pièges éventuels leur paraissent plus réels que la concrétisation d'un projet. Leur mental est perpétuellement dans le questionnement, le doute et la remise en question. Les pensées d'un Six ressemblent à une réunion où circulent d'incessantes nouvelles opinions contradictoires.

En conséquence, les Six se laissent facilement distraire de la tâche en cours et passent à autre chose. Un bon exemple de ce type de comportement est la décision de Pierre de reprendre la pêche après la crucifixion de Jésus. La pêche est une dérobade qui lui permet d'éviter d'affronter ses questions, ses doutes et de refuser d'envisager les risques éventuels que réserve l'avenir.

Les Six ont besoin de croire en quelque chose, ils sont en quête de sécurité. Ils attendent des autres qu'ils leur apportent cette sécurité qu'ils ne parviennent pas à trouver en eux-mêmes. Cette caractéristique peut se manifester sous forme de loyauté envers un chef afin qu'il prenne les décisions à leur place. Ils cherchent une autorité à respecter tout en se méfiant de l'autorité sous toutes ses formes. Pour les Six, le travail de transformation consiste à reprendre la confiance inconditionnelle qu'ils plaçaient dans une autorité extérieure pour se l'approprier. La rencontre de Pierre avec Jésus ressuscité est l'élément déclencheur pour l'apôtre. En demandant à Pierre s'il l'aime, Jésus l'aide à regarder au fond de lui-même et à découvrir cet amour qui n'est pas dépendant d'éléments extérieurs. Les Six qui savent reconnaître leur force intérieure apprennent à agir en écoutant ce que leur dicte leur propre autorité au lieu de se contenter d'obéir à une instance extérieure. C'est ce qui les assimile aux autres types conciliants. Cependant, le don des Six se manifeste par l'exercice de leur endurance davantage que sous forme de sagesse et de compréhension. Après son échange avec Jésus, Pierre trouve la force de poursuivre sa mission de disciple grâce à l'amour et au courage qu'il se découvre. Il ira même jusqu'au martyre.

Le Six a deux façons possibles de réagir à une situation difficile : soit il fuit, soit il se précipite pour l'affronter afin d'en être débarrassé. Ces deux réactions sont illustrées par les exemples suivants : celui de Pierre qui fuit quand Jésus est arrêté et celui de la mère des Maccabées qui, tête baissée, mène ses sept fils au martyre. Ces deux personnages ont un sens aigu du devoir. Pierre est malheureux quand il comprend qu'il a abandonné Jésus et la mère des Maccabées met à profit son sens du devoir et sa foi pour affronter l'impensable, la mort de ses fils, sans faillir. Leur endurance à la souffrance, fondée sur leur foi, représente le chemin de transformation du profil Six.

Pierre

> « Seigneur, tu sais tout, Tu sais bien que je t'aime. »
>
> Jean 21, 17

Le fait de compter Pierre parmi les Six, donc dans un des types conciliants, peut sembler contraire à la vision populaire que nous avons de lui : celle d'un homme entêté et obstiné. Mais l'un n'exclut pas l'autre, il est possible de faire partie des profils conciliants en étant obstiné si le côté conciliant s'appuie sur une croyance. C'est parfois le cas de Pierre : une partie de lui cherche à plaire et à être aimé des autres, et en même temps il ressent le besoin de développer sa confiance et de laisser son courage surmonter sa peur. Il est en lutte constante pour rester courageux et calme malgré son doute intérieur sur ses capacités. Son histoire nous apporte des preuves de sa volonté à « se soumettre » et à changer son aspect conciliant en obstination, comme lorsqu'il renie Jésus trois fois puis réaffirme son amour et sa fidélité au Christ ressuscité.

Pierre a enfin trouvé en Jésus la figure d'autorité à laquelle se raccrocher, une personne auprès de qui il se sent en sécurité. Il avait sans doute exprimé quelques doutes après avoir été invité à rejoindre le cercle restreint des disciples de Jésus et essayé de comprendre ce que signifiait son message. Ses doutes s'évanouissent quand il entrevoit ce que cet homme est capable d'accomplir. Pierre va prendre progressivement le leadership du groupe, au fur et à mesure des nouveaux éléments, ce qui lui permet de ne pas se sentir dépassé ou d'être effrayé par l'immensité de sa tâche. Une confiance parfois inébranlable, don propre au Six, lui permet d'avoir assez foi en lui pour agir sans se laisser dominer par la peur. Ce n'est que lorsqu'il se sent directement menacé qu'il laisse ses craintes l'envahir et qu'il fuit lorsque Jésus est arrêté et jugé.

Pierre possède des caractéristiques du Six, comme le sens du devoir, la loyauté, le respect des traditions et le travail acharné

Pierre

pour le bénéfice de la communauté. Il est intéressant de noter que parmi la longue lignée de papes qui succéderont à Pierre, beaucoup partageront ces caractéristiques : une figure d'autorité, de loyauté et de fidélité à leurs croyances et aux institutions, et une certaine obéissance à un code et à une histoire. Pierre est toujours représenté avec un trousseau de clés qui représentent les « clés du royaume », un symbole d'autorité pour les Six, ainsi que de sécurité et d'appartenance à une institution. Dans sa première épître, Pierre incite à respecter l'autorité quand il rappelle : « Soyez soumis, à cause du Seigneur, à toute institution humaine : soit au roi, comme souverain, soit aux gouverneurs, comme envoyés par lui pour punir ceux qui font le mal et féliciter ceux qui font le bien » (1 Pierre 2, 13).

Un Six s'identifie souvent à un groupe, il sait en apprécier l'intensité et le sens qu'il lui apporte. La Bible mentionne souvent le trio formé par Pierre, Jacques et Jean dans les Évangiles, indiquant qu'il s'agit sans doute du cercle le plus proche de Jésus parmi ses disciples. Pierre semble apprécier cette place particulière, non seulement au sein de ce petit groupe, mais également au niveau du cercle plus large de tous les disciples. Les quatre Évangiles témoignent de son statut d'autorité. Ce détail compte parmi les rares éléments que les quatre Évangiles ont en commun. Chacun contient en effet une version de sa profession de foi, certainement faite au nom de tous les disciples, où il déclare croire que Jésus est le Christ, le Fils de Dieu, le Messie annoncé par les prophètes (Matthieu 16, 16 ; Marc 8, 29 ; Luc 9, 20 ; Jean 6, 69). Les histoires et événements racontés dans la Bible nous sont parvenus grâce à une tradition orale qui avait pour but de les préserver fidèlement. Ceux qui nous ont été transmis à travers les siècles reflètent les croyances et suppositions fondamentales de leurs conteurs. Pierre avait de toute évidence un rôle central parmi ceux qui racontaient la vie de Jésus.

L'importance de Pierre est à nouveau mise en valeur lorsqu'il assume le rôle de guide des apôtres après la résurrection de Jésus. Dans les Actes (2, 14), il est écrit qu'il prend la parole avec assurance devant des foules de trois mille personnes. Il parle avec une conviction dépourvue d'agressivité et en convainc beaucoup de recevoir le baptême. Quand la foule est touchée par les enseignements des apôtres et que certains lui demandent ce qu'ils doivent faire, ils reconnaissent à Pierre un statut d'autorité. Il leur répond au nom de tous : « Repentez-vous, et que chacun de vous se fasse baptiser au nom de Jésus-Christ pour la rémission de ses péchés, et vous recevrez alors le don du Saint-Esprit » (Actes 2, 38).

Nous reconnaissons le travail qu'effectue le Six pour accepter sa place d'autorité au travers des différents épisodes de ce genre où Pierre apparaît. Celui-ci se concentre sur ce qui est bon en chacun et sur ce qu'ils doivent entendre et accepter. Parler aux foules avec tant d'audace va sans doute à l'encontre de ce que lui dicte son instinct de protection, il sait cependant que le message qu'il délivre est plus important que sa propre vie. Beaucoup de leaders assument ce genre de rôle, qu'ils s'adressent à douze personnes ou à trois mille, tous s'appuient sur un code externe, par exemple une constitution, pour régir leurs actions. Les leaders de type Six se raccrochent généralement à une autorité externe qui les affermit dans leur rôle et à laquelle ils font appel en cas d'incertitude. Pour Pierre, le risque de devenir un dictateur est bien moindre que celui d'oublier l'origine de sa véritable autorité, qui ne dépend pas d'un système extérieur mais réside dans sa conversion et son acceptation de la loi d'amour et de service de Jésus.

Quand Pierre perd Jésus de vue ou quand il se laisse dominer par ses peurs, il coule. Nous en avons d'ailleurs une illustration littérale quand il s'avance vers Jésus sur le lac pendant la tempête. C'est une représentation du mouvement vers les autres des personnes conciliantes (Matthieu 14, 28). Pierre aperçoit de loin Jésus qui marche vers son bateau et, au lieu de faire confiance à ce qu'il sait au fond de lui, qu'il s'agit bien évidemment de Jésus, il lui demande de prouver son identité : « Seigneur, si c'est bien toi, donne-moi l'ordre de venir à toi sur les eaux » (Matthieu 14, 28). Jésus sait à qui il a affaire, il sait que Pierre a besoin d'être soutenu. Il répond à son besoin de soutien de Six et il lui ordonne : « Viens. » Pierre réclame un ordre extérieur pour manifester sa foi et Jésus le lui accorde volontiers. Pourtant Pierre doute encore. Il sort du bateau, apparemment sûr de lui, avant de prendre conscience de la force du vent et de l'agitation des éléments qui mettent fin à son sentiment de sécurité intérieure, et il laisse la peur l'envahir. En Six, il se soumet à un ordre venant de l'extérieur, il écoute la tempête qui l'avertit que marcher sur l'eau est impossible. Il est dominé par sa lutte intérieure et il se souvient qu'il est en train de marcher sur l'eau, chose qu'il sait ne pas pouvoir faire.

Il se met donc à couler. Jésus lui tend la main et le sort de l'eau, ce qui nous indique que Pierre devait être presque arrivé à son niveau quand il a commencé à sombrer. Pierre avait presque atteint son objectif, mais il a douté au dernier moment. Le Six qui doute doit trouver un moyen de se relever afin de trouver sa véritable sécurité. Jésus tire Pierre vers lui, il le met en sûreté, et lui montre que ce sont son inquiétude et son incertitude qui l'ont tiré vers le bas : « Homme de peu de foi, pourquoi as-tu douté ? » (Matthieu 14, 31). L'aide nécessaire était à portée de sa main et Pierre a appris à avoir confiance dans le fait qu'on ne le laisserait jamais couler. Pierre passe de l'anxiété à la sécurité, de la confiance à la sérénité. Ce mouvement est essentiel au développement du Six et Jésus encourage Pierre dans cette voie.

Malgré leur proximité et le fait que Pierre comprend qui est Jésus, la tension menace la sécurité de Pierre et il nie connaître Jésus. Sa dénégation est certainement ce que l'on connaît le mieux de la vie de Pierre. Elle est si familière qu'elle résonne en nous et nous rappelle notre propre expérience lorsque nous avons déclaré notre fidélité éternelle à quelque chose ou quelqu'un, et réagi exactement comme Pierre à la moindre mise à l'épreuve. Ce très célèbre épisode figure également dans les quatre Évangiles (Matthieu 26, 33 *sq* ; Marc 14, 26 *sq* ; Luc 22, 31 *sq* ; Jean 13, 36 *sq*). Ce passage est aussi important que la profession de foi de Pierre. Ces deux épisodes illustrent parfaitement la difficulté que représente pour un Six la recherche de l'équilibre dans son dévouement. Ils sont tous les deux présentés comme des tournants décisifs dans la vie de Pierre.

On pourrait se demander comment Pierre est capable de renier une amitié telle que celle qui le lie à Jésus. Aux yeux de certains, une telle trahison peut même être pire que celle de Judas Iscariote qui livre Jésus aux autorités mais sans jamais avouer qu'il fait partie de ses disciples. La lâcheté de Pierre est en contraste saisissant avec ses affirmations précédentes quand il se disait prêt à donner sa vie pour Jésus (Jean 13, 37). Les doutes du Six sont présentés sous leur jour le plus extrême quand Pierre passe de la loyauté sans réserve à la terreur absolue.

Le Six est en quête d'appréciation, ce qui signifie qu'il risque de faire et dire tout ce qui pourrait lui permettre de nouer une amitié ou de s'attirer la sympathie de quelqu'un. Cette caractéristique s'ajoute à sa peur d'être abandonné, ce qui peut en partie expliquer l'attitude de Pierre. Sa grande déclaration de fidélité est une façon de dissimuler sa peur quand Jésus lui annonce : « Où je vais, tu ne peux pas me suivre maintenant » (Jean 13, 36). Pierre se sent perdu lorsqu'il est privé de contacts humains et en particulier celui de Jésus. Sans Jésus et les douze apôtres rassemblés autour de lui, Pierre sait qu'il se sentira coupé de la vie[28].

La pensée même de perdre son maître, d'être abandonné, terrifie Pierre plus que l'idée de la mort. Bien qu'il se dise prêt à mourir pour Jésus, le cœur de Pierre est encore celui d'un Six indécis, il n'est pas sûr d'être à la hauteur le moment venu. Il guette la réaction des autres pour savoir s'il doit fuir ou rester, réaction typique du Six. Un Six trop confus ou nerveux pourrait aller jusqu'à s'emporter violemment s'il ne trouvait pas de réponse à ce qu'il doit faire. Voilà qui explique la réaction agressive et inutile de Pierre lorsqu'il coupe l'oreille du serviteur du grand prêtre venu arrêter Jésus au jardin de Gethsémani (Jean 18, 10).

Le type de l'Ennéagramme qui nous correspond le plus ne nous montre pas ce à quoi nous sommes prédestinés, il décrit notre façon habituelle de réagir au monde. Comme les pigeons qui ont l'instinct de retourner à leur habitat habituel, nous tendons à faire demi-tour et à retourner chez nous quand le ciel tout entier s'ouvre à nous. Notre travail de transformation nous emmène dans des endroits inconnus, mais nous conservons notre réflexe de retrouver notre domicile. Le comportement de Pierre lors de l'arrestation de Jésus nous montre qu'il est « rentré chez lui », dans son schéma de Six en quête de sécurité, naviguant entre confiance et courage. Il reste assis dans la cour et attend des nouvelles du procès de Jésus qui se tient à l'intérieur. Jésus, la lumière du monde, a réchauffé son âme pendant trois ans et, à présent, il essaie de se réchauffer au coin du feu (Jean 18, 18). Il est tout près de Jésus mais ne parvient pas à franchir la distance qui les sépare. Cette fois-ci, Jésus n'est pas là pour venir à son secours.

Un proche de l'homme à qui Pierre à coupé l'oreille le reconnaît, mais Pierre n'est pas encore prêt à se confronter à la vérité, il nie connaître Jésus (Jean 18, 26). Après qu'il l'a renié trois fois, le chant du coq plonge Pierre dans le désespoir. Ce chant ramène à la réalité, il prend conscience qu'il doit affronter ses peurs et sa foi même en l'absence physique de Jésus pour le guider. C'est sans doute pour cela que Pierre s'exile, comme le mentionne l'Évangile de Jean. Pierre disparaît alors de l'histoire, et on ne le retrouve que le matin de Pâques quand il court voir le tombeau vide en compagnie de Jean. Nous ne savons pas ce qu'il advient de Pierre entre le procès et ce matin-là.

Pierre a certainement passé ce temps à lutter contre ses doutes, essayant de croire qu'il pouvait faire confiance à Jésus, mais trop terrifié à l'idée d'affronter la possibilité que Jésus puisse être faillible. De tous les sentiments qu'il a dû ressentir après avoir abandonné son ami, les plus insoutenables furent sans doute le remords et la culpabilité. Les Six ont besoin d'analyser leurs croyances et de déterminer si elles proviennent d'une autorité intérieure ou extérieure. Ce processus peut leur faire prendre conscience que les voix intérieures qui se disputent violemment en eux ne sont en réalité que les produits de leur imagination. Cette prise de conscience les aide à faire le silence dans leur esprit afin de déterminer quelle réponse est la bonne[29]. Pierre écrira par la suite : « Soyez sobres, veillez » (1 Pierre 5, 8) à propos de ce qu'il a appris de lui-même lors de ces longues heures de chagrin.

L'épilogue de l'Évangile de Jean (21) nous dit à quoi ressemble Pierre après qu'il s'est remis en question. Il est revenu à ce qu'il connaît le mieux, la pêche. C'est précisément là que Jésus le retrouve. Pierre et les autres pêcheurs n'ont rien attrapé et Jésus les appelle à lui faire à nouveau confiance et à jeter leurs filets une fois encore. Quand ils s'exécutent, leurs filets débordent de poissons. Jésus prépare Pierre à sa mission de pêcheur d'âmes, il lui enseigne que les choses ne sont pas toujours ce qu'elles semblent être et qu'une confiance totale portera ses fruits.

Jésus l'appelle de son ancien nom, Simon. Il revient au début pour lui rappeler sa confiance et sa foi initiales et lui apprendre à s'y fier. Lorsqu'il aperçoit Jésus au loin qui appelle ses disciples, Pierre saute dans la mer, suivant ce que lui dicte sa propre autorité : sa foi et sa confiance. Rien n'indique qu'il a peur. Cette fois-ci Jésus ne l'appelle pas comme il l'a fait auparavant sur le lac pendant la tempête, il n'en a pas besoin : Pierre arrive sur la terre ferme sans l'aide de Jésus. Pierre a été gêné quand Jésus lui a lavé les pieds lors du dernier repas, hésitant à voir celui-ci comme un serviteur ou un seigneur, mais lorsque Jésus prépare alors un repas pour ses disciples, Pierre n'émet aucune objection à se faire servir par son maître. Nous pouvons attribuer ces changements à la transformation qui s'opère dans les Six. Tout comme Pierre, ils apprennent à changer leur incertitude et leur tendance à réagir sous le coup de l'anxiété pour devenir plus stables, réceptifs et confiants[30].

Après leur avoir servi le repas, Jésus demande par trois fois à Pierre : « M'aimes-tu ? » Jésus sait comment aider Pierre à affermir sa foi. Il ne l'interroge pas pour des raisons émotionnelles, il ne demande pas à Pierre de décrire ce qu'il ressent. Jésus fait appel à la foi de Pierre en Dieu en sachant, tout comme lui, que le premier et le plus important des commandements est d'aimer son Dieu de tout son cœur, de toute son âme et de tout son esprit. Ainsi, Jésus demande à Pierre : « M'aimes-tu de tout ton cœur, de toute ton âme, et de tout ton esprit ? Ta foi est-elle renouvelée et affermie ? As-tu surmonté les doutes et les peurs qui pourraient te mener à l'oubli et au déni ? » Jésus donne à Pierre l'opportunité de se racheter de son abandon, il comprend également le besoin du Six de ne pas avoir peur pour prendre une décision ou professer sa foi. Le mot « aimer » que Jésus emploie dans ce passage provient du grec *agapè*, un amour qui induit un sacrifice de sa personne ; il s'agit de l'amour de Dieu et de l'amour des chrétiens les uns pour les autres. Pierre n'emploie pas le même mot dans sa réponse, il utilise le mot *philia*, qui signifie l'amour pour un ami ; il est encore incertain quant à sa foi en Dieu et son amour, il sait néanmoins qu'il veut retrouver l'amour de Jésus. La troisième fois, Jésus n'emploie plus le terme *agapè*, à la place il utilise *philia* et demande à Pierre s'il l'aime et si l'affection qu'il lui porte est celle d'un ami. Cette question blesse Pierre car, pour un Six, passer de l'amour de Dieu à un simple amour humain revient à dire que sa loyauté a régressé. Pourtant Jésus ne le lui reproche pas, il l'envoie « faire paître [s]es brebis » (Jean 21, 17), il attire son attention sur le corps autant que sur l'âme. Jésus connaît la peur et l'anxiété du Six, il retrouve Pierre dans ces angoisses et le tire doucement vers un affermissement de sa foi et de son courage. Les paroles qu'il répète donnent à Pierre la force de prendre en charge la communauté et de nourrir les fidèles. Il aide Pierre à instaurer une autorité intérieure solide dépourvue de peur tout en étant fidèle et tournée vers le Christ. Pierre grandit dans le rôle d'un guide fort et courageux : ses doutes se sont dissipés et sa foi est renouvelée. L'image qu'incarne Jésus est devenue celle de Pierre qu'il a intériorisée comme sienne.

Nous oublions parfois le côté berger qui est en Pierre. Dans les Évangiles, et en particulier dans les Actes des Apôtres, il est décrit comme un homme dévoué qui sait se montrer souple et mettre ses intérêts personnels de côté pour accepter les directives de l'Esprit qui le guide dans le développement de la communauté chrétienne. Paul explique dans son épître aux Galates (2, 11) qu'il a un différend avec Pierre à propos de la nécessité pour les nouveaux chrétiens d'accepter la loi de Moïse et en particulier sur son exigence à ce que les hommes soient circoncis. Pierre a manifestement été influencé par les Juifs chrétiens conservateurs et, faisant parti des types conciliants, il a pris le parti de croire que leur point de vue était le bon. Il soutient à Paul que les convertis doivent se soumettre à la loi de Moïse avant de pouvoir être baptisés. Paul lui oppose que les gentils devraient pouvoir entrer dans la communauté chrétienne sans avoir à subir la circoncision. Au cours de ce débat, nous ne retrouvons aucun signe du manque d'assurance que Pierre manifestait auparavant. Bien qu'il ne parvienne pas à imposer son idée, il reste ferme dans sa décision.

Certains trouvent qu'il est difficile de faire une concession lorsqu'ils sont confrontés à un tel différend. Celui-ci en particulier était d'une importance cruciale pour l'Église, autrefois comme aujourd'hui. Paul, qui est le porte-parole principal de Pierre, appartient également, on l'a vu, à un type conciliant, le type Un. L'Église, au début, est dirigée par deux hommes de profil conciliant qui sont sur un chemin de transformation et qui sont impatients de voir l'Esprit saint à l'œuvre. Ils sont prêts à obéir et ont parfaitement conscience de la présence de l'autorité divine dans leurs âmes.

Avant de rencontrer Paul à propos de leurs divergences au concile de Jérusalem en 50 après J.-C., Pierre a déjà autorisé l'Esprit à agir en lui et lui apprendre que « Dieu ne fait pas de favoritisme et, dans toute nation, celui qui le craint et qui pratique la justice lui est agréable » (Actes 10, 34). Quand les chefs de l'Église se rencontrent pour discuter du problème susceptible de créer un schisme, Pierre est capable de se soumettre aux arguments de Paul et d'accepter que les nouveaux convertis n'aient pas à devenir juifs avant d'intégrer la communauté chrétienne par le baptême. Dès qu'il peut discerner la direction que lui souffle l'Esprit, Pierre lui fait confiance et lui reste fidèle. L'obéissance de Pierre et de Paul se manifeste lorsqu'ils choisissent d'écouter l'Esprit et non pas leur ego.

Pierre prouve aussi que les Six respectent l'autorité et peuvent même devenir autoritaires quand la loyauté d'un membre de la communauté est remise en question. Un exemple en est la condamnation catégorique d'Ananie et de sa femme Saphire après qu'ils ont trahi la communauté (Actes 5, 1-11). Ils ont vendu des terrains pour le bien de la communauté mais ont gardé une partie de l'argent pour leur bénéfice personnel. Pierre sent l'entourloupe et les confronte en leur demandant : « Comment donc cette décision a-t-elle pu naître dans vos cœurs ? Ce n'est pas à des hommes que vous avez menti, mais à Dieu » (Actes 5, 4). L'accusation de Pierre provoque la dislocation de ce couple malhonnête : Ananie et sa femme s'effondrent puis meurent. L'indignation de Pierre ne vient pas du fait qu'ils ont défié son autorité, il est révolté par le mensonge qui ébranle l'unité de la communauté. Sa nouvelle autorité ne lui appartient pas, c'est celle de Dieu.

Il a ainsi dépassé ses doutes afin de devenir le vecteur de la volonté divine sur terre. Pierre dispense la guérison divine comme Jésus l'a fait avant lui. On place les malades alités sur le passage de Pierre afin que son ombre les effleure et qu'ils soient guéris (Actes 5, 15). Ce n'est pas Pierre qui les guérit mais bien son ombre, soit la part de lui qui n'apparaît que s'il est dans la lumière. Cette lumière est, bien entendu, celle du monde, celle qui anime et inspire Pierre pour la guérison du monde.

Pierre appartient au type Six mais il peut servir de modèle à tous ceux qui entreprennent un travail de développement personnel. Il fait partie des apôtres préférés, beaucoup voient en lui un aspect d'eux-mêmes qu'ils veulent loyal et fort et qui leur fait défaut dès qu'ils en ont besoin. Le côté Pierre en chacun de nous peut se montrer têtu et spontané, mais quand il découvre l'amour de Dieu, il apprend à devenir courageux et fidèle. Les mots que Pierre emploie dans sa seconde épître soulignent magnifiquement le mouvement du Six vers l'unité. Il écrit que la foi, très importante pour un Six, ne doit pas se suffire à elle-même, elle doit s'appuyer sur la charité et l'amour :

> « Faites tous vos efforts pour joindre à votre foi la vertu, à la vertu la science, à la science la tempérance, à la tempérance la patience, à la patience la piété, à la piété l'amour fraternel, à l'amour fraternel la charité. Car si ces

choses sont en vous, et y sont avec abondance, elles ne vous laisseront point oisifs ni stériles pour la connaissance de notre Seigneur Jésus-Christ. »

2 Pierre 1, 5-8

Les autorités intérieure et extérieure s'harmonisent dans une vie qui, comme celle de Pierre, est ancrée dans l'amour et porte les fruits de l'Esprit saint. Nous pouvons vivre l'expérience de la transformation de notre conscience comme Pierre au mont de la Transfiguration quand il pose sur la vérité un regard nouveau (Matthieu 17, 1-5). Cette prise de conscience peut nous aider à agir dans nos communautés qui ont tant besoin d'être nourries et guéries. La part de Pierre en nous nous permet d'accepter l'échec sans être abattus et de répondre avec un courage renouvelé à la voix qui nous appelle à nourrir les autres.

Prier dans l'esprit de Pierre
Psaume 25

Vers Toi, Yahvé, j'élève mon âme,
ô mon Dieu.

En Toi je me confie, que je n'aie point honte,
que mes ennemis ne se rient de moi !
Pour qui espère en Toi, point de honte,
mais honte à qui trahit sans raison.

Fais-moi connaître, Yahvé, Tes voies,
enseigne-moi Tes sentiers.
Dirige-moi dans Ta vérité, enseigne-moi.
C'est Toi le Dieu de mon salut,
en Toi tout le jour j'espère.

Souviens-Toi de Ta tendresse, Yahvé,
de Ton amour, car ils sont de toujours.
Ne te souviens pas des péchés de ma jeunesse,
et de mes révoltes.
Mais de moi, selon Ton amour souviens-Toi,
à cause de Ta bonté, Yahvé.

Droiture et bonté que Yahvé,
Lui qui remet dans la voie les pécheurs,
qui dirige les humbles dans la justice,
qui enseigne aux malheureux Sa voie.

Tous les sentiers de Yahvé sont amour et vérité
pour qui garde Son alliance et Ses préceptes.
À cause de Ton Nom, Yahvé,
pardonne mes torts, car ils sont grands.

Est-il un homme qui craigne Yahvé,
Il le remet dans la voie qu'il faut prendre ;
son âme habitera le bonheur,
sa lignée possédera la terre.
Le secret de Yahvé est pour ceux qui Le craignent,
Son alliance pour qu'ils aient la connaissance.

Mes yeux sont toujours fixés sur Yahvé,
car Il tire mes pieds du filet.
Tourne-Toi vers moi, pitié pour moi,
solitaire et malheureux que je suis.

L'angoisse grandit dans mon cœur,
hors de mes tourments tire-moi.
Vois mon malheur et ma peine,
efface tous mes péchés.

Vois mes ennemis qui foisonnent,
de quelle haine violente ils me haïssent.
Garde mon âme, délivre-moi,
point de honte pour moi : Tu es mon abri.
Qu'intégrité et droiture me protègent,
j'espère en Toi, Yahvé.
Rachète Israël, ô Dieu,
de toutes ses angoisses.

la mère

אם המכבים

des Maccabées

La mère des Maccabées

> « Ô mère de la nation ! Vengeresse de la loi ! Protectrice de la piété ! Victorieuse de la lutte qui se livra dans ton cœur ! »
>
> 4 Maccabées 15, 29

Comme nous l'avons déjà observé, le Six a pour vertu le courage, et sa peur fondamentale est celle de ne pas être soutenu. Les Six ont deux schémas de rapport à l'autorité ou à ce qui la représente : soit ils font preuve d'une loyauté à toute épreuve, soit ils adoptent une attitude rebelle. Dans un des livres des Maccabées, la mère des sept fils s'est approprié l'autorité en s'opposant aux oppresseurs des Hébreux. Elle a embrassé la cause et les croyances des Hébreux et s'est sacrifiée avec héroïsme tout en incitant sa famille à faire de même. Cette femme remarquable est le symbole même de la capacité des Six à prendre appui sur leur foi et leur loyauté pour se précipiter vers le danger au lieu de le fuir. Un tel comportement va à l'encontre de notre instinct de survie, mais pour les Six, la tâche, aussi ardue soit-elle, consistant à accepter leurs craintes et à les affronter peut servir de travail de transformation. Ils sont capables de s'ancrer dans l'instant présent et d'unir leur force avec celle qui leur vient de Dieu pour vaincre leur effroi en s'y confrontant directement. Cela ne signifie pas qu'ils sont immunisés contre la souffrance physique ou morale, mais qu'ils sont prêts à affronter les épreuves de la vie avec détachement, en maintenant un équilibre qui leur permet de rester centrés dans leur vraie personnalité.

La mère dans l'histoire des Maccabées préfère assister à la mort de ses sept fils plutôt que de les voir renier leur religion et adorer une idole. Elle peut nous servir de mentor qui nous apprend à affronter le danger et à vivre de notre foi (2 Maccabées 7, 1-42 ; 4 Maccabées 8, 18). Son histoire est l'une des plus émouvantes et déchirantes des Écritures[31]. Le récit lie son histoire à celle de Judas Maccabée et rappelle le courage et la bravoure des Juifs qui ont choisi de défendre leurs croyances et leurs lois malgré l'interdiction de la loi civile.

Tout commence au temps où Antiochos IV, aussi connu sous le nom d'Épiphane (Dieu manifesté), vient d'être couronné roi (175-164). À cette époque, les Juifs essayent de vivre dans le monde grec en conservant leur foi et leur dévotion au Dieu d'Israël et de la Torah. Antiochos est irrationnel, au point que ses ennemis le surnomment Épimane (l'insensé), et qu'il force les Juifs à renoncer à leurs lois sous peine de mort. Il profane le temple de Jérusalem, le dédiant à Zeus. Ce lieu devient le théâtre de scandaleux sacrilèges (2 Maccabées 6, 15 *sq*). Il ordonne que les Juifs soient arrêtés et qu'on les force à manger de la nourriture non cachère, exécutant tous ceux qui refusent d'obéir.

Parmi ceux qui sont arrêtés se trouvent une mère et ses sept fils. En refusant de se soumettre aux ordres du tyran Antiochos, cette mère, bien que faisant preuve de désobéissance civile, manifeste la qualité des Six à se montrer loyaux et en phase avec les commandements de Dieu. Lorsqu'un Six est centré, il peut se montrer tenace. Il devient alors l'incarnation de sa foi dans tout ce qu'il dit et fait. On qualifie souvent le Six d'« avocat du diable », et c'est certainement comme cela que la mère des Maccabées apparaît aux yeux de ses bourreaux. Elle résiste spontanément et avec vigueur à l'autorité extérieure qui exige d'elle qu'elle trahisse son autorité intérieure. Pour elle, autorités intérieure et extérieure ne font qu'une : obéir à la loi de Dieu revient à suivre ses convictions. Elle doit alors subir l'effroyable sort qui lui est réservé : assister à la torture et à la mise à mort de ses sept fils avant d'être elle-même exécutée. Les différentes versions divergent sur les détails de ce qui leur est arrivé, mais l'essentiel de l'histoire reste le même.

Comme nous avons pu le voir chez Jean Baptiste, le sentiment de sécurité des profils conciliants est inversement proportionnel à leur succès ; plus ils réussissent, moins ils se sentent stables et plus leur anxiété augmente[32]. La réciproque est possible : plus ils échouent, plus ils se sentent forts. Cela semble se vérifier dans l'histoire de la mère des Maccabées. Sa rébellion et celle de ses fils l'encouragent et lui procurent la force nécessaire pour affronter sa propre mort sans trembler. Elle ne montre aucune trace de l'incapacité du Six à décider de ce qu'il doit faire. Elle sait dès le début que la mort n'est qu'un petit prix à payer pour sa fidélité et son courage n'est pas entaché par la peur. La mère des Maccabées maintient en équilibre son amour pour ses fils et son amour immortel pour Dieu ainsi que sa fidélité envers la loi. La loi juive se fonde sur la conviction qu'il n'y a qu'un seul Dieu et qu'aucun autre ne doit être adoré ou suivi. Dieu est sa sécurité, et elle dépend entièrement de lui. Il faut rejeter les faux dieux, y compris les autorités hostiles. Pour un Six, la loi a une importance primordiale et la décision de cette mère dans ce contexte peut finalement être considérée comme un choix équilibré, souvent spontané chez les Six : elle met dans la balance son amour pour ses enfants et son devoir envers la loi de son Dieu. Elle sacrifie son instinct maternel en prenant une décision difficile : celle de suivre la loi, même au détriment de la mort de ses fils. Son héroïsme légendaire va devenir un exemple pour les générations à venir qui vont subir opposition et résistance à leurs croyances. Ce n'est pas représentatif d'une volonté de mourir par fidélité à Dieu, mais si avoir la foi doit conduire à la mort, ainsi soit-il ! On ne recherche pas la mort, mais elle reste une possibilité.

Cette histoire illustre beaucoup d'éléments du Six. Nous voyons la mère des Maccabées comme une personne sûre d'elle et d'une loyauté infaillible à Dieu et à sa loi. Certains Six démontrent leur obéissance par la provocation ou en donnant l'apparence d'être endurcis. Ce n'est pas le cas de cette mère qui est lucide et forte sans se montrer agressive. Si elle n'avait pas commencé son processus de transformation intérieure, elle aurait pu sombrer dans l'hystérie, voire dans le masochisme face à cette situation cruciale. Ses fils, comme le lecteur, ne la perçoivent probablement pas de cette façon, elle suscite chez eux une forte réaction de solidarité. Elle leur a sûrement donné une bonne éducation et beaucoup d'amour pour que l'intégralité de sa famille fasse preuve d'une telle dévotion à leur foi et au judaïsme. Sa famille se montre indéfectible alors même qu'elle est persécutée. Ils font bloc et sont disposés à se sacrifier en se soutenant mutuellement dans leurs épreuves.

Dans le quatrième livre des Maccabées figure une description macabre et complète de leur mise à mort. Le récit ne nous épargne aucun détail sur la manière dont les fils sont battus, torturés, écorchés vifs, démembrés et brûlés. Un des sept frères se jette lui-même dans les flammes, ce qui constitue une illustration frappante d'un Six allant au-devant du danger. La confiance des frères en leur sécurité intérieure et leur foi inébranlable en Dieu s'expriment au travers de leur courage et de leur force de caractère qu'ils conservent malgré l'issue tragique de leur histoire. Leur mère est glorifiée de les avoir incités à mourir au nom de leur foi : « Courage donc, ô mère à l'âme sainte, toi qui en Dieu possèdes un ferme espoir, soutien de ta patience ! » (4 Maccabées 17, 4).

Un Six peut être disposé à investir de son temps et de son énergie dans ce qu'il juge crédible et sécurisant. Un Six qui aurait fait du chemin dans son travail de transformation adopterait probablement une attitude semblable à celle, remarquable, de la mère des Maccabées. Quand il fait alliance avec des personnes de même croyance, le Six peut entrer dans une colère courageuse contre ceux qui le désapprouvent. Au cours de cette histoire, le défi de cette famille est adressé directement au tyran Antiochos. Ils l'appellent le « scélérat » (2 Maccabées 7, 9), lui disent que « pour toi il n'y aura pas de résurrection à la vie » (2 Maccabées 7, 14) et annoncent que Dieu « te tourmentera toi et ta race » (2 Maccabées 7, 17).

Les sept fils et leur mère sont convaincus et ils n'ont aucun désir de négocier. Bien que leur attitude puisse les faire passer pour des fanatiques, nous savons qu'ils n'agissent pas en fonction de leur désir de satisfaire leur ego mais qu'ils sont loyaux envers Dieu et aspirent à rendre gloire à son nom. William James pense certainement à un personnage similaire à la mère des Maccabées quand il mentionne que « notre jugement dernier qui évalue la valeur d'une telle vie dépendra très largement de notre conception de Dieu et du type de comportement qu'il attend de ses créatures[33] ».

Même si la mère des Maccabées est dévouée, responsable et provocante, son histoire a pour but de nous démontrer qu'un

Six corruptible se désintègre facilement en tombant dans la paranoïa. Chez un Six instable, la persévérance dans sa fidélité à la loi pourrait aisément submerger l'amour sincère et humain qu'il porte à sa famille et ses amis, à tel point que la mort de l'un d'entre eux entretiendrait son sentiment de droiture. L'histoire de la mère des Maccabées est similaire à celle de la *'akeda* (la « ligature » d'Isaac par son père Abraham). Ces deux récits ont souvent été utilisés afin d'apporter soutien et réconfort aux persécutés pour leur donner le courage de croire que leur mort plaisait au Dieu à qui ils souhaitaient obéir.

Il y a toutefois un aspect terrifiant si l'histoire est interprétée de cette façon. Comme dans la Genèse où Abraham croit qu'il va devoir sacrifier son fils Isaac pour prouver son amour et sa loyauté à Dieu, ce récit nous met mal à l'aise. Nous nous demandons comment un parent est capable d'assister à la mort de ses enfants (ou même d'en être la cause dans le cas d'Abraham). Comment un parent peut-il rendre gloire à Dieu dans une telle situation ? Comment réagit la mère des Maccabées qui est en nous confrontée à une pareille situation ?

Abraham apprend précisément cela au moment même où il va sacrifier son fils Isaac : il est frappé d'une inspiration ou révélation soudaine qui lui dévoile que Dieu ne veut pas de sacrifice humain et ne trouve aucun plaisir lorsque l'on ôte la vie[34]. Sa loyauté envers Dieu le rendait disposé à prendre la vie de son propre fils, et Dieu doit intervenir pour l'en empêcher. Il s'agit sans doute ici d'une des plus grandes transformations que notre part de Six peut vivre : abandonner nos idoles pour écouter avec humilité la voix du vrai Dieu qui nous demande de ne pas être violents les uns envers les autres. Il arrive que la fidélité à Dieu ou le refus des idoles conduise à mourir, mais nous avons la certitude que Dieu ne se réjouit jamais qu'un meurtre soit commis, même s'il est commis en son nom. Par conséquent, la dévotion et la loyauté des Six peuvent être des vertus comme elles peuvent mener au fanatisme. William James constate qu'une des manifestations d'une dévotion déséquilibrée est le fanatisme, une forme de loyauté poussée à l'extrême. Comment un dévot peut-il mieux manifester sa loyauté autrement qu'en se montrant loyal ? Il faut se révolter devant le moindre affront ou la moindre négligence, les ennemis de la figure divine sont des parias[35].

Afin de voir la mère des Maccabées comme un modèle de transformation pour le Six, il faut se concentrer sur sa volonté à surmonter sa peur ou son aversion naturelle pour ce dont elle va faire l'expérience. Elle sait que l'amour parfait a le pouvoir d'éliminer sa peur. L'amour qu'elle porte à ses fils n'est pas en opposition à celui qu'elle porte à Dieu. L'amour qu'elle ressent englobe ces deux formes d'amour qu'elle a transmis à ses fils de façon à ce qu'eux aussi placent une confiance infinie en Dieu et meurent dans la confiance et la sérénité. Elle n'arrête de les encourager que lorsqu'elle-même est mise à mort. Elle n'est pas épargnée par ce qu'elle incite ses fils à subir et sa mort la libère des interdictions de la loi de l'oppresseur qui ne la suit pas là où elle va. Il est vrai que peu d'entre nous auront à donner leur vie, au sens propre, pour leurs croyances (même s'il est malheureux de devoir préciser que c'est tout de même encore le cas de certains). Néanmoins, la loyauté du Six qui se trouve en chacun de nous nous aide à comprendre notre potentiel à persister dans la voie de la droiture.

Prier dans l'esprit de la mère des Maccabées
Psaume 127

Si Yahvé ne bâtit la maison,
en vain peinent les bâtisseurs ;
si Yahvé ne garde la ville,
en vain la garde veille.

Vanité de vous lever matin,
de retarder votre coucher,
mangeant le pain des douleurs,
quand Lui comble Son bien-aimé qui dort.

C'est l'héritage de Yahvé que des fils,
récompense, que le fruit des entrailles ;

comme flèches en la main du héros,
ainsi les fils de la jeunesse.

Heureux l'homme, celui-là
qui en a rempli son carquois ;
point de honte pour eux, quand ils débattent
à la porte, avec leurs ennemis.

En résumé

L'histoire de Pierre nous offre un excellent exemple de croissance spirituelle et de transformation. Il quitte son état initial d'inquiétude et d'insécurité pour se centrer sur le Christ et sa mission pour l'humanité. Ce guide audacieux et impulsif qui proclamait qu'il n'abandonnerait jamais Jésus même si tous les autres venaient à le faire finit par réfléchir sur sa trahison pour parvenir à une connaissance de lui-même plus profonde. Son arrogance obstinée et ses comparaisons critiques envers les autres qu'il jugeait moins fidèles ont fait place à l'humilité d'un homme qui peut dire à Jésus avec honnêteté : « Éloigne-toi de moi, Seigneur, car je suis un homme pécheur ! » (Luc 5, 8). Le chant du coq après qu'il a renié Jésus par trois fois a effectivement retenti comme une sonnette d'alarme pour Pierre. Il répond trois fois à l'invitation de Jésus qui lui demande de confirmer son amour par une phrase simple et humble : « Seigneur, tu sais tout, tu sais bien que je t'aime. » Par la suite, il incitera les autres à « veiller » (1 Pierre 5, 8). Avoir la preuve de l'amour immuable de Jésus lui permet de changer sa foi branlante en une foi solide comme un roc. L'« homme de peu de foi » (Matthieu 14, 31) n'a plus besoin d'autorité extérieure pour le guider, il peut à présent parler au nom de ses convictions qui proviennent de sa propre expérience de sa fidélité à Jésus. La part conciliante de Pierre n'est plus dominée par la situation extérieure, elle se laisse guider par son cœur. Il est enfin libre de prendre les initiatives qu'implique son rôle de chef, comme lorsqu'il se jette à l'eau spontanément, sans que Jésus le lui ordonne. Il est prêt à supporter n'importe quelle épreuve, y compris le martyre.

La mère des Maccabées est un archétype qui nous apprend qu'il existe une liberté plus grande que tout ce que succès et réussites terrestres peuvent nous apporter. Elle représente le don profond de la maturité spirituelle, ce pouvoir de donner la vie – d'une plus grande puissance que l'instinct maternel – qui relève du domaine de l'Esprit. Elle prouve que nous avons en nos cœurs la capacité d'être courageux, fidèles et déterminés à accomplir ce que nous savons être juste et bon. Cette mère est un symbole de la fidélité et de l'amour capables de surmonter les peurs et les angoisses de nos cœurs. Elle affronte un tyran insensé qui est persuadé d'avoir un pouvoir absolu sur la vie et la mort et elle démontre qu'il ne peut tuer que le corps et demeure impuissant face à l'esprit. À l'obéissance à une loi tyrannique humaine, elle oppose son obéissance à une loi divine plus grande grâce à sa conviction qu'aucun compromis n'est possible entre ces deux autorités. La mère des Maccabées nous invite à une introspection visant à discerner la loi gravée au fond de nos cœurs. Elle nous incite à découvrir dans notre Essence la source de la vraie sécurité dans tout ce que nous entreprenons avec un esprit de fidélité et d'amour.

3

Les profils assertifs

Les types Sept, Huit et Trois

« Plus que sur toute chose, veille sur ton cœur,
c'est de lui que jaillit la vie. »

Proverbes 4, 23

Les profils assertifs de l'Ennéagramme sont les types Sept, Huit et Trois. On appelle communément les Sept les « épicuriens », les Huit les « protecteurs » et les Trois les « battants ». Ces trois profils tendent à réprimer leur centre émotionnel. Leurs ressentis sont « gelés » et ne leur délivrent aucune information sur eux-mêmes ou sur le monde. Ils n'expriment leurs émotions que de façon indirecte et préfèrent s'appuyer sur leur centre mental ou leur centre instinctif pour communiquer avec les autres.

Les Sept sont plutôt enthousiastes et en mouvement, ce qui leur permet notamment d'éviter d'être touchés par la douleur ou la tristesse. Leurs sentiments se perdent souvent dans leurs rêves de multiples possibles qui leur évitent de vivre l'instant présent, là où se trouvent leurs sentiments. Pour les Huit, les sentiments sont mis de côté pour faire place à l'action, qui leur évite de se confronter à des sujets sensibles ou à leurs émotions. Les sentiments qui pourraient interférer avec leur assurance et leur indépendance sont dangereux. De plus, ils n'ont pas le temps de se soucier de ce que ressentent les autres car ils n'accordent aucun crédit aux informations liées aux émotions. Les Trois sont des battants qui aiment incarner l'image de la réussite et qui ajustent leurs mots et leurs actes à ce que l'autre attend. Ils attachent davantage d'importance à l'apparence des choses qu'à leurs sentiments. Ils éprouvent une certaine difficulté à nouer un lien émotionnel authentique car, à force de s'adapter à une image, ils peuvent se mettre à jouer un rôle sans même s'en rendre compte.

Ces trois profils ont en commun leur centre émotionnel réprimé. On les appelle « assertifs » car leur tendance est d'aller vers les autres. Ils agissent souvent impulsivement, en tenant moins compte des desiderata de l'autre que de leur propre désir. Un Trois choisira le meilleur endroit pour être vu, un Huit s'assoira à la place qu'il veut et un Sept se servira la meilleure part de gâteau. Nous avons tous, bien sûr, une part d'énergie assertive lorsque nous allons vers le monde, à la rencontre de l'autre, de projets ou de causes. Les types assertifs, eux, sont dans cette dynamique la plupart du temps. Ils veulent impacter le monde dans le sens qu'ils désirent et savent mettre de l'enthousiasme et de l'énergie dans leur démarche. Pour ces profils, le chemin de transformation consistera à réfréner leur première impulsion, à ralentir. Ils devront trouver l'équilibre dans lequel l'esprit intérieur, et non l'ego, libère leur énergie. Il leur faudra aussi apprendre à utiliser leurs sentiments pour apporter de la profondeur (pour les Sept), de la tendresse (pour les Huit) et de l'honnêteté (pour les Trois) dans leurs relations.

Quand ils ne s'investissent pas dans leur travail intérieur, les types assertifs sont souvent incompris car, comme ils sont centrés sur l'extérieur, leur monde intérieur demeure un mystère pour eux-mêmes et une véritable énigme pour leurs proches, même ceux qui croient les connaître. Les types assertifs ont tendance, volontairement ou non, à négliger les appels de leur vie intérieure pour concentrer leur attention vers leurs projets, leurs rêves ou leur progression sociale. Comme ils réussissent dans ces domaines, ils tendent à rester focalisés sur l'extérieur, oubliant ainsi de consacrer du temps à leur transformation.

Lorsqu'ils commencent à contacter leur centre émotionnel et à s'en servir, les types assertifs découvrent la saveur de l'émotion qui les maintient dans le présent. Ils découvrent alors qu'ils sont constitués d'au moins deux moi : un moi extérieur dynamique, sociable et ambitieux et un moi intérieur coupé de tout sentiment. Cette double conscience d'eux-mêmes peut créer de la confusion sur la nature du moi réel à un moment donné.

Nous avons tous fait ce genre d'expérience, mais pour les types assertifs, ces deux niveaux de conscience ne disparaissent jamais. La tension qu'elle génère et les conflits intérieurs qui en découlent leur permettent de gérer les contradictions mieux que quiconque. Leur désir de maîtriser cette situation pimente leur vie[1]. Ils croient que chaque obstacle peut être surmonté, qu'il soit social, intellectuel ou personnel. Là où les types conciliants sont toujours prêts à s'adapter aux défis que leur envoie la vie, les assertifs cherchent à les contrôler.

Nous retrouvons ces trois caractéristiques – le désir de maîtriser la situation, la tendance à aller vers les autres et le conflit entre les deux moi – chez les personnages bibliques choisis dans ce chapitre. Salomon croit qu'il peut utiliser sa sagesse pour dominer, et il lui semble que Dieu l'a conforté dans cette conviction. Il est savant, possède de nombreux biens, a beaucoup d'épouses et peut résoudre des problèmes difficiles, mais il va devoir apprendre à donner du sens au présent. La Samaritaine est dynamique et aimable, sa rencontre avec Jésus ne l'intimide pas et elle essaie même de garder le contrôle de leur conversation. Jésus, pour sa part, gère l'entretien en faisant honneur à sa nature assertive, tout en la mettant au défi de comprendre que la véritable maîtrise est la maîtrise de soi. La Cananéenne croit également qu'elle peut maîtriser la conversation avec Jésus. Au cours de leur discussion, elle le persuade qu'il ne peut faire aucune distinction entre les Juifs et les gentils quand il s'agit du pardon de Dieu. Marthe de Béthanie vit avec son « contraire », sa sœur Marie, et n'hésite pas à reprocher à Jésus son retard puisqu'il arrive chez elles après la mort de leur frère Lazare. Elle veut que Jésus lui rende la maîtrise de la situation, ce qu'il va d'ailleurs faire, mais d'une façon qui montre la voie vers l'unité et la paix intérieures. Saül, en tant que premier roi d'Israël, aborde son règne avec une maîtrise apparente de son rôle d'élu divin. Il se montre néanmoins incapable de maîtriser à la fois les armées d'Israël et son propre sentiment d'importance. De tous les personnages que nous évoquerons ici, il est le seul à avoir une fin tragique et nous pouvons lier son sort à la division de son moi intérieur qu'il ne sera jamais parvenu à réunir. À l'opposé de Saül, nous avons David, son successeur, qui démontre une grande maîtrise, tant pour la musique que pour ses talents militaires ou son rôle de roi d'Israël. Malgré tout cela, David est divisé au plus profond de lui-même par son désir de conquérir Bethesda dont le mari est encore en vie. La différence entre Saül et David réside principalement dans leur façon de réagir à la présence divine dans leurs vies.

Pour tous ces types assertifs, le centre le moins habité est le centre émotionnel, et tous préfèrent éviter de ressentir leurs émotions pour mieux s'atteler à la tâche à accomplir. Ce n'est que lorsqu'ils contactent enfin leurs émotions (par exemple quand le prophète Nathan révèle à David son péché et le met face à ses actes) que leur est offerte la possibilité de se transformer. Ils ont alors l'opportunité de prendre conscience de ce qu'ils fuyaient et de grandir vers plus d'intégration et de sainteté.

Si les types assertifs ne sont pas les seuls à vouloir maîtriser les situations, ils en sont néanmoins des modèles bien représentatifs. Ils sont souvent dans un conflit intérieur entre ce qu'ils désirent et ce qu'ils font. Comme l'ont souligné saint Paul, saint Augustin et beaucoup d'autres, nous avons souvent l'impression que deux forces s'opposent en nous, chacune tirant dans une direction ; celle qui a le pouvoir essaie de faire taire l'autre qui nous indique souvent la direction à suivre pour le bien de notre âme.

Pour ceux qui appartiennent à la triade assertive, le chemin de la transformation commence par l'intégration des émotions dans leur vie. Dès qu'ils auront franchi cette étape, ils découvriront la compassion, adhéreront enfin à la joie et apprendront à connaître la générosité. Leurs chemins d'évolution les mèneront vers un état d'être vertueux : la tempérance pour les Sept, la générosité pour les Huit, et la vérité pour les Trois.

TYPE SEPT : SALOMON ET LA SAMARITAINE

> « Cherchez dans l'esprit votre plénitude. Récitez entre vous des psaumes, des hymnes et des cantiques ; chantez et célébrez le Seigneur de tout votre cœur. »
>
> Éphésiens 5, 18-19

Les Sept sont des optimistes rêveurs. Leur vraie nature est d'être heureux et d'enrichir la vie de tous ceux qu'ils rencontrent. Les vertus auxquelles ils aspirent sont la tempérance et la modération car leur tendance naturelle est de trop vouloir de tout. Ils ne cherchent pas qu'une abondance matérielle, mais une abondance d'idées, de projets et de rêves. Les Sept appartiennent à la triade mentale de l'Ennéagramme. Ils sont sans cesse en train de prévoir et d'anticiper, il leur est difficile de rester concentrés sur l'instant présent. Leur travail spirituel consistera à rendre gloire à la création, à rendre grâce au moment présent et à répandre le bonheur dans tout ce que la vie leur apporte.

Grâce à leur énergie et à leur vivacité d'esprit, les Sept sont souvent décrits comme des personnes actives qui aiment s'amuser, que l'on recherche pour créer de l'ambiance à une fête. Ils peuvent cependant devenir frénétiques à cause de leur immense besoin d'être heureux et d'éviter de souffrir. La fuite de la tristesse est à l'origine d'un besoin irrépressible de remplir le moment présent. Être occupés, c'est éviter d'affronter les émotions qu'ils ont du mal à accueillir. Lorsqu'ils montrent leur côté bon enfant et extraverti, cela les rend faciles à aimer et masque souvent une profonde souffrance. Les Sept sont souvent vaguement conscients de la présence de cette douleur derrière leur comportement. Afin d'empêcher la souffrance de remonter à la surface, ils font tout ce qu'ils peuvent pour la dissimuler et l'éloigner de leurs préoccupations immédiates. D'où leur attitude orientée vers le futur et leur difficulté à rester centrés sur le présent.

Un regard extérieur perçoit toujours un Sept comme quelqu'un d'actif qui réalise des projets. Projets qui lui servent d'évasion et lui évitent d'avoir à faire face à ses blessures intérieures. Il se protège ainsi, au moins temporairement, de la souffrance. Il détourne avec habileté son attention et celle des autres pour les rediriger vers des projets, conformément aux usages de la triade assertive. Lorsque les Sept entreprennent leur travail spirituel, les rêves et projets qui leur servaient d'échappatoire sont transformés par le travail sacré, lui-même lié à l'interprétation biblique de la Sagesse en tant qu'agent créateur de Dieu [2].

Nous pensons souvent de la sagesse qu'elle est liée à l'esprit, qu'il s'agit d'avoir des pensées sages. Le centre mental des Sept est dominant, or la Sagesse biblique ne repose pas seulement sur la pensée, mais aussi sur la création. Dans les Écritures, la Sagesse est intimement liée à la création et à ses œuvres. Dans le livre des Proverbes, la Sagesse est personnifiée comme un aspect actif et créateur de Dieu, sans être assimilée à Dieu ; elle est créée par Dieu au début de la création. En hébreu (*hochmah*) comme en grec (*sophia*), le mot désignant la sagesse est un nom féminin). Elle déclare : « Yahvé m'a créée, tout au début de son activité, et avant d'entreprendre les plus anciennes de ses œuvres. » Elle décrit sa mission d'agent de Dieu qui façonna la terre, les montagnes, les cieux, et les océans (Proverbes 8, 23-31). Ainsi l'œuvre de Dieu dans le monde, que nous voyons dans toute la création, incarne aussi la Sagesse divine. La Sagesse est une manifestation de la volonté divine, comme mentionné dans les Proverbes (8, 29-31) :

> « Quand Il traça les fondements de la terre,
> j'étais à Ses côtés comme le maître d'œuvre,
> je faisais Ses délices, jour après jour,
> m'ébattant tout le temps en Sa présence,
> m'ébattant sur la surface de Sa terre
> et trouvant mes délices parmi les enfants des hommes. »

Elle œuvre dans le monde matériel comme dans le monde naturel, elle plane au-dessus de ses créations et veille à maintenir l'harmonie.

Lorsque nous parlons des Sept et du travail sacré, nous allons bien au-delà du sens ordinaire du travail en tant que gagne-pain. Le travail sacré se manifeste lorsque nous sommes en mesure de prendre la place qui nous revient dans la création et de devenir une image de l'œuvre de Dieu dans le monde[3]. Quand nous choisissons de construire notre maison dans la Sagesse, comme le livre des Proverbes nous incite à le faire, c'est la Sagesse elle-même qui agit à travers nous et non plus notre propre ego :

> « Et d'âge en âge, passant en des âmes saintes,
> elle en fait des amis de Dieu et des prophètes ;
> car Dieu n'aime que celui qui habite avec la Sagesse. »

Sagesse 7, 27-28

Le désir de maîtrise de soi, caractéristique des types assertifs, s'exprime sur le plan égocentrique sous forme d'un désir de contrôle et de puissance, une tendance quelque peu puérile. Toutefois, si ce désir suit la Sagesse, il devient le véhicule de l'œuvre de Dieu dans le monde. « Quittez la niaiserie, et vous vivrez, marchez droit dans la voie de l'intelligence » (Proverbes 9, 6). L'immaturité est égocentrique alors que le discernement laisse de côté les désirs de l'ego et voit chaque chose en vérité.

Nous voyons ce contraste chez les deux personnages choisis pour représenter l'espace Sept. Salomon et la Samaritaine sont préoccupés par de nombreux soucis. Ils tentent inconsciemment de fuir leurs désirs les plus profonds et finissent par les laisser remonter à la surface afin de les prendre en compte. Projets et réflexions leur servent à fuir leur vie intérieure et dissimulent néanmoins une certaine soif de Sagesse. Leurs deux histoires racontent comment Dieu les inspire et éveille leurs sentiments pour leur montrer la vraie nature du travail sacré.

Salomon
שלמה

Salomon

« Avec Toi est la Sagesse, qui connaît Tes œuvres
et qui était présente quand Tu faisais le monde. »

Sagesse 9, 9

Salomon succède à son père David en tant que roi d'Israël. Comme nous le verrons ci-après, son père était un roi aimé et bon, qui servait aussi bien Dieu que son peuple. Salomon a la tâche difficile d'assumer le rôle pour lequel son père l'a désigné car il y avait d'autres prétendants au trône. Sur son lit de mort, David a chargé Salomon de suivre la voie de Dieu et d'observer ses commandements afin d'être un bon roi et d'avoir lui-même un successeur (1 Rois 2, 2-4). Salomon aime Dieu (1 Rois 3, 3) et veut bien le servir mais il estime rapidement qu'il ne sait pas comment s'y prendre.

En tant que Sept, Salomon est habitué à utiliser son centre mental pour résoudre ses problèmes et savoir comment être un bon roi. Il décide d'aller à Gabaon, le plus haut des hauts lieux, et, illustrant le côté exubérant des Sept, il offre à Dieu mille offrandes en sacrifice (1 Rois 3, 5). Ce n'est pas ce que Dieu attend de Salomon, mais au lieu de lui reprocher son égarement, il choisit de lui apparaître dans un songe. Même si les Sept passent pour être des rêveurs, leurs rêves proviennent de leur esprit conscient ; au fond, ils rêvent d'objectifs qu'ils souhaitent atteindre. Cette fois-ci, Salomon ne peut contrôler ce rêve, qui vient de Dieu. Ce rêve le met en lien avec de profondes émotions qui n'interviennent que lorsque notre esprit conscient est endormi. Dans ce rêve, Dieu ne parle pas à Salomon de son offrande, il lui fait simplement cette invitation : « Demande ce que je dois te donner » (1 Rois 3, 5). Cette offre ressemble fort à celle d'un conte de fées, quand le génie de la lampe ou l'elfe rencontré dans les bois offre au voyageur de lui accorder un vœu de son choix en remerciement de son aide. Dieu choisit son moment pour que Salomon formule sa demande, pendant que son corps et son esprit sont endormis. Il ne reste plus à Salomon que son centre émotionnel pour trouver une réponse.

Ainsi privé de ses voies préférées, il est en mesure d'accéder à ses sentiments. La réponse qu'il fait à Dieu ne vient pas de sa tête, mais de son cœur. Il parle de l'amour de Dieu pour son père David. Amour qu'il a prouvé en permettant à son fils de s'asseoir à son tour sur le trône. Salomon reconnaît n'être qu'« un tout jeune homme, je ne sais pas agir en chef » (1 Rois 3, 7). Cette phrase est à prendre au sens figuré étant donné que Salomon est bel et bien un homme. Lorsque son centre émotionnel est actif, Salomon parle de ses relations, du fait qu'il dépend de Dieu, et de son propre besoin d'avoir une connexion émotionnelle avec lui, comme son père. Dès que cet accès est ouvert, Salomon redécouvre la liberté d'un enfant ; il demande sans hésiter « un cœur plein de jugement » pour diriger son peuple. Salomon a déjà un mental bien développé et demande d'ajouter à son esprit le don de discernement afin de pouvoir intégrer les émotions dans son jugement et avoir le recul nécessaire pour « discerner entre bien et mal » (1 Rois 3, 9). Cette réponse plaît à Dieu qui lui fait don d'« un cœur sage et intelligent » (1 Rois 3, 12) comme jamais il n'y en eut avant lui.

Le don de Sagesse sacrée que Dieu offre à Salomon lui permet alors de devenir un Sept transformé. Il reçoit également longue vie, richesses et honneurs, car quand nous sommes en contact avec notre Essence, toutes les pièces du puzzle s'emboîtent. Tandis que Salomon reçoit matériellement toutes ces choses, sur un autre plan il est question de dons spirituels et de richesses intérieures, de vie abondante et de vie éternelle. La prière de Salomon nous montre que prier n'a pas pour objet de modifier le dessein divin, mais de nous aider à devenir un canal au travers duquel Dieu nous donne tout ce dont nous avons besoin.

Juste après que Salomon a reçu le don de Sagesse sacrée, nous voyons comment il l'utilise pour résoudre le dilemme de l'enfant survivant (1 Rois 3, 16-28). Deux femmes affirment être la mère d'un même bébé, Salomon décide donc de demander une épée pour couper l'enfant en deux. Immédiatement, l'une des femmes, pleine de compassion pour son fils, renonce et dit que dans ces conditions, l'autre femme peut l'avoir. Celle-ci, en revanche, déclare qu'il est plus juste qu'aucune des deux ne l'ait et qu'il peut donc être coupé en deux. Salomon sait alors que la première est la vraie mère. Il sait cela grâce à son centre émotionnel tout juste éveillé et déjà actif. Il n'a pas demandé aux deux femmes de se défendre et a plutôt fait appel à leurs sentiments. C'est ainsi que la compassion de la mère lui a apporté la réponse qu'il cherchait.

Ces premiers incidents de la vie de Salomon lui confèrent le caractère d'un roi sage que Dieu a touché là où il en avait besoin pour se réveiller et employer sa sagesse pour le bien de son peuple. Une de ses plus grandes œuvres est la construction du Premier Temple. Pendant la quatrième année de son règne (960 avant J.-C.), Salomon entreprend d'élaborer des plans détaillés pour la construction d'un temple dédié à Dieu. Le premier livre des Rois nous donne tous les détails sur sa taille, les pierres utilisées pour sa construction, le bois qui tapissait les murs, les décorations du sanctuaire, les sculptures, l'entrée de la nef, les vitraux, les piliers, les bassins et même les lampes. Il faudra pas moins de sept ans pour le construire. Le projet est ambitieux, employant cinq cent cinquante contremaîtres (1 Rois 9, 23). Le temple sera le lieu de culte principal d'Israël jusqu'à sa destruction par les Babyloniens en 586 avant notre ère. L'élaboration détaillée des plans témoigne de la tendance du Sept à se projeter vers le futur ainsi que de sa capacité à planifier.

Le règne de Salomon finit par être marqué par la tendance à l'exagération des Sept : la construction du temple et d'autres grands projets. Comme un glouton qui ne se satisfait jamais d'une bonne chose à la fois, Salomon ne peut empêcher ses pensées de passer au projet suivant. Avant de commencer la construction du temple, il occupe son esprit en apprenant tout ce qu'il peut sur la nature, manifestation terrestre de la Sagesse divine. Il sait tout des arbres, des animaux, des oiseaux, des reptiles et des poissons, il écrit des cantiques, et dispense sa sagesse à ceux qui viennent à lui depuis toutes les nations (1 Rois 4, 32-34).

Parmi ces visiteurs se trouve la reine de Saba qui le met à l'épreuve en lui posant des « énigmes » et s'émerveille de sa capacité à y répondre (1 Rois 10, 1-6). Le désir de maîtrise de soi du Sept le mène à lui démontrer ses connaissances et ses exploits, Salomon la persuade de sa capacité à tout faire et affirme qu'il n'existe personne qu'il ne saurait convaincre[4]. Ceux qui rencontrent un Sept sont souvent surpris par leur dynamisme, leur enthousiasme, et leur capacité à mener plusieurs projets de front. C'est précisément ce que la reine ressent vis-à-vis de Salomon. Elle est ébahie devant son énergie, sa sagesse, sa demeure, la nourriture qu'il lui sert, son trône, ses serviteurs et leurs vêtements ainsi que ses offrandes (1 Rois 10, 4-6). Elle essaie de répondre par des présents comprenant « une abondance d'aromates telle qu'on n'en vit plus jamais de pareille » (1 Rois 10, 10). Mais même pour une reine il est bien difficile de rivaliser avec un Sept comme celui-là. Elle retourne dans son pays, après avoir satisfait ses attentes. Le Sept en Salomon est heureux d'avoir atteint son objectif d'impressionner la reine. Leur relation n'était toutefois pas fondée sur une quelconque intimité émotionnelle, mais sur des projets et des activités.

La construction du temple et du palais de Salomon s'étendit sur vingt ans (1 Rois 9, 10). Bien que Salomon, nous dit-on, ait suivi les instructions de Dieu dans la construction du sanctuaire, il pourrait aussi avoir été motivé par son désir de Sept de détourner son attention d'autres affaires. Le Salomon qui est en chacun de nous sait très bien à quel point il peut être tentant de se laisser submerger par la tâche à accomplir, non seulement pour la mener à terme, mais aussi pour éviter la douleur d'avoir à se confronter à d'autres problèmes, parfois plus urgents. Salomon entreprit de nombreux projets au cours de son règne, il est écrit qu'il « surpassa en richesse et en sagesse tous les rois de la terre » (1 Rois 10, 23). Il semblerait qu'il ait cherché à bâtir une nation d'Israël puissante et admirable aux yeux des nations environnantes. Nous constatons, là encore, que la tempérance n'était pas sa qualité première. Il fit construire une flotte de navires destinée à apporter de l'or des territoires étrangers (1 Rois 9, 26-28).

Il importa douze mille chevaux d'Égypte et posséda quatorze mille chars (1 Rois 10, 26). L'excès qui a le plus marqué son règne est sa passion pour les femmes. Malgré son mariage, pour raison politique, avec la fille d'un pharaon d'Égypte, il « aima beaucoup de femmes étrangères », soit environ un millier de femmes (1 Rois 3, 1). Cette débauche causa sa chute, car il est écrit que lorsqu'il se mit à vieillir, ses épouses le détournèrent de Dieu en lui faisant construire des sanctuaires en hommage à des dieux étrangers. L'auteur du Deutéronome, qui écrit bien après le règne de Salomon, fait référence à son caractère excessif en écrivant que quand Israël aura un roi, il ne devra pas acquérir de nombreux chevaux ou épouses pour lui-même, « ce qui pourrait égarer son cœur. Qu'il ne multiplie pas à l'excès son argent et son or » (Deutéronome 17, 17).

Cette gloutonnerie est souvent le résultat d'un vide intérieur. Dans sa quête de « toujours plus », Salomon cherchait à combler son vide par des moyens extérieurs plutôt qu'intérieurs, ce qui n'était pas le cas au début de son règne. Quand Dieu lui avait offert de demander ce qu'il souhaitait, Salomon avait demandé la sagesse pour être un bon roi. En tant que jeune homme, il était conscient de sa propre inexpérience du pouvoir et de son besoin de l'assistance divine. Qu'est-ce qui a bien pu le conduire à un tel besoin de satisfactions extérieures ?

Pour comprendre l'état intérieur du Sept, on peut assimiler la décision de Salomon de faire construire un temple à la gloire de Dieu à son désir de combler son vide. En voulant maîtriser la vie par l'utilisation de son centre mental, le Sept se raccroche à une image de soi idéalisée et, par conséquent, irréaliste. Par ses nombreux exploits et succès, Salomon avait le pouvoir d'impressionner les gens (comme la reine de Saba) sans engager de relation émotionnelle avec eux ; il reçoit leur admiration, mais pas leur amour. S'identifier à son image de soi idéalisée est une forme de narcissisme qui, dans le cas du Sept, lui permet de continuer à ignorer son profond sentiment d'incertitude[5]. Bâtir le temple a peut-être donné à Salomon un sentiment d'importance et la fausse impression que tout irait bien et selon sa volonté. Après tout, Dieu lui-même était allé dans son sens en lui accordant son désir de sagesse. Quand tout semble aller bien pour un Sept, il y a souvent un refus inconscient de prêter attention à ce qui ne va pas dans un domaine non encore maîtrisé, notamment celui des sentiments.

Les types assertifs utilisent mal leur centre émotionnel, ce qui se manifeste en général par les liens peu profonds qu'ils tissent avec les autres. Après la mort de Salomon, il est écrit que Jéroboam, son serviteur, se plaignit auprès de Roboam, nouveau roi et fils de Salomon, en lui disant : « Ton père a rendu pénible notre joug » (1 Rois 12, 4). Il est possible que Salomon ait cru que la construction du temple et de son palais était plus importante que le bien-être des ouvriers qui le construisaient. Nous savons que les Sept ont du mal à contacter leurs émotions. Dans ce sens, Salomon a peut-être également multiplié le nombre de partenaires féminines pour éviter les sentiments profonds que pourrait entraîner l'intimité avec une seule.

Les Sept entretiennent leur illusion de maîtrise de soi au détriment d'éventuelles relations profondes avec les autres et avec Dieu. Leurs excès peuvent même les détourner complètement de Dieu. La passion de Salomon pour les femmes étrangères qui apportaient avec elles l'idolâtrie de leurs dieux étrangers l'a ainsi éloigné de Dieu dans sa vieillesse (1 Rois 11, 9). Dieu ne rompt pourtant pas la relation qu'il avait établie avec Salomon des années auparavant en lui parlant en songe quand il n'était encore qu'un jeune roi. Il sait que le cœur de Salomon a besoin d'être touché et ne le punit pas pour ses difficultés émotionnelles. Toutefois, à la mort de Salomon, son royaume sera divisé, symbole d'un roi qui a été lui-même coupé de ses sentiments pendant une grande partie de sa vie.

Certains pensent que Salomon, en dépit de son apparente maîtrise des choses, a manqué à son devoir le plus important : celui de rester fidèle à Dieu. C'est en tout cas ce que l'auteur du premier livre des Rois semblait croire. Le fait que les histoires bibliques aient été écrites bien après les événements nous permet de prendre un certain recul. Le royaume ayant effectivement été divisé après la mort de Salomon, pour ceux qui croient en une justice divine vindicative, il ne peut s'agir que de la punition d'Israël pour les péchés de son roi. D'autres indices soulèvent la possibilité que Salomon ne soit pas mort rejeté de Dieu, mais qu'il ait finalement réussi à accomplir le travail de transformation propre aux Sept. Afin d'analyser cette éventualité, il nous faut nous pencher sur un livre que l'on attribue à Salomon dans sa vieillesse, l'Ecclésiaste.

Bien qu'il soit historiquement admis que Salomon n'en est pas réellement l'auteur, le personnage du Maître (qui figure dans quelques traductions comme le Prêcheur) parle par sa voix, celle d'un roi désabusé pour qui le plaisir se fane. On retrouve le « mouvement contraire » des types assertifs en Salomon qui va à contre-courant des façons de penser conventionnelles des gens de son temps. L'Ecclésiaste nous dépeint un Salomon plus vieux. Sa voix est celle d'un roi plus âgé et plus expérimenté, qui a vu beaucoup de choses et qui a ajouté à la Sagesse reçue de Dieu celle qu'il a acquise en observant le monde.

Salomon dit avoir essayé de se divertir par de nombreux plaisirs, une attitude typique du Sept pour éviter d'affronter la douleur de la vie. Après avoir tenté de faire durer le plaisir, il comprend le caractère éphémère de toute chose en cette vie. Il nous raconte que, pendant ses rêveries et l'élaboration de ses projets, il s'est bâti un palais et a planté des vignes, des jardins et des parcs. Il rassemblait de grandes quantités d'argent et d'or, et faisait appel à des divertissements musicaux et sensuels. Après avoir épuisé toutes ces possibilités, il finit par comprendre qu'aucune d'entre elles ne pourra lui fournir la réponse à la question de la raison de notre existence, ni expliquer pourquoi la douleur et la tristesse font inévitablement partie de la vie (Ecclésiaste 2). Nous voyons, dans sa quête, le schéma d'un Sept qui veut faire évoluer les choses et éprouve une certaine satisfaction à se projeter dans l'avenir, tout en utilisant ces activités pour atténuer la douleur et la tristesse de la vie.

Le personnage, un Salomon âgé qui nous parle par la voix de l'Ecclésiaste, s'exprime comme un Sept ayant accompli le travail de transformation. L'exubérance et la fanfaronnade du jeune roi ont fait place à la voix de ce vieux Salomon qui reconnaît la tristesse bouleversante qu'il a ressentie tout au long de sa vie. Le Salomon qui nous est présenté ici est enfin en mesure d'arrêter de se projeter dans l'avenir pour s'ancrer dans le moment présent. Il vit dans le monde réel, il est réfléchi et connaît la vraie sagesse. Il ressent calme et sérénité quand il comprend que « Dieu fait toute chose en son temps ; même il a mis dans leurs cœurs la pensée de l'éternité, bien que l'homme ne puisse pas saisir l'œuvre que Dieu fait, du commencement jusqu'à la fin » (Ecclésiaste 3, 11).

Le besoin irrépressible de prévoir a disparu. Si nous ne prenons même pas le temps de savoir ce que cela fait d'être « sous le soleil » (Ecclésiaste 8, 17), il est inutile de multiplier les projets ou de vivre dans l'avenir. Il est également inutile de s'inquiéter : « Va, mange avec joie ton pain et bois de bon cœur ton vin, car Dieu a déjà apprécié tes œuvres » (Ecclésiaste 9, 7). Il y a une beauté simple dans ces paroles qui n'incitent pas à éviter tout sentiment mais encouragent l'expérience d'émotions humaines profondes.

Salomon est prêt à faire face à la douleur de sa condition mortelle. Il s'est enfin décidé à se confronter aux incohérences de la vie qu'il ne peut maîtriser. Ce n'est pas une cause de désespoir, mais une simple acceptation des choses telles qu'elles sont. Salomon, en découvrant la vacuité du monde à force de courir après le vent, comprend que l'on se lasse de tout. Ce sont ces découvertes qui permettent d'accepter les douleurs et les défaites de la vie comme étant inhérentes au schéma naturel et cyclique du temps. Cette révélation est de celles que le Sept doit apprendre. Au lieu de se réfugier dans les excès qui le consument, il doit tendre à chercher la réalité dans le présent :

> « Il y a un moment pour tout
> et un temps pour toute chose sous le ciel.
> Un temps pour enfanter,
> et un temps pour mourir.
> Un temps pour planter,
> et un temps pour arracher le plant.
> Un temps pour tuer,

et un temps pour guérir.
Un temps pour détruire,
et un temps pour bâtir.
Un temps pour pleurer,
et un temps pour rire.
Un temps pour gémir,
et un temps pour danser.
Un temps pour lancer des pierres,
et un temps pour en ramasser. »

Ecclésiaste 3, 1-5

En reconnaissant qu'il existe des opposés à ce qu'il a accompli au début de son règne en matière de construction, de plantation et de ramassage de pierres, Salomon découvre qu'il y a également des moments pour déconstruire, déraciner et rétrécir. Il apprend que pleurer est aussi nécessaire que rire et que ses sentiments peuvent l'aider et non l'entraver dans son travail.

L'Ecclésiaste conclut avec un passage sur la mort en tant que fin des plaisirs de la vie, quand « la poussière retournera dans la terre, d'où elle est venue, et que le souffle retournera à Dieu qui l'a donné » (Ecclésiaste 12, 7). La tristesse du Sept est peut-être liée à la conscience de sa mortalité qui confère un caractère d'urgence à la vie. Il se sent contraint de vivre son existence en accéléré, bien qu'il sache que « la course ne revient pas aux plus rapides, ni le combat aux héros, il n'y a pas de pain pour les sages, pas de richesse pour les intelligents, pas de faveur pour les savants : temps et contretemps leur arrivent à tous » (Ecclésiaste 9, 11). Salomon a appris à ralentir et à reconnaître que la vie est faite de douleurs aussi bien que de plaisirs. « Mieux vaut un enfant pauvre et un sage qu'un roi vieux et insensé » (Ecclésiaste 4, 13), se référant peut-être à sa propre vie commencée dans la ferveur et la sagesse de sa jeunesse et terminée dans la folie.

Salomon sait que revenir à Dieu signifie mettre un terme à sa vie de divertissements : « Seulement vois ce que j'ai trouvé : que Dieu a fait l'homme tout droit, mais eux, ils cherchent bien des calculs » (Ecclésiaste 7, 30). Il a vu que retourner à la simplicité de notre origine divine implique d'abandonner ses tentations de complexité et de divertissements pour faire place à la Sagesse, l'agent créateur divin. Dieu envoie librement sa Sagesse à ceux qui la recherchent et la désirent, elle n'a jamais abandonné Salomon, elle l'a suivi aussi dans sa vieillesse. La transformation peut être commencée à n'importe quel moment de la vie et la sagesse et l'équilibre dont Salomon fait preuve dans sa vieillesse démontrent qu'il a bel et bien achevé ce travail. Il sait que, dans tous nos projets, il nous est impossible de rivaliser avec la vraie créativité, qui est à la fois notre origine et notre fin : « De même que tu ne connais pas le chemin que suit le vent, ou celui de l'embryon dans le sein de la femme, de même tu ne connais pas l'œuvre de Dieu qui fait tout » (Ecclésiaste 11, 5).

Salomon a enfin remis ses rêves et ses actes à Dieu qui, nous l'espérons, l'a accueilli avec bonheur dans le royaume des cieux. Royaume qui n'a d'ailleurs pas été construit par des mains mortelles, et où il n'existe pas de temple, pas même celui de Salomon.

Prier dans l'esprit de Salomon
Psaume 49

Écoutez ceci, tous les peuples,
prêtez l'oreille, tous les habitants du monde,
gens du commun et gens de condition,
riches et pauvres ensemble !

Ma bouche énonce la sagesse,
et le murmure de mon cœur l'intelligence ;
je tends l'oreille à quelque proverbe,
je résous sur la lyre mon énigme.

Pourquoi craindre aux jours de malheur ?
La malice me talonne et me cerne :
eux se fient à leur fortune,
se prévalent de surcroît de leur richesse.

Mais l'homme ne peut acheter son rachat
ni payer à Dieu sa rançon :
il est coûteux, le rachat de son âme,
et il manquera toujours pour que l'homme survive
et jamais ne voie la fosse.

Or il verra mourir les sages,
périr aussi le fou et l'insensé,
qui laissent à d'autres leur fortune.

Leurs tombeaux sont à jamais leurs maisons,
et leurs demeures d'âge en âge ;
et ils avaient mis leur nom sur leurs terres !

L'homme dans son luxe ne comprend pas,
il ressemble au bétail muet.
Ainsi vont-ils, sûrs d'eux-mêmes,
et finissent-ils, contents de leur sort.

Troupeau que l'on parque au Shéol,
la Mort les mène paître,
les hommes droits domineront sur eux.

Au matin s'évanouit leur image,
Le Shéol, voilà leur résidence !
Mais Dieu rachètera mon âme
des griffes du Shéol et me prendra.

Ne crains pas quand l'homme s'enrichit,
quand s'accroît la gloire de sa maison.
À sa mort, il n'en peut rien emporter,
avec lui ne descend pas sa gloire.

Son âme qu'en sa vie il bénissait
ira rejoindre la lignée de ses pères
qui plus jamais ne verront la lumière.

L'homme dans son luxe ne comprend pas,
il ressemble au bétail muet.

la Samaritaine

השומרונית

La Samaritaine

> « Dans l'allégresse vous puiserez de l'eau aux sources du salut. »
>
> Isaïe 12, 3

La Samaritaine du chapitre 4 de l'Évangile de Jean nous donne une autre perspective sur le Sept. Elle n'est pas riche et n'a pas un haut statut social comme Salomon. En fait, elle est son opposé. Pour un Juif, elle est étrangère car c'est une Samaritaine, un peuple que les Juifs évitent. Le fait qu'elle soit une femme lui confère également un statut marginal dans le monde patriarcal qu'est le Ier siècle de notre ère.

Nous en savons beaucoup moins sur elle que sur Salomon. Nous ne connaissons même pas son nom. Néanmoins, dans l'Évangile de Jean, les personnages anonymes sont généralement des archétypes. Ils sont anonymes car ils représentent le croyant universel de tous temps et de tous lieux. Jean précise à la fin de son Évangile que toutes les histoires qu'il a intégrées sont retranscrites afin de nous aider à croire en Jésus et à comprendre que la foi nous apporte la vie éternelle (Jean 20, 31). Nous avons ainsi déjà la clé de la compréhension des épisodes inclus dans son récit.

La Samaritaine s'ajoute donc à la liste des anonymes de l'Évangile de Jean, comme les serviteurs aux noces de Cana (Jean 2, 9), l'aveugle de naissance (Jean 9), le boiteux à la piscine Siloé (nous y reviendrons à propos du profil Neuf), et le disciple qu'aimait Jésus (Jean 13, 23). Ils nous donnent des exemples de conversion quand ils entrent en contact avec le Divin, et témoignent de la façon dont leurs vies se sont transformées à la suite de cette rencontre.

La femme qui rencontre Jésus au puits représente tous ceux qui veulent étancher leur soif spirituelle. En tant que figure du type Sept, elle appartient donc à l'un des types assertifs. Elle est dynamique et attachante, et ses pensées affluent avec rapidité et facilité. Comme Salomon, la Samaritaine semble posséder une certaine habileté à détourner l'attention de son moi profond. Alors que Salomon bâtit temple et palais, la Samaritaine, d'un milieu plus humble, a des moyens plus simples pour éviter de ressentir la douleur. Une des méthodes qu'elle a trouvées consiste à se rendre seule au puits à midi, moment où tous les autres sont déjà partis, évitant ainsi d'affronter leur rejet. Jean précise à quel moment de la journée cela se déroule pour souligner la transition entre le matin et l'après-midi. Ce moment marque un tournant dans le monde extérieur comme dans le monde intérieur de cette femme.

La tradition veut que la chute originelle d'Éden ait également eu lieu à midi, et Jean suggère l'existence d'un parallèle intéressant entre la femme et Ève. La Samaritaine vient au puits pour y puiser de l'eau, et Ève vient à l'Arbre de la Connaissance pour y manger son fruit. Les deux femmes souffrent : Ève est emplie de douleur tandis que la douleur de la Samaritaine, qu'elle réussit encore à ne pas ressentir avec son mécanisme caractéristique du Sept, est sur le point d'être libérée. C'est aussi à midi qu'aurait eu lieu la crucifixion de Jésus, et sa rencontre avec lui au puits est liée à la « chute originelle » d'Ève dans le jardin. Ces trois moments suggèrent un cataclysme de changements radicaux entre ce que les choses sont avant midi et ce qu'elles sont après. Ce simple détail que nous donne Jean nous invite à lire l'histoire de cette rencontre en tant que métaphore d'un événement majeur dans la vie du croyant.

Parce qu'elle est samaritaine, cette femme est considérée comme une étrangère par les Juifs. Jésus se trouve au puits avant son arrivée. Il est fatigué, assoiffé et s'est arrêté pour se reposer au puits dans les environs de midi (Jean 4, 6). Par ces quelques détails, Jean nous donne une mine d'informations. Il nous dit que le puits est appelé « puits de Jacob » et qu'il se trouve sur la terre que Jacob avait donnée à Joseph, son fils préféré. Il représente l'histoire d'Israël et de l'alliance que Dieu a scellée avec lui.

Dans les Écritures hébraïques, les puits sont souvent des lieux de rencontre où l'on célèbre des fiançailles. Rébecca, la mère de Jacob, se fiance à Isaac près d'un puits. Plus tard, Moïse rencontre sa femme, Séphora, devant un puits. Ainsi l'épisode du prophète qui rencontre la femme à un puits est déjà considéré comme un signe précurseur de mariage. Si la scène de l'Évangile de Jean avait suivi ce modèle, des fiançailles auraient été organisées entre Jésus et la Samaritaine. Ce n'est pas ce qui se produit littéralement, mais Jean nous invite à voir au-delà du sens littéral afin de comprendre la signification spirituelle des événements. Aucun mariage n'est célébré pendant la rencontre de Jésus et la Samaritaine, mais la femme en ressort transformée.

Dans cette histoire symbolique, nous rencontrons d'abord une figure du Sept non transformée qui se fuit elle-même. En tant que profil assertif, elle va à l'encontre de sa société et, en interne, à l'encontre d'elle-même. Elle connaît le fonctionnement du monde, c'est pour cela qu'elle se rend au puits à cette heure précise. La douleur qu'impliquent sa solitude et le rejet d'être une étrangère lui fait éviter toute occasion susceptible d'intensifier sa douleur. Dans son désir d'échapper à une quelconque confrontation avec ses sentiments, elle se rend seule au puits. Pourtant, Jésus est déjà là, assis et, sans dire un mot, il lui envoie une image de stabilité et de repos, attitudes que le Sept doit apprendre.

Ce détail est important car Jésus ne parvient pas à la sortir de sa solitude. Jean nous démontre en revanche une des vérités fondamentales à propos de notre rencontre avec la présence divine : où que nous allions, Dieu nous attend déjà ; il nous est impossible d'y échapper, et nous n'avons rien à en craindre.

La Samaritaine est sans doute surprise de constater qu'elle n'est pas seule au puits. Peut-être tente-t-elle d'ignorer Jésus, non par peur de parler à un étranger, mais à cause de la peur qu'a le Sept de devoir faire face à ses sentiments ou à sa douleur. C'est Jésus qui entame la conversation, ce qui, pour elle, est incroyable. Il ne semble pas se soucier du fait qu'elle soit non seulement une femme mais en plus une Samaritaine. En tant que Sept, la femme se dépêche sans doute de puiser son eau pour rentrer chez elle, penser à l'avenir et prévoir le reste de sa journée. Or, afin de commencer le travail de transformation, un Sept doit apprendre à ralentir, à être moins distrait mentalement et plus concentré. Jésus commence la conversation en portant l'attention sur un fait simple : il lui dit qu'il a soif. Cela la force à détourner son attention de ses préoccupations et à la porter sur lui, dissipant ainsi ses craintes de se faire immédiatement réprimander. L'honneur suprême que lui fait Jésus en s'occupant de son cas est déguisé en demande, ce qui la désarme et la dispose à faire quelque chose pour lui.

Demander de l'aide à un Sept revient à l'inviter à sortir de son schéma d'accumulation et d'aspiration à « toujours plus » (comme nous l'avons vu à travers les projets et constructions de Salomon) pour l'encourager à donner. La requête de Jésus oblige également la Samaritaine à se concentrer sur l'instant présent, et non sur l'avenir. Jésus n'intervient pas sur ses sentiments, il entre en contact avec elle en la mettant à l'aise, présentant leur rencontre comme une rencontre sociale normale, avec pour sujet une demande simple. Elle ne répond pourtant pas directement à cette demande. Au lieu de cela, incapable de rester dans l'instant présent, elle change de sujet et lui demande pourquoi lui qui est juif lui a demandé de l'eau à elle, une Samaritaine. Sa réponse est peut-être en réalité une moquerie, ce qui suggère qu'elle ne lui donnera pas ce qu'il demande pour que leur relation soit plus qu'une simple rencontre.

Au lieu de la forcer à rester ancrée dans l'instant présent en insistant pour qu'elle lui donne à boire, Jésus apporte une réponse sibylline à sa question et l'invite à réfléchir au sens littéral de sa demande. Il fait allusion à quelque chose appelé « eau vive » (Jean 4, 10) qu'elle pourrait obtenir de lui si elle le lui demandait. Cette réponse la met dans une position délicate. Elle peut soit mettre fin à la discussion en donnant à boire à Jésus et rentrer chez elle, soit lui demander de quoi il parle. En tant que Sept, c'est sa curiosité d'apprendre quelque chose de nouveau qui prend le dessus. Elle contourne l'offre de Jésus. Au lieu de lui demander directement de lui donner l'eau vive, elle élude une fois de plus en faisant remarquer à Jésus qu'il n'a pas de seau (Jean 4, 11). Son énergie de Sept est en mesure de suivre plusieurs idées à la fois, et à ce moment-là, elle n'est toujours pas disposée à ralentir pour se concentrer sur une seule chose. Elle n'attend pas que Jésus s'explique sur le fait qu'il n'a pas de seau et pose une autre question : elle lui demande s'il est plus grand que Jacob, qui leur a donné ce puits. Elle tient à conserver toutes ses options et à les considérer en même temps : la soif, l'absence de seau, l'eau vive, Jacob et ses fils, et une conversation avec un Juif.

Parmi les nombreuses réponses que Jésus aurait pu lui donner, il choisit la seule capable de ramener un Sept au présent, ce qu'il fait, paradoxalement, en lui parlant de l'avenir. Il sait que c'est là un sujet de prédilection pour elle, et c'est donc là que son travail de transformation peut commencer. Il attise également sa curiosité, car il sait qu'elle préférera se voir offrir une autre option. Il lui raconte que ceux qui boivent l'eau vive n'auront plus jamais soif, et que l'eau se transformera en lui en une « source d'eau jaillissant en vie éternelle » (Jean 4, 14). Pour un Sept, cela évoque une source illimitée de possibilités, d'excitations, et la meilleure eau imaginable. La Samaritaine est assez intriguée pour lui demander de lui donner un peu de cette eau.

En tant que personne de type assertif, la Samaritaine n'est pas timide, même si, au début, elle se méfie de lui. Elle s'investit de plus en plus, l'interrogeant et le défiant, brisant toutes les conventions sociales de l'époque. Il est pourtant évident qu'elle respecte Jésus en l'appelant « Seigneur », « monsieur » ou « Rabbi » (Jean 4, 15), elle n'est pas intimidée par son autorité ni par ses connaissances. Alors que son centre mental dominant continue de multiplier les possibilités et les opinions à propos de leur conversation, Jésus reste concentré et ne se laisse pas distraire par ses tentatives de manipulation intellectuelle.

Quand elle demande directement à boire un verre de son eau vive, elle se retrouve dans une situation de confrontation directe avec quelqu'un qui semble tout savoir d'elle et de son passé.

Pour répondre à sa demande, Jésus la retrouve aussitôt dans son espace de Sept, et il change de sujet ! C'est en tout cas ce qu'il fait en apparence car il lui dit tout d'un coup : « Va, appelle ton mari, et reviens ici » (Jean 4, 16). Pour la première fois de leur conversation, la femme semble prise au dépourvu. Elle répond qu'elle n'a pas de mari.

Pourquoi Jésus lui fait-il subir cela ? Pourquoi ne poursuit-il pas la conversation sur l'eau vive, qui est sûrement plus importante que son statut marital ? Peut-être sait-il qu'en tant que Sept, elle n'aime pas rester sur le même sujet trop longtemps. Peut-être veut-il qu'elle voie au-delà de l'eau qui étanche la soif physique ? Ou peut-être a-t-il besoin de mener leur conversation vers des pensées moins littérales pour lui parler de sa relation à Dieu ?

La réponse de la Samaritaine est équivoque. Un Sept doit apprendre à aller au cœur d'une question, alors quand Jésus lui confirme qu'elle a raison de dire ne pas avoir de mari, elle se croit peut-être débarrassée du sujet jusqu'à ce qu'il ajoute qu'il sait en effet qu'elle n'a pas un mais bien cinq maris (Jean 2, 1-11). Il confirme la vérité de ce qu'elle a dit tout en revenant à la question qu'elle souhaitait éviter. Les cinq maris de la Samaritaine sont peut-être une métaphore subtile des cinq livres de la loi de Moïse, la Torah, qui, dans le récit de Jean, est toujours présentée comme ayant échoué à apporter la rédemption et la plénitude de la vie. Ses cinq maris pourraient aussi être une allusion aux cinq peuples différents qui avaient chassé les Juifs en s'installant en Samarie sous le règne du roi d'Assyrie (2 Rois 17, 24 *sq*). Ces gens adoraient le Dieu d'Israël en même temps que leurs propres dieux, dont ils avaient placé les sanctuaires dans les hauts lieux de la Samarie.

Le thème du mariage est récurrent tout au long de l'Évangile de Jean, dès le début du ministère public de Jésus aux noces de Cana (Jean 2, 1-11). Juste avant la rencontre de Jésus avec la Samaritaine, Jean Baptiste le présente comme l'époux divin (Jean 3, 29). Nous avons déjà précisé que la rencontre au puits entre Jésus et la Samaritaine évoque une scène de fiançailles. Ainsi, quand Jésus l'interroge sur son mari, il s'enquiert surtout du niveau de son alliance spirituelle à Dieu. Cette idée n'est pas nouvelle dans la Bible, c'est un thème très présent dans une grande partie de la littérature hébraïque, dans laquelle Israël est décrit comme l'épouse de Dieu :

> « Ton Créateur est ton époux,
> Yahvé Sabaot est Son Nom,
> le Saint d'Israël est ton rédempteur,
> on L'appelle le Dieu de toute la terre.
> Oui, comme une femme délaissée et accablée,
> Yahvé t'a appelée,
> Comme la femme de sa jeunesse qui aurait été répudiée,
> Dit ton Dieu. »

Isaïe 54, 5-6

Israël n'est pas toujours fidèle à son époux divin et se laisse séduire par des dieux étrangers, mais Dieu finit toujours par reconquérir son peuple.

Comme Israël, la Samaritaine a été spirituellement infidèle. Elle a eu cinq maris, mais aucun d'entre eux n'est vraiment son mari car la loi de Moïse, comme celle des dieux des Samaritains, ne peut accomplir un mariage mystique avec le divin époux. La Samaritaine est confrontée à son absence de véritable mariage littéral ou spirituel. Elle est probablement également surprise, ce qui la pousse à tenter d'éviter une fois de plus un conflit intérieur douloureux en changeant de sujet. Elle crie à Jésus : « Seigneur, je vois que tu es un prophète » (Jean 4, 19). Elle ne s'attarde pas sur cette idée qui risquerait de déclencher une réponse de son centre émotionnel, elle se lance dans une digression pour savoir si Dieu doit être adoré sur cette montagne ou à Jérusalem (Jean 4, 20). Les types assertifs doivent maintenir une image d'eux-mêmes dont ils peuvent être fiers[6]. C'est ce que la Samaritaine essaie de faire, elle espère renvoyer une bonne image à Jésus en l'acclamant, lui qui est prophète, et en montrant qu'elle sait adorer Dieu.

Jésus ne se laisse pas distraire par ses artifices. Il tente à nouveau de la ramener à la réalité présente, au sens propre comme au figuré, en lui disant : « Mais l'heure vient – et c'est maintenant – où les véritables adorateurs adoreront le Père en esprit et en vérité » (Jean 4, 23). Elle devrait se concentrer sur le présent, mais elle ne peut pas ou ne veut pas intégrer cette réalité, et essaie encore une fois de se projeter dans l'avenir en répondant : « Je sais que le Messie doit venir… il nous dévoilera tout » (Jean 4, 25). Sa projection dans l'avenir l'empêche de voir qu'il est déjà en face d'elle en ce moment même, ce Messie qu'elle attend !

Jésus prononce ensuite les paroles qui vont finalement réussir à la ramener à l'instant présent. Il lui annonce : « Je le suis, moi, celui qui te parle » (Jean 4, 26). Comme lorsque Dieu avait annoncé à Moïse le nom divin de Yahvé, « JE SUIS » (Exode 3, 14), ce même nom divin a transpercé l'ordinaire et toutes les attentes pour les choses à venir, et a annoncé sa présence en tant que « présent éternel », constamment en mouvement et pourtant immuable. Cette fois-ci, enfin, elle ne sait que répondre. Le nom divin, qui se prononce à chaque instant dans le présent, calme ses inquiétudes pour l'avenir et la laisse sans voix. La seule réponse possible à ce nom divin est de l'accueillir en soi, d'accepter ce « JE SUIS » dans tout son être, sa tête, son cœur et son corps, et de se précipiter pour le dire aux autres. Son caractère impulsif a été transformé par l'expérience profonde de ce que signifie être présent à son cœur. Elle court raconter à son peuple qu'elle a rencontré le Messie. Ce faisant, elle oublie son seau au puits, détail merveilleux qui permet à Jean de montrer qu'elle sait qu'elle ne peut pas stocker l'eau vive pour l'avenir : elle vit au présent et ce présent doit être partagé avec les autres.

En tant que représentante du profil Sept, la Samaritaine est d'abord passée d'un sujet à l'autre jusqu'à ce qu'elle comprenne enfin ce que Jésus lui offrait. Quand elle comprend qu'il ne souhaite ni la critiquer, ni la juger, ni exiger d'elle une rencontre émotionnelle qui lui est impossible, elle est alors en mesure d'entendre parler de l'eau vive qui coule dans le présent éternel. Elle se laisse emporter par son enthousiasme et son excitation. Elle retourne en courant auprès de son peuple pour lui dire ce qu'elle a découvert. Il est impossible de retenir un Sept quand on lui montre quelque chose de nouveau et de merveilleux, il se précipite immédiatement dans cette direction, et cherche à entraîner les autres à le suivre. Sa hâte n'est plus une distraction, une fuite de la réalité ou de la douleur, elle devient un moteur de transformation qui pousse le Sept à courir à la rencontre des autres, rempli de joie, ce qui témoigne d'une transformation qui donne plus qu'elle ne prend. Le Sept reçoit ainsi l'eau vive de la source qui ne tarit jamais.

La rencontre de la Samaritaine avec Jésus se termine par une révélation de l'identité de celui-ci ainsi que de la sienne. Elle n'est pas rejetée ni abandonnée par Dieu, elle est en fait la bien-aimée appelée à vivre un mariage mystique au sein de sa propre âme. Il n'est pas étonnant qu'elle s'enfuie remplie de joie, abandonnant l'eau qui donne soif pour partager l'eau vive qui jaillit de son sein et lui donne une vie nouvelle. La douleur du Sept ne disparaît pas si on la dissimule ou l'ignore, elle s'atténue au contraire quand elle est acceptée et non fuie. En révélant son passé, son présent et son avenir au Messie, la Samaritaine est transformée. Cette femme anonyme est un exemple de ce que signifie devenir un disciple et de se fier à l'eau vive à chaque instant. La part Sept en chacun de nous doit s'inspirer de son exemple : apprendre à ralentir, accepter la douleur de notre passé, résister à nos distractions. Il faut laisser le nom divin nous transformer et nous guérir.

Prier dans l'esprit de la Samaritaine
Psaume 63

Ô Dieu, Tu es mon Dieu, je Te cherche dès l'aurore ;
mon âme a soif de Toi, ma chair languit après Toi,
dans une terre aride, desséchée et sans eau.
C'est ainsi que je Te contemplais dans le sanctuaire,
pour voir Ta puissance et Ta gloire.
Car Ta grâce est meilleure que la vie :
que mes lèvres célèbrent Tes louanges !
Ainsi Te bénirai-je toute ma vie, en Ton Nom j'élèverai mes mains.

Mon âme est rassasiée, comme de moelle et de graisse ;
et, la joie sur les lèvres, ma bouche Te loue.
Quand je pense à Toi sur ma couche,
je médite sur Toi pendant les veilles de la nuit.
Car Tu es mon secours, et je suis dans l'ombre de Tes ailes.
Mon âme est attachée à Toi, Ta droite me soutient.
Mais eux cherchent à m'ôter la vie :
ils iront dans les profondeurs de la terre.
On les livrera au glaive, ils seront la proie des chacals.
Et le roi se réjouira en Dieu ; quiconque jure par Lui se glorifiera,
Car la bouche des menteurs sera fermée.

En résumé

Salomon a fait de son discernement et de sa sagesse des vecteurs par lesquels il utilise le don du Sept pour le Travail sacré. En tant que jeune roi, il se laisse prendre par la profusion d'activités et la distraction caractéristiques du Sept. Il ne connaît pas encore le silence et la stabilité du cœur. Bien qu'il semble être resté englué dans le divertissement pendant une grande partie de sa vie, la voix du vieux roi présenté dans le livre de l'Ecclésiaste montre les fruits de la transformation de ce profil. Salomon a appris à faire face aux douleurs de la vie et ne se concentre plus uniquement sur les rêves futurs. Il sait que chaque chose arrive en son temps, et reconnaît que pleurer est aussi naturel que rire. En étant en contact avec la tristesse de la vie, il trouve de la joie dans les choses ordinaires du présent, comme manger ou boire et accomplir son travail avec plaisir. Il a suffisamment ralenti pour comprendre les peines et les plaisirs de la condition humaine, et il sait que la vraie créativité ne vient pas de la construction d'un temple mais de la libération de sa véritable Essence qui amène à prendre conscience de la joie contenue dans chaque instant.

La Samaritaine est également appelée à affronter la réalité du présent par sa rencontre avec Jésus. Elle apprend à dialoguer avec son divin époux, le bien-aimé que son cœur recherche.

Elle savait vivre avec ses contradictions et de multiples options, elle savait se maintenir toujours occupée et distraite avant que Jésus l'invite à cesser de fuir sa douleur et à se tourner vers son cœur. Elle découvre que son bien-aimé n'est pas quelqu'un d'extérieur qu'il lui faut chercher de tous les côtés, mais qu'il vit au plus profond d'elle-même, pareil à l'eau vive qui jaillit sans fin pour procurer nourriture et repos. Elle sait désormais que son cœur ne connaîtra plus jamais l'insatisfaction, et elle est prête à foncer non plus vers le divertissement, mais dans le présent pour apporter au monde la Bonne Nouvelle de l'eau vive.

TYPE HUIT : MARTHE ET LA CANANÉENNE

> « Mais c'est un devoir pour nous, les forts, de porter les faiblesses de ceux qui n'ont pas cette force et de ne point rechercher ce qui nous plaît. »
>
> Romains 15, 1

Les représentants du type Huit sont à la fois provocateurs et protecteurs. C'est le plus énergique des trois types assertifs. Les Huit sont sûrs d'eux, catégoriques et forts. Il est important à leurs yeux de sentir leur force, d'où leur peur d'avoir à subir l'autorité des autres. Ils sont situés dans la triade du corps, et leur mouvement vers les autres se traduit souvent par une opposition physique. Souvent, leur énergie remplit la pièce dans laquelle ils sont, et ils ont d'ailleurs tendance à prendre la direction des opérations en entrant. S'ils ne peuvent incarner l'autorité, ils vérifient qui la détient et si cette personne est fiable. Leurs vertus sont l'innocence et la simplicité et leurs passions sont la luxure et la vengeance. Il est dans leur nature de diriger et ils impactent souvent le monde avec puissance.

L'expression des Huit est directe, que ce soit dans leur espace de vie ou dans leur mouvement corporel. Ils se sentent concernés par les questions de justice, d'honnêteté et d'équité. Dans le meilleur des cas, les représentants du type Huit peuvent devenirs des leaders, des guides sûrs d'eux qui inspirent confiance. Ce sont généralement de bons travailleurs qui ne fuient pas la confrontation, au contraire. En revanche, les Huit plus instables peuvent être intimidants, voire se comporter en tyrans avides de pouvoir utilisant la violence, la brutalité et la méchanceté pour parvenir à leurs fins.

Comme les autres profils assertifs, le type Huit utilise mal son centre émotionnel. Cela se manifeste par une apparente indifférence aux sentiments ou l'air de n'avoir jamais besoin des autres. Il ne leur est pas facile de se montrer chaleureux, ils ont tendance à s'endurcir pour masquer le fait qu'ils sont eux-mêmes persuadés de ne pas être dignes d'être aimés[7]. Pour eux, les émotions sont des obstacles, ils préfèrent développer des relations par le biais d'idées ou d'activités communes plutôt que par un échange de sentiments[8].

Contrairement au Sept qui tente de parvenir à la maîtrise de soi en cherchant la satisfaction, le Huit essaie de maîtriser une situation en la dominant. Chez un Huit non transformé, cette caractéristique peut le rendre rancunier[9]. Il possède une certaine intensité et son énergie puissante est palpable pour les autres qui, fréquemment, ont tendance à s'éloigner ou à mettre de la distance avec lui. Les Huit moins conscients sont compétitifs dans leurs relations, ce qui peut se manifester sous forme de provocations verbales. Et s'ils perdent le contrôle, cette tendance peut se transformer en rage qui peut aller jusqu'à la violence physique.

Il est important pour le Huit de rester fort, mais il doit apprendre à accepter que les autres aussi aient le droit de se sentir forts. Son travail intérieur va lui apprendre à accueillir les opinions des autres, ce qui l'aidera à calmer son envie de se confronter, ainsi qu'à tempérer son sentiment d'urgence à régler un problème. Coopérer exige d'un Huit que ce ne soit pas toujours lui qui détienne le pouvoir. Lorsqu'un Huit a avancé sur son chemin de transformation et qu'il utilise sa force pour aider les autres, il n'y a pas d'obstacle qu'il ne puisse surmonter. Il doit changer son idée selon laquelle la relation aux autres se situe dans une confrontation entre « moi » et « eux » et prendre conscience que, dans une certaine perspective, il n'y a pas de séparation entre les personnes : toutes sont unies dans l'image divine qu'elles portent en elles.

Les deux personnages bibliques que nous avons choisis pour illustrer cet espace montrent leur assurance de Huit lors de leurs rencontres avec Jésus : Marthe de Béthanie et la Cananéenne (ou Syro-Phénicienne) qui discute avec Jésus de son droit à recevoir les bénédictions promises à Israël. Ces deux personnages sont des exemples du mouvement du Huit vers l'autre, quand il demande que justice soit faite. Ces deux femmes n'hésitent pas à s'engager dans une confrontation avec Jésus. Ni l'une ni l'autre ne veut parler de ses sentiments, mais les deux femmes sont déterminées à faire face à Jésus, précisément parce qu'elles sont en lien avec de profondes émotions. Pour Marthe, son frère Lazare vient de mourir et elle est triste et en colère contre Jésus qui n'est pas arrivé à temps pour le guérir. La Cananéenne va voir Jésus parce que sa fille est malade ; elle ne lui parle ni de son amour pour sa fille ni de sa peur de la perdre, elle demande simplement à Jésus de la guérir.

Ces deux femmes illustrent les caractéristiques d'agressivité, de puissance, de confiance en soi et de combativité propres à ce profil. Il est parfois difficile pour une femme d'être dans l'espace Huit parce que, chez une femme, ces particularités ont tendance à la marginaliser, sans compter que ces critères ne correspondent pas à la définition, généralement admise, de la féminité. Marthe et la Cananéenne nous appellent à redéfinir notre notion de la féminité en y incluant la confiance en soi, la lucidité et le droit d'affirmer fortement son point de vue. Dans leurs deux histoires, Jésus approuve et récompense leur attitude. Il les retrouve dans leurs points forts et leur permet de les utiliser pour guérir les autres.

L'« idée sainte » correspondant à l'espace Huit est la vérité sacrée. Cette vérité sacrée nous rappelle que nous ne devons pas nous montrer injustes. Nous ne pouvons pas, en toute intégrité, dire que certaines manifestations de Dieu sont sacrées et d'autres pas, ou que certaines personnes sont plus importantes que d'autres aux yeux de Dieu[10]. Ceux qui ne peuvent imaginer Dieu que comme quelqu'un de gentil pourront avoir tendance à rejeter le pouvoir de confrontation des Huit et à le considérer comme un canal secondaire de la volonté divine. Au contraire, les Huit nous montrent le côté fort, puissant et juste de la présence divine dans notre monde, ce qui fait d'eux des manifestations de la vérité sacrée.

Marthe apprend qu'il n'y a pas de séparation entre la vie et la mort et la rencontre de la Cananéenne avec Jésus nous montre qu'en effet Dieu n'a pas de favoris. Ces deux femmes illustrent le fait qu'entrer en présence du Divin signifie renoncer à son contrôle personnel pour permettre à l'Esprit de se déplacer librement et de dispenser guérison et vie.

Marthe

> « Oui, Seigneur, je crois que tu es le Christ,
> le Fils de Dieu, celui qui vient dans le monde. »
>
> Jean 11, 27

Le fait que l'on considère Marthe de Béthanie comme une Huit pourrait surprendre ceux qui ne la voient que comme la femme qui fait la cuisine pendant que sa sœur Marie reste à écouter Jésus, assise à ses pieds. Ceux qui ne la voient pas autrement pensent sans doute qu'elle ressemble plus à une figure du profil Deux, prête à rendre service. Toutefois, dans cette histoire, et en particulier lorsqu'elle rencontre Jésus après la mort de son frère Lazare, nous pouvons voir en elle une provocatrice, en tout cas quelqu'un qui s'oppose facilement aux autres. Elle agit en fonction de son centre corporel et éprouve une certaine difficulté à utiliser justement son centre émotionnel dans ses relations. C'est pour ces raisons que nous l'avons choisie comme représentante de l'archétype Huit.

Selon Luc (10, 38-42), Jésus arrive chez elle et Marthe l'accueille dans sa maison. Le récit de Luc indique clairement qu'il s'agit bien de la maison de Marthe, qu'elle partage avec sa sœur Marie. Elle est probablement l'aînée et c'est elle qui est en charge de la maison, qu'elle ait choisi ou non d'assumer ce rôle. En accueillant Jésus, Marthe montre qu'elle possède l'autorité du Huit. Elle doit avoir l'habitude d'assumer toutes sortes de responsabilités, ce qui lui a permis d'acquérir certaines qualités : elle a le sens pratique et se montre accueillante.

Nous sentons également en Marthe un indice du moins bon côté du Huit qui cherche à dominer ou à se rebeller. Lorsque Jésus arrive, sans doute suivi d'un groupe de disciples, Marthe s'affaire dans la cuisine pour préparer le repas. Les Huit aiment bien s'occuper des autres, non pas en les servant mais parce qu'ils trouvent du plaisir dans les conversations intenses, voire dans les débats sur des sujets importants. Marthe est donc contrariée de manquer la discussion animée qui se déroule dans l'autre pièce alors que sa sœur en est au cœur. C'est pour cette raison qu'elle se plaint à Jésus au sujet de sa sœur qui ne l'aide pas (Luc 10, 38). Il est intéressant de noter qu'elle ne se plaint pas directement auprès de Marie, mais préfère en parler publiquement en faisant appel à l'autorité de Jésus, particulièrement attrayante pour un Huit par sa force et sa maîtrise de soi.

Chez les représentants du type Huit, le désir de maîtrise de soi prend la forme du désir de décider seul comment utiliser le temps passé ensemble. Si on le leur refuse, les Huit peuvent devenir irritables ou même se renfrogner[11]. Marthe avait sans doute prévu d'offrir autrement son hospitalité à Jésus, peut-être souhaitait-elle lui servir du vin en l'invitant à discuter de justice et de vérité. Peut-être aurait-elle voulu, elle aussi, s'asseoir aux pieds de Jésus si Marie lui avait offert son aide dans ses « nombreuses tâches ». Au lieu de cela, elle se retrouve surchargée de travail dans sa cuisine et ressent colère et rébellion contre cet état de fait. Les Huit n'aiment pas être contrôlés par d'autres et, dans ce cas, Marthe a

Marthe

pu se sentir complètement dominée par la situation. Ses caractéristiques d'impulsivité et d'intensité ont fait monter sa colère et son sentiment d'injustice.

Marie, quant à elle, se contente de rester assise aux pieds de Jésus et de l'écouter. La plupart des interprétations de cette histoire donnent une hiérarchie entre Marthe et sa sœur dans laquelle Marie s'en sort avec « la meilleure part » (Luc 10, 42). Bien que Marthe soit considérée comme un exemple utile et même indispensable pour nos vies ordinaires, elle représente souvent la vie active supposément inférieure à la vie contemplative. Cette hypothèse mérite réflexion, car elle sous-entend que le corps est inférieur à l'esprit et au cœur. Les grands enseignements spirituels vont dans le sens de l'Ennéagramme en affirmant que le corps, l'esprit et le cœur doivent former un ensemble équilibré, et que si l'un des trois n'est pas en accord avec les autres, la personne tout entière va souffrir. L'auteur du *Nuage de l'inconnaissance* dit de Marthe : « Ce qu'elle a dit, elle l'a dit de façon courtoise et succincte. Elle doit en être complètement exonérée[12] ! »

En tant que Huit, Marthe apporte la composante du corps dans l'histoire. Voir Marthe dans son statut de Huit apporte un éclairage important sur son caractère. Au cours du siècle dernier, la valeur d'un christianisme socialement actif et conscient des questions de justice et de service aux autres a été redécouverte et a retrouvé un statut de complément nécessaire à la vie de prière. Le rôle de Marie, qui se contente d'écouter, ne suffit pas. Il nous faut reconnaître que Marthe et elle vivent ensemble dans la même maison, elles sont complémentaires et aussi essentielles l'une que l'autre. Au niveau de la métaphore, cela nous dit que pour Marthe, se reposer et écouter constitue un défi, tandis que pour Marie, c'est se lever et aider en cuisine qui est difficile. D'un point de vue spirituel, les deux sœurs représentent deux aspects différents d'une seule personne. Comme le yin et le yang dans les philosophies orientales et leurs principes d'équilibre et d'unité, nous aspirons à avoir en nous ces deux vies à la fois. La conscience extérieure de la Marthe en nous doit être modérée par l'intériorité de la Marie qui est en nous. De plus, ces femmes ont toutes les deux besoin de rester concentrées sur la présence de Jésus au cœur de leur maison, qui est une métaphore pour notre être. Si l'âme est centrée sur la présence divine, il n'est rien qui puisse s'interposer entre elle et Dieu, car elle est déjà unie à Dieu. Chez un Huit transformé, comme chez tous les autres types transformés, l'action et la contemplation s'intègrent si bien que la présence divine n'est jamais très loin.

La brève mention de Marthe et de Marie dans l'Évangile de Luc suggère également le thème allégorique du soi désuni. Jésus dit à Marthe : « Tu te soucies et t'agites pour beaucoup de choses » (Luc 10, 41). Son constat ne peut être minimisé ou ignoré. L'inquiétude et la distraction sont des poisons pour la vie spirituelle. Chez les Huit, l'inquiétude provient de leur trop grande anxiété et de leur activité excessive. Certains suggèrent même que les Huit se complaisent dans l'anxiété voire en tirent un certain plaisir, profitant de l'intensité qu'elle leur procure[13]. Peut-être est-ce cela que Jésus discerne en Marthe, l'invitant à reconnaître sa vulnérabilité et à lâcher prise.

Jésus ne dit pas qu'effectuer de nombreuses tâches à la fois est mauvais, il dit que la distraction éloigne une personne de son centre. La distraction implique que l'on est détourné de quelque chose, ce qui indique une séparation dans notre perception. Si notre conscience est déviée de notre centre, nous ne sommes pas là où notre âme a besoin d'être, c'est-à-dire en union avec notre centre divin. La distraction et l'inquiétude relèvent de l'ego. Le fait de devoir recentrer son attention pour percevoir la nature unitaire des choses ne concerne pas que les Huit, nous avons tous à relâcher les préoccupations de l'ego pour mieux accueillir la présence divine dans notre « maison ».

Jésus va jusqu'à dire à Marthe que Marie a choisi la « meilleure part », il ne s'agit pas d'un hasard. Marie écoute ce que Jésus lui dit. Sans cette attention et cette disponibilité, les tâches extérieures que nous entreprenons sont sources de distraction ou d'inquiétude. Marthe, elle aussi, peut choisir la meilleure part sans forcément cesser son travail dans la cuisine. Elle peut autant se mettre en présence du Divin avec ses marmites et ses casseroles que lorsqu'elle est absorbée dans la prière silencieuse. La meilleure part ne sera et ne peut pas être retirée à celui qui l'a choisie parce que tout est alors perçu comme inséparable de l'unité de Dieu. Comme rien n'est extérieur à Dieu, il est impossible d'être séparé de notre meilleure part ou de la perdre. Si les Marthe et Marie qui sont en nous sont à l'écoute de la présence divine qui est au centre de notre maison, accomplir les tâches de servir, faire la vaisselle, méditer, ou simplement couper des carottes se fait dans une conscience permanente de la présence de Dieu dans tout ce que nous faisons.

Dans l'Évangile de Luc, l'histoire de Marthe et Marie suit la parabole du bon Samaritain, une juxtaposition particulièrement intéressante, en réponse à la question : « Qui est mon prochain ? » que pose un homme de loi qui voulait « se justifier » (Luc 10, 29). Jésus répond en racontant la célèbre parabole en expliquant que le prochain, c'est celui qui arrête ce qu'il était en train de faire pour aider l'autre. Le besoin de se justifier de l'homme de loi est en contraste frappant avec la question de Marthe sur la justice. L'avocat a auparavant demandé à Jésus ce qu'il faut faire pour obtenir la vie éternelle (Luc 10, 25), et semble surtout intéressé par les réponses légalistes qui ne nécessitent pas de transformation du cœur. Marthe, en revanche, exige de Jésus la justice, non pour paraître bien, mais parce qu'elle en a besoin. Comme le bon Samaritain de la parabole, Marthe se sent concernée par les déséquilibres sociaux. Elle nourrit les affamés et satisfait leurs besoins. Les deux histoires font écho au désir de justice du Huit et montrent que le bien que l'on fait doit prendre racine dans la miséricorde, l'amour et la présence divine qui transforme le cœur. Lorsque Marthe se plaint de sa sœur, elle représente le besoin d'équité des Huit, ainsi que leur tendance à se battre pour l'assouvir, leur assurance provenant du bien-fondé de leur requête.

Ces caractéristiques sont une partie importante de l'histoire de Marthe, mais elle va à nouveau rencontrer Jésus, une rencontre que l'on connaît moins et qui est pourtant bien plus significative. Il s'agit de son comportement remarquable à la mort de son frère Lazare. Dans le récit des événements de l'Évangile de

Jean, Marthe va à la rencontre de Jésus, lui reproche de ne pas être arrivé à temps, puis est amenée à lui professer sa foi et affirmer avec audace que Jésus est véritablement le Christ (Jean 11, 27). Cette profession de foi échappe à bon nombre de gens, sans doute parce qu'elle est semblable à celle de Pierre qui a pris historiquement plus d'importance aux yeux des chrétiens. La profession de foi de Pierre est élaborée grâce à ses qualités de leader du type Six. Pour Marthe, sa profession de foi, bien que semblable à celle de Pierre, nous fournit un exemple de ce qu'est un Huit véritablement transformé.

Comme dans l'histoire précédente de l'Évangile de Luc, nous la voyons retourner se plaindre auprès de Jésus que les événements ne se sont pas déroulés comme elle le souhaitait. Elle illustre à nouveau le mouvement du Huit vers les autres. Elle se confronte à Jésus en lui disant sa conviction que s'il s'était rendu à Béthanie plus tôt, il aurait pu empêcher la mort de Lazare. Marthe et Marie avaient envoyé un message à Jésus expliquant que Lazare était malade, et pourtant il n'est pas venu tout de suite. Jean nous dit que « Jésus aimait Marthe et sa sœur et Lazare » (Jean 11, 5). Marie n'est même pas citée nommément dans ce passage, ce qui centre le récit sur Marthe. Elle est placée au premier plan, annonçant au lecteur que notre attention doit rester sur elle avant que nous voyions ce que Jésus va faire pour Lazare.

Lorsque Marthe apprend que Jésus est enfin en route, elle va à sa rencontre, alors que Marie reste à la maison (Jean 11, 20). Cette situation reproduit le précédent schéma de l'Évangile de Luc, dans lequel Marthe était active dans la cuisine tandis que Marie restait tranquillement à l'arrière-plan. On la voit beaucoup plus dans ce passage, têtue, voire passionnée par sa rencontre avec Jésus. On entend même une certaine impatience dans le discours qu'elle lui tient. La première chose qu'elle laisse échapper, c'est que si Jésus avait été là, Lazare ne serait pas mort (Jean 11, 21). Le verbe conflictuel du Huit se retrouve clairement dans cette rencontre : pas de préalable, pas de chichis, Marthe demande à Jésus de justifier son retard. Aussi étrange que cela puisse paraître, pour Marthe qui est du type Huit, le franc-parler est signe d'une certaine intimité ainsi qu'une confirmation des sentiments personnels qu'elle éprouve à l'égard de Jésus : elle lui accorde la confiance d'un ami.

Marthe modère son accusation en ajoutant rapidement qu'elle sait que Jésus peut tout de même faire quelque chose pour remédier à la situation. Marthe est à un stade assez avancé de sa transformation pour savoir qu'elle n'est pas toute-puissante et que l'action ou l'autorité ne doivent pas nécessairement provenir d'elle. Elle donne volontiers le contrôle de la situation à Jésus et elle est capable d'être simplement présente pour lui dans ce qu'il pourrait dire ou faire. Après avoir nommé les choses clairement conformément à son profil, elle est influencée par la partie Marie en elle-même, et sait attendre aux pieds de Jésus.

En réponse, Jésus assure à Marthe que son frère sera effectivement ressuscité. Elle suppose qu'il parle de la « résurrection au Dernier Jour » (Jean 11, 23-4), un événement situé quelque part dans un avenir probablement lointain. C'est le mieux qu'elle puisse imaginer, et cela ne la console guère. Mais Jésus la surprend en lui annonçant que la résurrection est pour maintenant, dans le présent. Avant elle, la Samaritaine avait dû arrêter de penser que le Messie ne viendrait que dans le futur et prendre conscience du fait qu'il était déjà là. De la même façon, Marthe va découvrir que la vie éternelle n'est pas qu'un simple objectif que l'on se prépare à atteindre, mais que la vie éternelle est également dans le moment présent. Le Huit qui se soucie de faire régner la justice dans l'avenir ne doit pas ignorer le pouvoir du présent. La puissance de la résurrection confond la vie et la mort pour qu'elles ne fassent plus qu'un : c'est cela, la vie éternelle.

> « Jésus lui dit : Je suis la résurrection. Qui croit en moi, même s'il meurt, vivra ; et quiconque vit et croit en moi ne mourra jamais. Le crois-tu ? Elle lui répondit : Oui, Seigneur, je crois que tu es le Christ, le Fils de Dieu, celui qui vient dans le monde. »
>
> Jean 11, 25-27

La réponse de Marthe et la confirmation de sa foi en lui en tant que Messie montrent qu'elle a découvert où se situe la véritable force. Sa discussion avec Jésus ne l'a pas privée de son autorité, mais lui a montré le pouvoir plus grand et plus profond de la vie éternelle, auquel elle a accès dans ce moment. Sa profession de foi reconnaissant Jésus en tant que Christ et sa croyance en la vie éternelle sont les marques traditionnelles d'un apôtre. Jean a écrit son Évangile dans le but de nous faire parvenir à cette croyance.

Marthe met en action sa nouvelle connaissance de la présence de « JE SUIS » dans le monde. Elle va chercher sa sœur Marie, réalisant ainsi son premier acte « apostolique » : appeler les autres au Christ nouvellement révélé. Elle dit à Marie « en privé » que Jésus est arrivé et l'appelle (Jean 11, 28). Les Huit n'aiment pas montrer leur côté tendre et nous voyons dans la douceur avec laquelle elle appelle Marie que Marthe a pris conscience de son centre émotionnel, réveillé par sa reconnaissance de Jésus comme le Christ, « JE SUIS » en nos cœurs.

Allégoriquement, Marthe a fusionné avec Marie et il est clair que Marie a également assimilé la part Marthe en elle, car quand elle entend que Jésus est dans le village, elle va également à sa rencontre. En fait, elle répète les paroles de Marthe : si Jésus avait été là plus tôt, Lazare ne serait pas mort. Elle parle en s'agenouillant à ses pieds et en pleurant. Ce moment nous donne une image de la façon dont elle a vécu sa propre intégration, car ses paroles sont similaires à celles de sa sœur, mais sa posture et son attitude restent les siennes propres. Elle a conjugué son immobilité aux pieds de Jésus avec l'action qu'il lui a fallu faire pour y parvenir. Nous n'avons aucune retranscription du dialogue entre Marie et Jésus, car les deux sœurs ont fusionné spirituellement pour devenir l'unique personne qu'elles sont allégoriquement depuis le début.

Jean a clairement vu la force, la conviction et le leadership en la personne de Marthe. À une époque où les femmes découvraient avec joie et étonnement leur vocation à pouvoir devenir disciples de l'Église naissante, Jean s'est intéressé à cette femme active et sage qui a appris à intégrer à son tempérament dynamique l'immobilité de l'attente dans la présence de Dieu.

Si nous procédons à une seconde analyse de sa première apparition dans l'Évangile de Luc, le fait que Marthe serve le repas à Jésus et à ceux qui se trouvent dans sa maison peut même prendre une signification eucharistique. En la présence du Christ, elle partage ce qu'elle a et qui elle est. Sa demande que Marie la rejoigne pourrait indiquer que le repas eucharistique nous montre le chemin vers l'unification de nos natures externe et interne. Au centre de tout cela se trouve le Christ, qui est à la fois la raison du repas et la cause du rassemblement.

Marthe incarne ainsi les vertus du Huit qui a appris à juguler son impulsivité et à utiliser sa puissance pour le bien des autres. Elle peut alors réaliser de grandes choses pour Dieu et pour les autres. Elle est disposée à utiliser sa franchise et son efficacité afin d'accomplir sa mission de servir les autres.

Les Huit représentés par Marthe pourront aisément s'identifier à sa position de femme en marge de la société à cause de son assurance et de sa détermination. Ils reconnaîtront également en elle leur désir d'être fidèles et d'utiliser leur tendresse pour avancer dans les situations difficiles quand ils savent que leur cause est juste. Ils auront aussi à unir leur énergie à celle de « JE SUIS », source de leur mission d'apporter la vie éternelle dans le moment présent.

Prier dans l'esprit de Marthe
Psaume 126

Quand Yahvé ramena les captifs de Sion,
nous étions comme en rêve ;
alors notre bouche s'emplit de rire
et nos lèvres de chansons.

Alors on disait chez les païens : Merveilles
que fit pour eux Yahvé !
Merveilles que fit pour nous Yahvé,
nous étions dans la joie.

Ramène, Yahvé, nos captifs
comme torrents au Négeb !
Ceux qui sèment dans les larmes
moissonnent en chantant.

On s'en va, on s'en va en pleurant,
on porte la semence ;
on s'en vient, on s'en vient en chantant,
on rapporte ses gerbes.

La Cananéenne

« Ô femme, grande est ta foi ! »

Matthieu 15, 28

Dans le portrait de la Cananéenne, nous avons une autre image du Huit qui affronte Jésus et le défie. L'Évangile de Matthieu dit qu'il s'agit d'une Cananéenne qui vient à Jésus pour lui demander de guérir sa fille (Matthieu 15, 21), tandis que Marc l'identifie comme une païenne d'origine syro-phénicienne (Marc 7, 26). Les deux récits qui en parlent sont assez courts, très similaires et précisent que, quelle que soit sa véritable nationalité, elle n'est en tout cas pas Juive. Elle doit sa rencontre avec Jésus, comme la Samaritaine, au fait qu'elle est une étrangère.

Lorsque la femme s'approche de Jésus pour obtenir la guérison de sa fille, Jésus l'ignore, mais elle n'abandonne pas et persiste dans sa demande. Enfin, Jésus lui dit qu'il n'est venu que pour le peuple d'Israël, pas pour les étrangers comme elle qui sont « comme des petits chiens qui tentent de voler la nourriture des enfants ». Elle lui répond qu'il a raison, mais poursuit en soulignant que « même les petits chiens sont autorisés à manger les miettes qui tombent sous la table » (Matthieu 15, 26-27). Surpris par sa foi, Jésus confirme la vérité de sa déclaration et lui annonce que ce qu'elle a demandé, la guérison de sa fille, a été accompli.

Dans ce résumé, nous voyons se manifester quelques caractéristiques du Huit telles que la franchise, la facilité à débattre d'égal à égal et la soif de justice. Matthieu écrit qu'elle n'a pas été très polie dans sa demande, mais qu'elle a commencé à crier (Matthieu 15, 22). Cette image évoque la présence d'une puissante énergie corporelle qui continue d'exister tout au long de la scène. La présence du Huit est souvent perçue comme une force physique pouvant être utilisée à bon escient quand elle sert à réclamer que justice soit faite.

Les cris de la Cananéenne ne s'adressent pas à Jésus personnellement, elle crie sa détresse et demande qu'on la prenne en pitié parce que sa fille « est fort malmenée par un démon » (Matthieu 15, 22), ce qui, à l'époque, est une façon d'évoquer toute maladie mentale ou physique. Elle est assertive dans son mouvement vers Jésus quand elle réclame ce dont elle a besoin sans se soucier de l'opinion publique. Un Huit moins en chemin, en revanche, aurait blâmé Jésus de l'avoir ignoré, aurait été agressif et exigé qu'il se plie à ses demandes.

Comme tous les types de la triade assertive, la Cananéenne aspire à dominer la situation. Elle ne cherche pas à dominer Jésus, mais à clamer son propre statut de paria, comme nous pouvons l'observer dans la façon dont elle se défend elle-même ainsi qu'au nom de sa fille. Chez un Huit non transformé, il peut exister une certaine hostilité envers les autres, une peur d'être dominé qui provient d'un sentiment général d'exclusion[14]. Bien que cette Cananéenne ait sans doute été délibérément exclue de la vie et des bénédictions d'Israël, elle n'est pas dans la rancœur dans son interaction avec Jésus. Son comportement résulte de sa conviction que son exclusion est une décision injuste qui doit être rectifiée. Elle n'a pas un comportement antisocial (comme parfois chez les Huit), mais elle considère qu'il est de son devoir de combattre l'injustice et d'exiger l'équité. Elle ne reproche pas à Jésus de l'exclure en raison du conditionnement de sa culture.

Beaucoup de lecteurs éprouvent une certaine difficulté à comprendre pourquoi Jésus l'ignore complètement, car il est écrit :

La Cananéenne

הכנענית

« Mais il ne lui répondit pas un mot » (Matthieu 15, 23). Peut-être est-il surpris par ses cris dans un premier temps. Cette femme a sans doute causé une certaine agitation pour que les disciples de Jésus l'incitent non seulement à la « répudier », mais à la renvoyer sans répondre à sa requête, sans doute pour éviter qu'elle ne revienne. Les disciples proposent cette solution pour se débarrasser d'elle, car ses cris persistants les gênent. Ils n'encouragent pas Jésus à lui donner ce qu'elle veut par compassion, ils veulent une réponse pragmatique à une nuisance sociale.

Jésus aussi aurait pu être tenté de lui donner ce qu'elle veut et la renvoyer, mais il ne l'ignore certainement pas uniquement parce qu'elle est païenne. Précédemment dans l'Évangile de Matthieu, Jésus a guéri le serviteur d'un centurion dans une situation très similaire à celle-ci : un païen a demandé à Jésus de venir dans sa maison auprès de son serviteur malade (Matthieu 8, 5-13). Dans ce cas-là également, Jésus a affirmé que la foi d'Abraham peut également être trouvée en dehors d'Israël, et le serviteur a été guéri conformément à la foi du centurion. Le fait que le demandeur soit une femme ne peut pas non plus être une source d'inquiétude pour lui car dans l'Évangile de Matthieu, il a déjà eu affaire auparavant à une femme qui, vivant avec une hémorragie depuis douze ans, luttait pour traverser la foule et parvenir à toucher son manteau. Rien n'indique qu'il ait été surpris à ce moment-là, car il l'a appellée aussitôt « ma fille » avant d'annoncer que sa foi l'avait effectivement guérie (Matthieu 9, 20).

La femme à l'hémorragie était « impure » en raison de la souillure de son sang (Lévitique 15, 25), le centurion était un païen, un Romain pour être précis, et donc « impur » lui aussi. Dans les deux cas, Jésus a éprouvé de la compassion pour leurs besoins et accédé à leurs demandes. Jésus ne semble pas très concerné par les questions d'impureté rituelle. Juste avant que la Cananéenne ne l'accoste, Jésus vient de parler à la foule et à ses disciples à ce propos. Il a souligné que ce qui est pur ou impur dépend de ce que recèle le cœur d'une personne, et n'est pas une affaire de rituels. La souillure est ce qui vient de la bouche et du cœur d'une personne, de ce qu'elle dit et fait, comme « des mauvais desseins, meurtres, adultères, débauche, vols, faux témoignages, diffamations » (Matthieu 15, 19). De toute évidence, être en contact avec de telles personnes considérées comme impures selon le rituel ou la loi ne gêne pas Jésus.

Il est plus probable que Jésus ignore la Cananéenne parce qu'il ne sait pas trop quoi faire d'elle. Non seulement c'est une femme, mais en plus c'est une étrangère qui l'interpelle pourtant par son titre hébreu de « Fils de David », un titre qui devrait normalement n'être utilisé que par des Juifs. Son silence vient peut-être de sa surprise qu'elle s'adresse à lui en tant que Fils de David. Peut-être n'est-il pas entièrement sûr de ce qu'elle entend par là. Il est également possible qu'il soit confronté à une prise de conscience nouvelle et plus profonde de ce qu'est son ministère. Alors qu'il a déjà accueilli auparavant un païen et une femme « impure », aucun d'eux, contrairement à cette Cananéenne, n'a réclamé qu'il agisse à leur égard en sa qualité de Fils de David. Non seulement cette femme demande une faveur, mais en plus elle se place sous la protection de ceux qui attendent la venue du Messie.

Ce doit être cet élément qui retient l'attention de Jésus. En premier lieu, il n'exprime aucun intérêt pour la maladie de sa fille, puis il est « saisi » d'être reconnu en tant que Fils de David. Il ne répond d'ailleurs qu'à cette partie de la phrase, en disant qu'il « n'a été envoyé qu'aux brebis perdues de la maison d'Israël » (Matthieu 15, 24). La Cananéenne, pour sa part, se contente de rediriger son attention. Elle ne veut pas discuter théologie avec Jésus, elle souhaite simplement s'agenouiller devant lui et le supplier de tout son cœur : « Seigneur, viens à mon secours ! » (Matthieu 15, 25).

C'est une chose très difficile à faire pour un Huit. La Cananéenne s'abaisse physiquement et elle demande de l'aide. Un Huit instable voudrait garder son pouvoir à tout prix, mais celui qui a évolué vers son unification utilisera volontiers son pouvoir pour autrui, dans ce cas sa fille. Elle fait preuve d'audace et atteint Jésus sans culpabilité de voir son besoin satisfait. Ses actes font incontestablement d'elle un exemple de la foi d'un profil assertif. Les Huit ont un grand cœur. Au mieux, ils se montrent protecteurs, en particulier envers les plus faibles et les innocents.

Ils feront barrière de leur corps si nécessaire pour lutter contre toute forme d'injustice[15]. Cette femme a également bien compris que la puissance de l'amour est plus forte que le désir de pouvoir. En s'agenouillant aux pieds de Jésus pour lui demander une faveur, elle surmonte la peur viscérale du Huit de se soumettre à un autre et renonce à son désir fondamental de Huit de ne dépendre que de soi[16].

Jésus n'est pas encore prêt à accepter son acte d'humilité. Il revient à ce qui le préoccupe, « Il n'est pas juste de donner la nourriture des enfants aux petits chiens » (Matthieu 15, 26). Il s'adresse à elle dans un langage qu'un Huit est en mesure de comprendre immédiatement, il lui parle de justice, une des aspirations les plus profondes de ce profil. Sa réponse serait suffisante pour dissuader n'importe qui d'autre de continuer à se justifier, mais pas un Huit. La femme, à genoux à ses pieds, le supplie de l'aider, et sa persistance est sans doute motivée par le terme « juste » qu'il a employé. Pour un Huit, cela constitue un appel à la justice. Elle sait ce qui est juste aussi facilement qu'un enfant qui clame : « Ce n'est pas juste ! » Elle accepte même de laisser un moment de côté sa requête pour répondre à l'objection logique mais, selon elle, injuste de Jésus en disant : « Oui, Seigneur, et pourtant même les chiens mangent les miettes qui tombent de la table de leurs maîtres » (Matthieu 15, 27). Elle respecte sa position, mais son désir d'équité est plus grand encore, elle veut voir jusqu'où il peut aller en tant que Messie. On ne laisse pas les chiens mourir de faim quand il y a des restes, dit-elle. Elle affirme également ne pas réclamer une grande part de ce qu'il peut lui donner, et qu'une simple miette lui donnera tout ce dont elle a besoin. Non seulement elle croit que Jésus va lui donner quelque chose, mais elle croit également en un univers holographique où même la plus petite particule contient le tout et suffit.

Grâce à ses paroles, Jésus vient à reconnaître une foi en Dieu qui transcende l'étroitesse de la pensée juive, de sa culture et de sa propre histoire dans laquelle seuls les élus jouissaient de la faveur divine. Sa persévérance l'incite à agrandir sa propre perception du dessein divin et de l'impact des actions de Dieu sur tous les peuples. La Cananéenne précise qu'elle croit en un Dieu qui garde des miettes même pour les chiens, et pas seulement pour les enfants d'Israël. Bien que Dieu en favorise certains, il y a toujours assez de restes pour satisfaire tout le monde. Alors Jésus lui accorde les miettes qu'elle a demandées, ce qui n'est rien de moins que la guérison complète et instantanée de sa fille : « Ô femme, grande est ta foi ! » (Matthieu 15, 28), s'exclame-t-il, reconnaissant et confirmant le pouvoir de la foi solide des Huit et des paroles de vérité que prononce cette femme. Le désir d'équité et de justice de la Cananéenne l'a rattachée à l'innocence des Huit. Désir qui nous rappelle également notre humanité en tant qu'êtres vivants appartenant à un immense ordre naturel parfaitement équilibré[17]. Cet ordre naturel ne connaît ni division ni dualité : juifs ou païens, hommes ou femmes, purs ou impurs, tous sont alimentés par la main divine.

En tant que Cananéenne, elle se souvient de l'époque où Josué a mené les enfants d'Israël à Canaan, la terre où coulent « le lait et le miel » (Exode 3, 8). Ils s'y sont installés et ont profité des richesses du pays, ils en ont fait leur maison. La femme identifiée comme Cananéenne dans l'Évangile de Matthieu est peut-être une allégorie de tous les descendants des habitants originels de la région. Les ancêtres juifs de Jésus ont été nourris par le pays natal de cette femme, pays où ils ont survécu et prospéré. Elle prétend maintenant recevoir de Jésus de la nourriture, ou simplement des miettes, qui lui appartiennent aussi légitimement. Elle ne demande pas vraiment une faveur, ce qu'elle demande c'est la justice. Nous sommes tous nourris par quelqu'un à un moment ou à un autre de notre vie et nous avons tous l'obligation de nourrir ceux qui le demandent. Il n'y a ni début ni fin au cycle de la compassion et de la justice.

Au cours du ministère de Jésus, la nourriture physique d'Israël est transformée en nourriture spirituelle pour toutes les nations. Cette brève rencontre entre Jésus et la Cananéenne a des connotations eucharistiques car les miettes spirituelles qu'elle reçoit apportent guérison et encouragement, et renforcent sa foi. La moindre miette est un festin dans le banquet spirituel au cours duquel la quantité et la qualité ne se mesurent pas selon les normes de ce monde. Pour renforcer ce sentiment, le reste de cette partie de l'Évangile de Matthieu raconte que, suite à cet épisode, Jésus guérit des foules immenses. Ce passage se termine par le récit de la multiplication des pains, où Jésus nourrit miraculeusement quatre mille personnes. La foi, la guérison, la nourriture et l'eucharistie sont toutes représentées par la rencontre brève mais inoubliable de Jésus avec la femme de Canaan.

Prier dans l'esprit de la Cananéenne
Psaume 35

Accuse, Yahvé, mes accusateurs,
assaille mes assaillants ;
prends armure et bouclier
et lève-Toi à mon aide ;
brandis la lance et la pique
contre mes poursuivants.
Dis à mon âme : C'est Moi ton salut !

Honte et déshonneur sur ceux-là
qui cherchent mon âme !
Arrière ! Qu'ils reculent, confondus,
ceux qui ruminent mon malheur !
Qu'ils soient de la balle au vent,
l'ange de Yahvé les poussant,
que leur chemin soit ténèbres et glissade,
l'ange de Yahvé les poursuivant !

Sans raison ils m'ont tendu leur filet,
ont creusé pour moi une fosse,
la ruine vient sur eux sans qu'ils le sachent ;
le filet qu'ils ont tendu les prendra,
dans la fosse, ils tomberont.

Et mon âme exultera en Yahvé,
jubilera en son salut.

Tous mes os diront : Yahvé,
qui est comme Toi
pour délivrer le petit du plus fort,
le pauvre du spoliateur ?

Des témoins de mensonge se dressent,
que je ne connais pas.
On me questionne, on me rend le mal pour le bien,
ma vie devient stérile.

Et moi, pendant leurs maladies, vêtu d'un sac,
je m'humiliais par le jeûne,
et ma prière reprenait dans mon cœur,
comme pour un ami, pour un frère ;
j'allais çà et là ;
comme en deuil d'une mère,
assombri je me courbais.

Ils se rient de ma chute, ils s'attroupent,
ils s'attroupent contre moi ;
des étrangers, sans que je le sache,
déchirent sans répit ;
si je tombe, ils m'encerclent,
ils grincent des dents contre moi.

Seigneur, combien de temps verras-Tu cela ?
Soustrais mon âme à leurs ravages,
aux lionceaux ma personne.
Je Te rendrai grâce dans la grande assemblée,
dans un peuple nombreux je Te louerai.

Que ne puissent rire de moi
ceux qui m'en veulent à tort,
ni se faire des clins d'œil
ceux qui me haïssent sans cause !

Ce n'est point de la paix qu'ils parlent
au paisible de la terre ;
ils ruminent de perfides paroles,
la bouche large ouverte contre moi ;

ils disent : Ha ha !
Notre œil a vu !

Tu as vu, Yahvé, ne Te tais plus,
Seigneur, ne sois pas loin de moi ;
réveille-toi, lève-Toi, pour mon droit,
Seigneur mon Dieu, pour ma cause ;
juge-moi selon Ta justice, Yahvé mon Dieu,
qu'ils ne se rient de moi !

Qu'ils ne disent en leurs cœurs : Ha ! Ma foi !
Qu'ils ne disent : Nous l'avons englouti !
Honte et déshonneur
ensemble sur ceux qui rient de mon malheur ;
que honte et confusion les couvrent,
ceux qui se grandissent à mes dépens !

Rires et cris de joie pour ceux-là
que réjouit ma justice,
ceux-là, qu'ils disent constamment :
Grand est Yahvé
que réjouit la paix de Son serviteur !

Et ma langue redira Ta justice,
tout le jour, Ta louange.

En résumé

En tant que Huit, Marthe et la Cananéenne nous aident à agrandir notre perception de ce que signifie être féminine pour y inclure la force de conviction, la lucidité et le courage de dire la vérité. Marthe nous montre qu'il est acceptable d'affronter Dieu et que cela peut même constituer un acte de foi. Elle sait que ses actes sont justes et sa relation à sa sœur Marie nous apprend à apprécier la nature non duelle de toute chose. Dans la vie des deux sœurs, nous voyons une représentation de la vie active et de la vie contemplative fusionnées en une seule. Marthe sait qu'elle ne peut parler irrespectueusement à Jésus, et quand son frère Lazare meurt, elle est à la fois brutale et directe quand elle exprime son incompréhension quant à son retard. Son ouverture d'esprit lui permet ensuite de se rendre compte que la résurrection qu'elle pensait lointaine est en fait un événement qui va se produire dans le présent. Comme un apôtre, elle proclame sa foi en Jésus en tant que Messie.

La Cananéenne montre qu'en tant que Huit, elle ne se soucie pas de l'opinion publique quand elle a une tâche importante à accomplir. Elle crie ses besoins à Jésus et s'adresse à lui avec respect, sans pour autant se montrer servile. Son cœur l'incite à protéger le faible et elle exige qu'il se montre juste et équitable envers tous. Elle insiste sur le fait que tout le monde a le droit de l'appeler « Fils de David », indépendamment de son lieu de naissance ou de sa nationalité. Au cours de l'histoire, son propre peuple a nourri les enfants d'Israël, à présent elle demande à Israël de partager ses miettes avec elle et, par extension, avec le monde entier.

LE TYPE TROIS : SAÜL ET DAVID

> « Quand je parlerais les langues des hommes et des anges, si je n'ai pas la charité, je ne suis plus qu'airain qui sonne ou cymbale qui retentit. »
>
> 1 Corinthiens 13, 1

Les Trois sont les ambitieux et les battants de l'Ennéagramme. Ils sont énergiques et sûrs d'eux, capables de mener à bien tout ce qu'ils entreprennent. L'idéal ultime auquel ils aspirent est de prendre plaisir à être qui ils sont, et non dans l'image qu'ils dégagent, et d'apprendre à vivre entièrement dans la vérité. À cause de leur besoin de se sentir acceptés, ils peuvent devenir manipulateurs et égocentriques, car ils ont l'impression de n'avoir aucune valeur autre que celle de leurs succès. Ils sont efficaces et pragmatiques, et la réussite est importante à leurs yeux, parfois même plus importante que leurs qualités intérieures.

En tant que membres de la triade assertive, les Trois, tout comme les Sept et les Huit, utilisent mal leur centre émotionnel. Comme pour les deux autres profils, il leur est difficile de permettre aux autres de se rapprocher d'eux et l'accès à leur vie intérieure est laborieux. Leur mouvement va également vers les autres, non parce qu'ils cherchent la confrontation, mais parce qu'ils ressentent la nécessité d'être en lien avec autrui. Par conséquent, ils sont adaptables, sympathiques et ouverts. Ils n'encouragent cependant pas facilement l'intimité. Que leurs relations semblent fluides leur suffit car, pour eux, l'image est plus importante que la réalité malgré leur profond désir d'une proximité réelle.

Bien que les Trois se situent au centre de l'espace du cœur, leur centre émotionnel est également mal utilisé. Ils interagissent avec le monde extérieur grâce à leur centre émotionnel, mais ils ne sont pas en mesure de traiter efficacement les informations qu'il leur apporte. Ils utilisent plutôt leurs centres mental et instinctif pour savoir déterminer comment obtenir la réaction la plus favorable possible[18].

Le sentiment auquel ils s'identifient le plus facilement est la réussite. Même lorsque les Trois ont conscience de l'imperfection d'un de leurs projets, ils savent en déceler les points faibles et parviennent à le mener à bien d'une façon ou d'une autre. Poussés à l'extrême, les Trois peuvent s'éloigner de plus en plus de toute conscience d'eux-mêmes, perdre contact avec la réalité et oublier complètement qui est leur moi essentiel.

Tout comme les Sept et les Huit, les Trois essaient également de satisfaire leurs besoins par la maîtrise de soi. Alors que les Sept tentent d'atteindre cette maîtrise par l'autosatisfaction et les Huit par la domination, les Trois la recherchent en se plongeant dans des projets ambitieux et l'autoglorification [19]. Contrairement aux Un qui veulent que tout soit parfait, les Trois sont heureux de paraître parfaits en toutes situations. Ils souhaitent impressionner les gens et savent très bien adapter leur image afin de plaire à la personne avec laquelle ils se trouvent. Ils sont ainsi de vrais caméléons en société.

Pendant leur travail de transformation, les Trois vont devoir dépasser leur jeu de rôle pour apprendre à vivre hors du monde des apparences. Au lieu de rester aveuglés par leurs illusions, ils peuvent devenir des symboles de vérité, de franchise et d'honnêteté. Alors, ils ne dissimulent plus leurs faiblesses ou leurs échecs qu'ils ont appris à accepter en tant que caractéristiques inhérentes à la condition humaine, ni bonnes ni mauvaises en soi, simplement dans l'ordre des choses. Leurs choix et leurs interactions ne sont plus fondés sur leur ego et sont replacés dans leur contexte et analysés avec le recul d'un point de vue objectif de la réalité. Cela signifie qu'ils vont apprendre à comprendre leurs expériences sans consulter leur ego et ses limites contraignantes[20]. Le succès ne sera plus une simple réussite personnelle, mais une contribution au processus de création constant de l'univers.

Deux personnages bibliques occupent cet espace : Saül et David, le premier et le deuxième roi d'Israël. Saül et David possèdent les caractéristiques du Trois que sont l'ambition, la capacité à motiver et le besoin de réussir, qui se manifestent tant au sein de leur royaume que dans les combats militaires. Ces deux personnages doivent essuyer de sévères échecs pendant leur règne. La différence fondamentale entre ces deux rois est que l'un sait accepter de se laisser toucher intérieurement et pas l'autre. Lorsque Saül faillit, il enchaîne les erreurs et se laisse entraîner par ses préoccupations égocentriques. Il s'enfonce de plus en plus profondément dans la tromperie et dans l'image, jusqu'à ne plus savoir qui il est. David aussi commet des erreurs au cours de sa vie. Cependant, quand il en prend conscience, il ne cherche pas à les dissimuler, mais s'en remet à Dieu. Il dépasse son moi égoïste en reconnaissant qu'il s'est trompé. Reconnaître sa propre vulnérabilité et son échec peut être terrifiant pour un Trois inconscient, mais pour ceux qui persévèrent dans leur travail vers l'unification, cette expérience peut se révéler libératrice. Il ne leur est alors plus nécessaire de chercher leur identité à travers une image de soi trompeuse. Le véritable achèvement se traduira pour eux par la connaissance intérieure que tout va bien et que l'univers se régit exactement comme il se doit.

Bien que les deux personnages abordés ici soient rois, ils sont également des hommes vivant une vie ordinaire et peuvent ainsi servir de mentors à chacun d'entre nous. Saül et David ne viennent pas de familles royales, mais sont nés dans des familles de paysans. Ils ont été appelés hors de leurs maisons par le prophète Samuel, qui les a sacrés rois sur l'ordre de Dieu. En tant qu'archétypes, ils représentent la nature royale innée en toute personne, une royauté qui n'est pas fondée sur la lignée, mais sur la noble vocation à vivre en être unifié et conscient. Saül et David nous présentent les deux chemins possibles, celui qui conduit à la destruction et celui qui mène à la grandeur. Ils nous montrent respectivement le pire et le meilleur de l'espace Trois et nous guident hors de notre égocentrisme et de notre aveuglement vers une harmonie sainte avec tout ce qui est.

Saül

> « Oui, j'ai agi en insensé et je me suis très lourdement trompé. »
>
> 1 Samuel 26, 21

Saül est oint premier roi d'Israël, après une longue période pendant laquelle plusieurs juges ce sont succédé à la tête de la nation. Le peuple réclamait un roi afin que leur nation soit comme les autres. Après avoir essayé de les convaincre qu'un roi leur prendrait leurs fils, leurs grains et leur meilleur bétail, le prophète Samuel a obéi à l'ordre de Dieu et leur a accordé ce qu'ils voulaient (1 Samuel 8). Le récit nous présente immédiatement le personnage de Saül, fils de Qish, un Benjaminite. Les Trois aiment donner une bonne image d'eux-mêmes et être admirés, et c'est bien uniquement par son apparence que Saül semble se démarquer : « Nul parmi les Israélites n'était plus beau que lui : de l'épaule et au-dessus, il dépassait tout le peuple » (1 Samuel 9, 2). Il semble bien réussir sa vie et son père est un « homme vaillant » (1 Samuel 9, 1). Des particularités importantes aux yeux du Trois car elles renvoient une image de succès. Tout le monde connaît la famille de Saül et en a une haute opinion.

Au début de cette histoire, Saül est encore en contact avec son centre émotionnel. Il est parti à la recherche des ânes égarés de

Saül

שאול

son père, et, ne les trouvant pas après un certain temps, s'inquiète de ce que son père pourrait commencer à se faire plus de souci pour son fils disparu que pour ses ânes perdus (1 Samuel 9, 5). Il n'est pas obsédé par la réussite de sa mission et n'essaie pas de dissimuler son échec. Toutefois, les jeunes Trois ont tendance à essayer de faire en sorte que leurs parents soient fiers d'eux. Il est donc possible que Saül soit fier de sa tentative pour trouver les ânes, bien qu'il n'y parvienne pas. De plus, il sait que son père ne sera pas en colère contre lui.

En outre, alors que les Trois cachent leurs doutes pour que l'image qu'ils projettent ait l'air d'être leur vrai moi, Saül semble accepter avec une surprise et une humilité sincères la déclaration de Samuel quand il lui annonce qu'il sera roi :

> « Ne suis-je pas un Benjaminite, une des plus petites tribus d'Israël, et ma famille n'est-elle pas la moindre de toutes celles de la tribu de Benjamin ? Pourquoi me dire une telle parole ? »
>
> 1 Samuel 9, 21

Les Trois sont très surpris quand ils découvrent que leur image de soi est devenue réelle. La surprise les fait douter, ils s'interrogent : « Est-ce vraiment moi ? Est-il vraiment possible que cela m'arrive ? » Avec honnêteté et humilité, ils commencent à voir la valeur de leurs rêves et de leur investissement dans leur réalisation.

Une fois qu'il a oint Saül, Samuel lui annonce qu'à son retour, il rencontrera une troupe de prophètes, sera « habité » par l'esprit de Dieu, et « sera changé en un autre homme » (1 Samuel 10, 6). C'est la première des nombreuses facettes que Saül dévoile au cours de son règne. L'« autre homme » qu'il devient alors est un don de Dieu qui « lui changea le cœur » (1 Samuel 10, 9), et Saül prophétise avec les prophètes. Quand d'autres s'en aperçoivent et font des remarques, Saül semble avoir quelques doutes. Peut-être a-t-il l'air ridicule dans un rôle de prophète exalté. Sans doute essaye-t-il d'ignorer cet épisode puisqu'une fois arrivé chez lui, il ne parle à personne de sa nouvelle royauté ni de son exaltation prophétique (1 Samuel 10, 16).

La deuxième fois que Samuel vient annoncer qui est le nouveau roi (ce qui pourrait être considéré comme une deuxième version de l'onction de Saül), celui-ci est introuvable. Il est caché derrière des bagages (1 Samuel 10, 22). Se cacher fait partie des caractéristiques principales du Trois, qui souhaite dissimuler sa vulnérabilité et sa peur de l'échec. C'est précisément ce que fait Saül à ce moment-là. On a annoncé au monde quel sera son nouveau rôle et sa royauté, mais il ne veut pas être trouvé. À ce stade, il est encore en mesure de dissocier son rôle de roi de sa personne, mais rapidement il se confond avec sa mission.

Plus nous avançons dans l'histoire, plus Saül s'identifie à son nouveau rôle. À tel point qu'il en oublie qu'il était l'homme qui se cachait derrière des bagages. C'est là bien sûr un danger inhérent à tout jeu de rôle. Tenir un rôle pendant longtemps peut mener à s'identifier à celui-ci au point d'en oublier la réalité du joueur. Lorsque des « vauriens » contestent son pouvoir et demandent comment il pourrait les aider, Saül les ignore et « garde le silence » (1 Samuel 10, 27). Il ne veut pas confronter ou perdre l'image royale qu'il s'est forgée.

Saül est mis à l'épreuve environ un mois après cet épisode et parvient à défendre Israël contre les Ammonites. Les plus enthousiastes sont prêts à traquer et à tuer ceux qui s'étaient opposés à Saül, mais il décrète que nul ne sera puni (1 Samuel 11). En tant que Trois, Saül manifeste une conscience légère, il lui est facile de pardonner aux autres comme à lui-même parce qu'il veut être aimé. Il démontre également à quel point le Trois s'épanouit dans la réussite ou, tout du moins, dans une image de succès. Lorsqu'il a les deux, comme c'est le cas ici, il n'a rien à craindre de ce que d'autres auraient pu dire de lui par le passé.

Le succès militaire de Saül se poursuit et il l'emporte contre les Philistins. Les Hébreux finissent tout de même par se retrouver dans une situation désastreuse. Saül devient victime de son orgueil et de son ambition ; il croit pouvoir sauver seul son peuple malgré l'avertissement de Samuel de l'attendre à Guilgal pour offrir un holocauste. Samuel prend du retard et il est écrit que la foule, « quittant Saül, se dispersa » (1 Samuel 13, 8). Pour donner à tout prix l'apparence du succès, un Trois trouve ou crée la solution pour réussir. Afin que la foule reste avec lui et pour conserver sa position de meneur, Saül décide de brûler les offrandes lui-même.

Une fois le sacrifice terminé, Samuel arrive et demande à savoir ce que Saül a fait. Celui-ci se livre à une explication complète pour se défendre et se dédouaner de toute culpabilité. Son raisonnement semble valable à première vue : les Philistins approchaient et il voulait gagner la faveur de Dieu. Cependant son explication est teintée de son aveuglement : « Alors je me suis forcé et j'ai offert le sacrifice », explique-t-il (1 Samuel 13, 12). Un Trois est constamment dans l'action et estime qu'il est difficile d'attendre et d'être patient. La justification de Saül dissimule son choix délibéré d'usurper le rôle du prophète, et Samuel n'est pas dupe : il réprimande Saül pour sa sottise et annonce que son royaume, qui devait être fondé par Dieu pour l'éternité, ne l'est plus.

Le Trois a peur de l'échec et, sa pire crainte s'étant maintenant réalisée, Saül se comporte en Trois déséquilibré à partir de ce moment-là. Il s'enfonce de plus en plus dans sa propre tromperie, et montre des signes de déséquilibre mental avec de violents accès de rage. Le récit de son déclin rejoint celui de l'ascension de David, dont Samuel dit qu'il régnera sur le royaume à sa place un « homme selon [le] cœur [de Dieu] » (1 Samuel 13, 14). Saül devient jaloux des succès et de la popularité de David, à tel point qu'il veut le tuer. Il ne supporte pas de ne pas être le plus populaire aux yeux des gens. Il est même prêt à tuer son propre fils Jonathan pour avoir inconsciemment violé l'édit de son père qui demande de ne rien manger avant le soir. Heureusement, beaucoup de voisins se rassemblent pour défendre Jonathan (1 Samuel 14, 45). Saül veut tellement conserver le respect du peuple pour son autorité et son succès qu'il est ainsi prêt à tuer ses deux plus fervents partisans.

Il devient de plus en plus désespéré au fur et à mesure que son pouvoir et son autorité lui échappent. Bien que Samuel lui ait garanti sa victoire sur les Amalécites en lui recommandant de n'épargner aucun homme ou animal sur leur passage, Saül décide une fois de plus de prendre les choses en main et de désobéir. Il ressort en effet victorieux de la bataille, mais ne peut se résoudre à détruire les objets de valeur comme Dieu le lui a ordonné. En prenant la place de Dieu, Saül s'aveugle encore davantage et obscurcit son sens de la réalité. Samuel le confronte une fois de plus, et Saül se justifie en disant que les soldats ont pris les animaux afin de les offrir à Dieu en sacrifice (1 Samuel 15, 21). Quand Samuel lui répond que Dieu l'a rejeté en tant que roi, Saül admet ce que le Trois en nous connaît souvent : « J'ai eu peur des gens et je leur ai donné ce qu'ils voulaient » (1 Samuel 15, 24). Sa réputation était en jeu et sa crainte de perdre la face a pris le pas sur sa conscience. Rejeté par Dieu, Saül implore Samuel de tout de même rentrer avec lui pour que les anciens les croient encore en paix. Encore une fois, l'image est tout pour le Trois inconscient.

Une fois rejeté par Dieu, Saül est victime d'un « esprit mauvais » qui le tourmente (1 Samuel 16, 14) et où l'on peut voir de l'épilepsie, de la folie ou de la dépression. Quel qu'il soit, il symbolise la perte de Saül de sa relation avec son moi intérieur. Ses sentiments ont été réduits au silence par son souci de ce que les autres pensent de lui et son besoin de garder un semblant de pouvoir et de contrôle. Il en veut à David d'être acclamé après sa victoire sur Goliath et le surveille dès lors (1 Samuel 18, 9). Il va même jusqu'à jeter une lance sur lui dans un moment de tourment intérieur (1 Samuel 19, 10). Dans cette confusion intérieure, Saül croit que le pouvoir et la popularité d'un autre le privent des siens. Il essaie même d'utiliser sa propre fille, Michal, comme « appât » pour David, afin qu'il se fasse tuer par les Philistins (1 Samuel 22, 8). Il croit que les autres complotent contre lui et que tout le monde lui cache tout (1 Samuel 22, 8).

Même quand David prouve à deux occasions qu'il ne cherche pas à tuer le roi alors qu'il était en position de le tuer et s'est abstenu de le faire, Saül n'est pas encore rassuré sur sa propre sécurité. Il a peur de l'armée des Philistins et, à la fin de sa vie, on le voit succomber aux pires comportements du Trois. Sa peur de l'échec et que son image en souffre l'amène à monter son ultime supercherie. Poussé par son désespoir de constater que Dieu ne lui répond pas, il fait appel à une femme médium à Endor. Après avoir banni et interdit tous les médiums et les sorciers sur son territoire, il enfreint sa propre règle. Un Trois désespéré fera n'importe quoi pour cacher son déclin intérieur aux yeux des autres[21]. Saül se déguise d'ailleurs littéralement pour rendre visite à la sorcière d'Endor (1 Samuel 28, 8). Son déguisement masque son identité, symbole de sa tromperie intérieure. Son masque domine de plus en plus sa vie et le personnage qu'il s'est créé est plus réel que sa personne. La femme ne sait pas qui il est et il semblerait que Saül ne le sache pas non plus. Quand elle le reconnaît enfin, elle crie une phrase qui pourrait résumer toute sa vie : « Pourquoi m'as-tu trompé ? Tu es Saül ! » (1 Samuel 28, 12).

Elle lui demande la raison de cette tromperie et lui rappelle sa véritable identité, mais il n'est pas en mesure de lui répondre. Son seul souci est d'invoquer l'esprit du prophète Samuel récemment décédé afin de déterminer ce qu'il doit faire. Saül a perdu toute autorité intérieure ou sens de ce qu'il doit faire. Tout ce qui lui importe est de trouver ce qu'il doit faire pour protéger son image de roi et sauver sa propre vie. Il a mis sa conscience de côté et s'appuie sur des tactiques externes. Mais au lieu de lui dire comment sauver sa propre vie, l'esprit de Samuel annonce à Saül que ses fils et lui rejoindront Samuel au royaume des morts dès le lendemain. Cela va marquer la fin des jeux de Saül. Le Trois n'a aucun moyen de vaincre la mort : aucune image de soi ou tromperie ne le sauvera. La compétence de Saül à se créer des faux-semblants ne lui sert plus à rien et il a véritablement peur. Il perd toute maîtrise de lui-même : sa femme et ses serviteurs doivent lui rappeler qu'il doit manger et le contraignent à le faire (1 Samuel 28, 23).

Dès le lendemain, les Philistins tuent les fils de Saül, et il est lui-même grièvement blessé. De peur d'être traqué et tué par ses ennemis, Saül ordonne à son écuyer de le tuer. Il ne craint pas la mort mais d'être humilié par ses ennemis. Il préférerait mourir que d'égratigner son image de réussite et de distinction. Cependant, l'écuyer n'ose pas tuer le roi et n'aide pas Saül à entretenir son image. Il refuse d'obéir, et Saül se suicide à l'aide de son épée (1 Samuel 31, 4). Il s'agit là de l'ultime acte de désespoir du Trois : il est plus disposé à se tuer que de souffrir toute forme d'humiliation ou d'échec.

Lorsque l'on retrouve le corps de Saül, l'allégorie est à son apogée : on lui coupe la tête et on lui retire son armure. Ce qui signifie qu'il était séparé de son centre émotionnel ou relationnel de son vivant, et qu'il s'était protégé par tant de tromperies qu'elles formaient comme une armure protectrice. Lorsqu'il meurt, on lui retire ses protections et son âme ainsi dépouillée rencontre Samuel et Dieu. Si notre succès dépend de l'opinion des autres, il est nécessairement de courte durée puisque toute vie est brève à l'échelle de l'éternité.

Saül n'a jamais appris à mettre son pouvoir et son autorité au service des autres. Il s'est avéré incapable de se départir de sa soif de réussite et a vécu dans la crainte de l'humiliation au lieu de chercher l'humilité. Pour le Trois qui est en nous, nous devons apprendre à envisager notre identité intérieure en tant qu'êtres liés à l'univers tout entier et apprendre à nous aimer en tant qu'éléments de cet univers. Comme le dit Almaas : « On est objectivement impuissant jusqu'à ce qu'on se connaisse en tant qu'Être complet (...) accepter cette impuissance sans se justifier, sans juger ni essayer d'y remédier est la clé qui permet d'accéder à l'Être et son dynamisme[22]. »

Saül a passé la majorité de sa vie à lutter contre cette impuissance et sa fin a été tragique. Cette tragédie sert de leçon pour la part de Trois en chacun de nous : il nous faut travailler dans le sens de ce qui donne la vie et non pas de ce qui est vecteur de destruction.

Prier dans l'esprit de Saül
Psaume 53

Les insensés ont dit en leur cœur :
Non, plus de Dieu !

Ils sont faux, corrompus, abominables ;
personne n'agit bien.

Des cieux Dieu se penche
vers les fils d'Adam,
pour voir s'il en est un de sensé,
un qui cherche Dieu.

Tous ils ont dévié,
ensemble pervertis.
Non, personne n'agit bien,
non, pas un seul.

Ne le savent-ils pas, les malfaisants ?
Ils mangent mon peuple,
voilà le pain qu'ils mangent,
ils n'invoquent pas Dieu.

Là ils se sont mis à trembler
sans raison de trembler.
Car Dieu disperse les ossements de l'assiégeant,
on les bafoue, car Dieu les rejette.
Qui donnera de Sion le salut d'Israël ?
Lorsque Dieu ramènera les captifs de Son peuple,
allégresse en Jacob et joie pour Israël !

David

> « Il ne s'agit pas de ce que voient les hommes, car ils ne voient que les yeux, mais de Yahvé qui voit le cœur. »
>
> 1 Samuel 16, 7

Nous voyons plus clairement la complexité des Trois en la personne de David, un des personnages les plus repris des Écritures. Il nous est présenté sous plusieurs jours différents : on le

דוד David

voit jeune, berger puis guerrier, il est ensuite un loyal sujet du roi Saül, un fidèle ami de Jonathan, puis roi, poète et psalmiste, musicien et danseur inspiré ; on le voit également meurtrier, victime de sa propre convoitise et comme parent inexpérimenté ; tout cela fait aussi de lui un pénitent. Un portrait aussi complet nous permet de nous identifier à lui à n'importe quel stade de la vie. C'est de sa maison et de sa lignée que s'élève celle du Christ. Sa royauté devient un prototype de la royauté divine que l'on associera plus tard à celle du Messie.

Compte tenu de ces multiples facettes, il n'est pas difficile de comprendre pourquoi David a été choisi comme un archétype du profil Trois. Les Trois renvoient beaucoup d'aspects différents de leur personnalité et veillent à ce que chacun d'eux projette une image de succès. Pour Saül, le fait de ne pas percevoir qu'il vit en fonction de son image et non pas de son vrai moi le conduit à son déclin. Il n'a jamais appris à intégrer l'échec dans sa croissance et sa transformation intérieures. Pour David, cependant, nous sommes en mesure de retracer sa croissance de jeune berger naïf au statut de vieux roi d'Israël ainsi que de voir comment, au cours de sa vie, il a été capable de rester connecté à la réalité et à Dieu.

Dans la triade assertive réside le potentiel du narcissisme. C'est une des façons par lesquelles les types assertifs atteignent la maîtrise de soi à laquelle ils aspirent. Le narcissisme consiste à être amoureux de l'image idéale que l'on a de soi, comme Saül[23]. Chez les Huit, il apparaît à travers une puissante image de soi, comme pour la Cananéenne. Chez les Trois, il s'agit de s'identifier à son efficacité et à sa réussite au point de ne plus faire qu'un avec son image. Saül reconnaît la nature de David car elle lui est familière. Les dernières paroles qu'il lui adresse sont : « Béni sois-tu, mon fils David. Certainement tu entreprendras et tu réussiras » (1 Samuel 26, 25). À partir de ce moment, le pouvoir et le succès de Saül sont entièrement transmis à David.

L'histoire de celui-ci est un genre de récit héroïque, parallèle biblique aux histoires d'Ulysse et du roi Arthur, où le héros est un personnage politique qui incarne le destin de son pays tout en demeurant une personne représentant l'aventure humaine. La personnalité complexe de David combine de nombreuses qualités qui lui permettent d'illustrer l'humanité sous ses multiples aspects : sa vie d'action en tant que roi et soldat est équilibrée par son côté contemplatif et artistique de musicien et de poète. Chez la plupart des représentants du profil Trois, la palette des émotions et leur profondeur restent sous-développées[24], parce que le centre émotionnel est mal ou peu utilisé. Quand un Trois entreprend le travail de transformation, l'accès au centre émotionnel s'ouvre et se libère. Nous en voyons d'ailleurs les effets dans la riche vie émotionnelle de David. David, en compositeur traditionnel de bon nombre de psaumes, exprime des sentiments qui couvrent l'ensemble du spectre émotionnel par de puissants poèmes parfois dramatiques voire violents.

La vie de David est équilibrée par moments et, à d'autres, elle subit la tension entre sa modération et sa passion. Il est modéré, par exemple, quand il réfrène deux fois son envie de tuer son roi, Saül ; il représente alors le Trois accompli qui a appris à ralentir et à se détacher de ses réussites. En revanche, il s'abandonne à sa passion quand son désir pour Bethsabée devient une obsession qui le conduit à tuer son mari ; il montre la tendance du Trois à aller droit sur l'objectif et à dissimuler ses défauts.

Contrairement à son prédécesseur Saül, le roi David désigne à plusieurs reprises le point de référence qui l'empêche de sombrer dans la désintégration et la folie : quelle que soit la situation, sa vie conserve son centre spirituel. Il ne dissimule ni ne justifie ses péchés et ses erreurs qu'il offre systématiquement à Dieu. Quand il prend conscience de son péché, il le considère comme tel, un péché contre Dieu, et quand il triomphe, il chante les louanges de Dieu, qui lui a permis d'accomplir ce triomphe.

David est choisi pour être roi par le prophète Samuel qui observe les sept fils de Jessé, sachant que l'un d'entre eux doit être oint. Cependant, David ne se trouve pas parmi eux car son père le croyait trop jeune pour être pris en considération. Samuel insiste sur le fait qu'il est appelé à garder les moutons et annonce que c'est lui que Dieu a choisi. On aborde le thème de la transformation dès le début de la vocation de David à être roi. Les

Trois accordent une grande importance aux apparences et on nous dit de David qu'il est « roux, avec un beau regard et une belle tournure » (1 Samuel 16, 12).

Dieu a déjà averti Samuel qu'on ne doit pas juger les apparences « puisqu'[on] ne [voit] que les yeux, mais Yahvé voit le cœur » (1 Samuel 16, 7). En d'autres termes, Dieu voit directement l'Essence d'une personne. Le travail de l'Ennéagramme, quel que soit notre profil dominant, consiste à nous guider dans la découverte de notre propre Essence, ou moi réel, au-delà de nos comportements compulsifs. David est représentatif du processus qui peut commencer tôt dans la vie et se poursuivre jusqu'à notre mort. Une fois choisi par Dieu en fonction de son cœur, « l'esprit de Dieu fondit sur lui à partir de ce jour » (1 Samuel 16, 13). Dieu va à la rencontre du Trois directement dans l'espace du cœur, en révélant les apparences et les tromperies intérieures pour ce qu'elles sont, puis l'appelle à la vérité.

La rencontre de David avec Goliath peu de temps après confirme la puissance de l'Essence comparée à celle de l'ego. Plutôt que d'adopter l'attitude provocatrice d'un guerrier, David fait face au guerrier philistin en demeurant le jeune homme inexpérimenté qu'il est. Saül ne peut envisager la victoire de David, il l'encourage donc au moins à porter une armure. Saül, maître de la dissimulation qui meurt alors qu'il est toujours protégé par son armure, ne comprend pas la confiance que David place en Dieu pour le sauver. David essaie les différentes pièces d'armure, mais il les retire car il ne peut pas marcher avec. Il prend à la place cinq pierres pour armer sa fronde (1 Samuel 17, 37-40). Le jeune David n'est équipé que d'armes de la terre et de la force de son Créateur. Il ne s'en remet ni à son ego ni à une image de succès, il s'en remet à la réalité de la force de Dieu qui l'accompagne tout au long de sa vie, même quand il commet des erreurs pitoyables par la suite.

En tant que représentant du type Trois, David est aussi un fin stratège qui ne se contente pas de jouer les parties qui se déroulent dans sa vie mais qui est aussi capable d'en créer de nouvelles. Quand il fuit Saül et trouve refuge dans la maison du roi Akish, les serviteurs le reconnaissent et il craint d'être trahi. Il a immédiatement l'idée de prétendre qu'il est fou, ce qui lui permet non seulement de tromper les serviteurs mais également de se garantir une certaine sécurité (1 Samuel 18, 1). Contrairement au déguisement de Saül quand il rend visite à la femme d'Endor, David joue un rôle qui n'est pas une manifestation de perte de la maîtrise de soi, mais de sa capacité à confondre ses ennemis.

Alors que le Trois peut éprouver une certaine difficulté à établir des relations profondes à cause de son centre émotionnel mal utilisé, David démontre encore une fois comment une faiblesse potentielle peut devenir une grande force. Lorsque les Trois reçoivent un amour sincère, leurs cœurs s'éveillent et ils sont prêts à être aimés et à aimer en retour. L'amitié entre David et le fils de Saül, Jonathan, est l'une des plus profondes de la Bible. Leurs âmes sont « attachées » l'une à l'autre (1 Samuel 18, 1), et la mort de Jonathan est à l'origine de l'une des complaintes les plus poignantes de la littérature :

« Comment sont tombés les héros
au milieu du combat ?
Jonathan, blessé à mort sur tes hauteurs,
que de peine j'ai pour toi, mon frère Jonathan.
Tu avais pour moi tant de charme,
ton amitié m'était plus merveilleuse
que l'amour des femmes. »

2 Samuel 1, 25-26

David voit son centre émotionnel se développer dans les joies comme dans les peines. Quand il apporte l'arche de Dieu dans la ville, David se livre à une danse exubérante (2 Samuel 6, 5-14). Son règne lui apporte vitalité et joie, même au milieu de ses difficultés et des intrigues politiques.

Toutefois, il est également confronté à la tentation d'abuser de son pouvoir en tant que roi. La pire de ses erreurs est sans doute son comportement envers Bethsabée et son mari Urie. Par le passé, David était déjà parvenu à faire preuve de retenue envers une belle femme et intelligente, Abigail, qui était mariée à Nabal, un homme fou (1 Samuel 25, 25). Abigail avait supplié et convaincu David de ne pas s'offenser des insultes de son mari et David avait fait l'éloge de Dieu et d'Abigail, en s'écriant : « Béni soit Yahvé, Dieu d'Israël, qui t'a envoyée aujourd'hui à ma rencontre. Béni soit ton bon sens et bénie sois-tu pour m'avoir retenu aujourd'hui d'en venir au sang et de triompher de ma propre main ! » (1 Samuel 23, 32-33). À cette occasion, David avait contenu sa réaction à l'offense personnelle de Nabal en remerciant Dieu pour cette rencontre. Il avait été capable de contourner sa préoccupation malsaine de Trois qui le poussait à entretenir une image de succès et de céder à la demande d'une femme plutôt que de tuer son mari grossier. Cependant, au moment où il rencontre Bethsabée, David est devenu roi et il a goûté à beaucoup de succès dans sa vie. Il ne semble pas hésiter avant d'appeler à lui Bethsabée, bien qu'elle lui ait dit être la femme d'Urie. À cause de sa trop grande assurance, il s'identifie à son image de réussite et ne se rend pas compte de ce qu'il entreprend. Lorsque Bethsabée est enceinte, David manifeste la tendance du Trois à vouloir dissimuler son erreur. Il rappelle Urie depuis le champ de bataille pour qu'il reste avec sa femme dans l'espoir que son adultère ne soit pas connu. C'est néanmoins Urie qui se montre le plus droit dans cette affaire puisqu'il refuse de quitter le palais, les soldats étant tenus de s'abstenir d'avoir des relations avec les femmes.

David orchestre la mort au combat d'Urie, une réaction extrême à sa panique d'être découvert. Un Trois ne réussit pas toujours, mais il a besoin d'en avoir au moins l'apparence. Cacher son adultère par un meurtre est une solution des plus désespérées au dilemme de David, mais son stratagème est découvert par le prophète Nathan. Pour faire appel à la tendance naturelle du Trois à couvrir la vérité, Nathan ne révèle pas ce qu'il sait, mais raconte à David l'histoire d'un homme riche qui avait de nombreux troupeaux, mais qui a néanmoins pris l'unique agneau bien-aimé d'un pauvre homme pour nourrir un invité. David est furieux et exige que le pauvre obtienne réparation. Nathan révèle alors à David que l'histoire de ce riche est son histoire : « Cet homme, c'est toi ! » (2 Samuel 12, 7).

Il s'agit d'une invitation pour un Trois à se voir tel qu'il est vraiment : une personne imparfaite. L'histoire a touché David au plus profond de son être. Il est peiné et déterminé à faire amende honorable. Par Nathan, un ami de confiance et un prophète de Dieu, Dieu est parvenu jusqu'au cœur de David afin qu'il puisse accéder à l'horreur, à la douleur et au remords pour ce qu'il a fait.

On dit que les Trois n'ont pas une conscience forte mais que la peur de l'humiliation les préserve d'éventuels écarts de conduite[25]. Pour Saül, sa peur de l'humiliation l'a poussé à essayer de couvrir ses méfaits encore davantage. Mais pour David, la révélation de son péché le conduit à une véritable humilité, non pas par peur mais grâce à une confrontation intérieure avec la vérité. En acceptant sa culpabilité, il découvre sa propre identité car il n'a plus besoin de sauver les apparences.

L'enfant de David et Bethsabée ne vit pas et David accepte même ce sort tragique comme venant de Dieu. Avant la mort de l'enfant, il supplie Dieu et jeûne ; après, il se lave et mange, acceptant que ses prières n'aient pas été exaucées. Il ne cherche pas à projeter sur les autres une image de père en deuil. Sa douleur est réelle, tout comme son acceptation. Il parvient même à consoler Bethsabée. En cessant de se préoccuper des apparences et des résultats obtenus, David montre qu'il est un Trois en contact avec la réalité de la volonté de Dieu et dans la croyance que tout est sacré. Son retour à Dieu, dans les bons et les mauvais moments, signe sa volonté de confronter ses peurs et ses actes à la lumière d'une vision plus large.

Le récit de la vie de David est une combinaison inhabituelle des formes narratives pastorale et héroïque qui se prêtent aisément à la personnalité des Trois : dans la forme pastorale nous trouvons l'image d'une vie simple et paisible vécue parmi les paysans, et dans la forme héroïque, l'image de personnes plus vraies que nature qui accomplissent de grandes choses. Les deux histoires sont fictives, car les deux modèles sont idéalisés, mais ils correspondent à l'image de soi trompeuse des Trois.

David habite les deux univers : il commence sa vie comme berger et passe des pâturages à la cour royale. Bien qu'il adopte diverses personnalités au cours de sa vie, il est également engagé dans le travail de transformation qui vise à trouver la vérité. Les rôles de David, rural et royal, symbolisent l'équilibre qu'il recherche entre sa vie active et sa vie contemplative. Marthe et Marie nous ont également fourni une image de cette unification dans l'espace Huit, de sorte que David incarne à lui seul le leader actif de ceux qui ont la nature contemplative d'un poète. Les Trois sont soit clairs dans leur vision et dans leur enthousiasme, soit soucieux de présenter la meilleure image possible. David nous donne un exemple d'assurance, et sa vie est une vie d'action et d'accomplissements, il sait aussi lâcher prise, utiliser la musique comme exutoire et se retirer dans la contemplation. Ses nombreux changements de stratégie et ses compétences à motiver le présentent comme toujours prêt à relever un défi, mais il sait demeurer humble et adaptable quand ses projets ne se concrétisent pas.

Par exemple, son grand désir de superviser la construction d'une maison de Dieu, un temple d'adoration, lui est refusé. David avait projeté sur Dieu son propre désir d'image positive et avait supposé que Dieu lui aussi aimerait une maison de cèdre agréable à habiter. Mais Dieu dit à David qu'il n'a pas encore besoin d'une maison, étant donné que tout le temps de l'errance d'Israël, son peuple, il n'a jamais demandé une habitation à ses dirigeants. Un Trois instable pourrait voir cela comme un rejet de ses plans et ressentir de la frustration, mais nous n'avons aucune trace indiquant que David aurait protesté, bien qu'associer son nom à la construction d'un temple aurait apporté un succès permanent à son image. Le silence de David est récompensé par une plus grande promesse de Dieu : au lieu de faire construire sa maison par David, c'est Dieu qui a l'intention d'en construire une pour David. Il ne s'agit pas d'une maison faite de pierre, mais d'une descendance, de sorte que « ta maison et ta royauté subsisteront à jamais devant toi ; ton trône sera affermi à jamais » (2 Samuel 7, 16). Même si la dynastie de David n'a, en réalité, pas perduré, la promesse prend tout son sens à travers le Messie car la maison de David est celle d'où le Messie verra le jour. En renonçant à son souci de réussite personnelle, David a ainsi reçu l'éternelle offrande d'avoir son nom à jamais associé à celui du Messie qui sera connu sous le nom de « Fils de David » pour toutes les générations à venir.

Prier dans l'esprit de David
Psaume 51

Pitié pour moi, Dieu, en Ta bonté,
en Ta grande tendresse efface mon péché,
lave-moi tout entier de mon mal
et de ma faute purifie-moi.

Car mon péché, moi je le connais,
ma faute est devant moi sans relâche ;
contre Toi, Toi seul, j'ai péché,
ce qui est mal à Tes yeux, je l'ai fait.

Pour que Tu montres Ta justice quand Tu parles
et que paraisse Ta victoire quand Tu juges.
Vois : mauvais je suis né,
pécheur ma mère m'a conçu.

Mais Tu aimes la vérité au fond de l'être,
dans le secret Tu m'enseignes la sagesse.
Ôte mes taches avec l'hysope, je serai pur ;
lave-moi, je serai blanc plus que neige.

Rends-moi le son de la joie et de la fête :
qu'ils dansent, les os que Tu broyas !
Détourne Ta face de mes fautes,
et tout mon mal, efface-le.

Dieu, crée pour moi un cœur pur,
restaure en ma poitrine un esprit ferme ;

ne me repousse pas loin de Ta face,
ne m'enlève pas Ton esprit de sainteté.

Rends-moi la joie de ton salut,
assure en moi un esprit magnanime.
Aux rebelles j'enseignerai Tes voies,
vers Toi reviendront les pécheurs.

Affranchis-moi du sang, Dieu, Dieu de mon salut,
et ma langue acclamera Ta justice ;
Seigneur, ouvre mes lèvres,
et ma bouche publiera Ta louange.

Car Tu ne prends aucun plaisir au sacrifice ;
un holocauste, Tu n'en veux pas.
Le sacrifice à Dieu, c'est un esprit brisé ;
d'un cœur brisé, broyé, Dieu, Tu n'as point de mépris.

En Ton bon vouloir, fais du bien à Sion :
rebâtis les remparts de Jérusalem !
Alors Tu Te plairas aux sacrifices de justice
– holocauste et totale oblation –
alors on offrira de jeunes taureaux sur Ton autel.

En résumé

L'histoire tragique de Saül nous offre l'opportunité de prendre conscience de notre côté ombre. Tous les récits bibliques ne racontent pas des histoires de succès, et nous assistons dans cette tragédie au déclin d'un Trois qui s'est pris à son propre jeu. En nous confrontant au pire de l'espace Trois, nous comprenons que quel que soit notre espace, il nous faut faire attention à ne pas nous endormir pour ne pas nous retrouver comme Saül avec ses soldats. Saül a essayé de s'en sortir par la manipulation, mais son amour pour le succès et la domination ont fait de lui sa propre victime. Saül nous apprend à surveiller notre tendance, tous profils confondus, à nous laisser aveugler et à tenir un rôle, ainsi qu'à nous préserver de notre besoin de rabaisser les autres pour affermir notre fragile image de nous-mêmes. Ses mauvais choix nous rappellent que nous pouvons aisément devenir victimes des désirs de notre ego et négliger la voix de notre vérité intérieure quand nous sommes livrés à nous-mêmes.

David est à l'opposé de Saül, il nous offre l'opportunité d'accepter notre culpabilité comme lorsqu'il fait face au prophète Nathan. Il ne cache pas sa souffrance intérieure sous des faux-semblants mais l'affronte directement, comme à la mort de son premier fils. La vertu de vérité du Trois nous encourage à chercher des amis qui nous parleront comme Nathan si nous nous laissons séduire par la vanité ou les plaisirs éphémères, nous appelant à prendre conscience de notre vraie nature. David est un archétype des différentes étapes de notre vie spirituelle, étant donné que son histoire s'étend de sa jeunesse à sa mort. Le chemin de vie de l'archétype nous mène à entrer en contact et à entretenir le lien avec notre centre divin, notre Essence, pour nous guider, infailliblement, sur le chemin de la transformation.

4

Les profils en retrait

Les types Quatre, Cinq et Neuf

> « Mettez la parole en pratique. Ne soyez pas seulement des auditeurs qui s'abusent eux-mêmes ! »
>
> Jacques 1, 22

Les trois types qui forment la triade des profils en retrait de l'Ennéagramme sont les Quatre, les Cinq et les Neuf. Les Quatre sont qualifiés d'« individualistes » ou « romantiques », les Cinq d'« analytiques » ou « observateurs », Les Neuf de « médiateurs » ou « pacificateurs ». Ils sont « en retrait » en ce que, dans leurs relations avec les autres, leur mouvement naturel est de prendre du recul, de s'éloigner. Ils ne sont pas nécessairement timides, mais ils préfèrent prendre du temps avant d'agir.

Les types en retrait exploitent mal le même centre : le centre instinctif. Cela ne signifie pas qu'ils sont inactifs ou ne font jamais rien, mais qu'ils se sentent souvent extérieurs à ce qui se passe autour d'eux. Ils se retirent dans un espace intérieur où ils se sentent plus à l'aise. Chez les Quatre, cette tendance se manifeste par une imagination active et une approche romantique des événements. Ils se préoccupent moins d'agir sur le monde extérieur que de consacrer du temps à leur extraordinaire monde intérieur. Chez les Cinq, la peur d'une mauvaise utilisation du centre instinctif les fait se réfugier dans leurs pensées. Ils préfèrent rester en retrait quand ils sont en groupe et recueillir mentalement des informations plutôt que d'agir sur le monde. Ils peuvent demeurer dans leurs idées afin d'éviter le contact avec le monde extérieur ; ils sont plus doués pour élaborer que pour exécuter. Les Neuf sont également peu intérieurement impliqués dans ce qui se passe autour d'eux. Ils fonctionnent sur un schéma passif-actif : ils peuvent vivre dans une certaine nonchalance et, tout d'un coup, devenir hyperactifs.

Les trois types en retrait semblent souvent être plus heureux dans leur monde que dans la société. Ils sont plus à l'aise avec leurs pensées et leurs sentiments dans l'intimité de leur univers. Ils ne sont pas nécessairement inquiets à l'idée d'exprimer leurs émotions en public, mais préfèrent chercher d'abord à l'intérieur d'eux-mêmes ce dont ils pourraient avoir besoin[1]. Les Quatre en particulier, bien que vivant souvent dans leur monde intérieur, peuvent devenir extérieurement tapageurs et adopter un registre théâtral. Tous les types en retrait ont tendance à avoir une vie intérieure riche, dans leur imagination et leur questionnement. Lorsqu'ils sont soumis à la pression, ils ont tendance à se retirer, à moins d'avoir de très bonnes raisons pour prendre le devant de la scène.

Horney caractérise cette triade comme montrant des signes de « démission ». Elle présente cet aspect de nous-mêmes dans les cas où nous réagissons en nous disant : « Je vais attendre pour voir comment les choses vont évoluer. » Pour ceux qui ne font pas partie de ces trois profils, se retirer de l'action correspond le plus souvent à une période de deuil, un temps de maturation ou de détachement d'anciens désirs et peurs fondamentales[2]. Il peut s'agir d'un moment de repos et de retraite, dont nous profitons pour prendre du recul et observer ce qui se passe dans notre vie intérieure. La liberté de ne rien faire est ce qu'on appelle parfois la « sainte indifférence », par laquelle nous ne sommes pas investis dans un résultat particulier, mais restons ouverts et libres d'attendre le mouvement de l'Esprit.

Les types en retrait nous donnent l'image d'une vie « au creux de la vague », sans friction importante ni véritable saveur [3]. Ils ne réagissent pas automatiquement à une situation en essayant de décider ce qu'ils doivent faire à son sujet, mais préfèrent attendre que les choses se calment, méditer, ou attendre que quelqu'un démarre le processus.

Le travail de transformation pour ces profils consiste à apprendre à être plus actifs. Leur esprit d'observation peut être utilisé non seulement pour comprendre le passé, mais aussi pour trouver des solutions aux problèmes du présent et de l'avenir. Leur imagination créative doit être recentrée sur le présent et leur permettre de s'incarner dans le monde plutôt que d'y échapper. Ils sauront à la fois gérer défis et problèmes et utiliser leur imagination pour apporter des changements positifs. Les informations recueillies seront moins une excuse pour se retirer qu'un élément pour accroître leur confiance en les autres. De cette manière, ils vont pouvoir reconnaître leur valeur et se libérer de ce besoin d'attendre d'être meilleurs avant de pouvoir vivre pleinement leur vie.

Les personnages bibliques choisis pour les types en retrait nous montrent comment le Divin vient à leur rencontre, même s'ils ne sont pas forcément en éveil et vivent leur vie un peu passivement. En tant que représentant du type Quatre, Job fait face à une énorme tragédie personnelle et s'exile, puis passe sa vie assis à se plaindre de ce qui est, à son avis, une injustice. Sa rencontre avec Dieu est théâtrale et intense, elle l'éveille à une relation à l'univers plus active. Marie Madeleine, première à découvrir Jésus ressuscité, ressort transformée de cette rencontre et devient une femme d'action et de compassion. Dans l'espace Cinq, Joseph le rêveur n'a pas la même vie active que ses frères qui, par conséquent, le haïssent et cherchent à se débarrasser de lui. Dieu lui enseigne comment sortir de l'état de rêve au travers de ses longues épreuves. Joseph prend conscience que rien de ce qui se produit n'est à éviter parce que tout peut être compris comme une coopération avec le dessein divin. Nicodème, pour sa part, est lent à aller de l'avant et à sortir de sa confortable compréhension du monde. Sa rencontre avec Jésus lui fait entamer un processus de transformation qui le conduit finalement à embrasser la souffrance du monde et à avoir confiance dans l'espoir de la rédemption. Enfin, les deux Neuf dont il est question ici ont passé beaucoup de temps « en attente ». Abraham vit au même endroit depuis soixante-quinze ans quand Dieu l'appelle soudain à commencer le voyage qui changera sa vie. L'aveugle de la piscine dans l'Évangile de Jean est resté couché au même endroit pendant trente-huit ans, dans une absence physique et psychique de la vie ; le récit de sa rencontre avec Jésus nous enseigne à quel point il peut être difficile de commencer le processus de transformation.

Tous ces récits montrent le potentiel de croissance pour ceux qui appartiennent à la triade en retrait qui se transforme et passe de l'inertie et l'immobilité à la plénitude et la liberté, non pour qu'ils apportent une contribution à la vie, mais pour qu'ils mènent la vie active de personnes incarnées.

TYPE QUATRE : JOB ET MARIE MADELEINE

> « Je suis à mon bien-aimé, et mon bien-aimé est à moi ! »
>
> Cantique des cantiques 6, 3

Les représentants du profil Quatre sont souvent individualistes et romantiques. Ils peuvent être dramatiques, émotifs et sont principalement axés sur les relations. Les Quatre sont créatifs et sensibles, originaux et esthètes. Ils semblent être, plus que les autres, concernés par la souffrance et leur vie a souvent un côté théâtral. S'ils ont un penchant artistique, ils peuvent l'utiliser pour mettre en forme leurs émotions. La vertu à laquelle ils aspirent est l'équanimité et leur passion est l'envie.

Les Quatre se situent dans l'espace du cœur de l'Ennéagramme et ils ont tendance à beaucoup s'investir dans leur vie affective et dans les relations. Ils ressentent profondément leurs émotions et passent un certain temps à les analyser. En raison de leur centre instinctif réprimé, ils ont souvent l'impression de ne pas pouvoir vraiment « agir » sur leurs relations, ce qui ne les empêche pas de les considérer comme essentielles. Les Quatre étant en quête d'identité, ils la transfèrent parfois sur quelqu'un d'autre dont ils attendent le ravissement et le sentiment d'être entiers[4]. Ils ont également tendance à envier ceux qui semblent jouir d'une vie plus satisfaisante.

Les représentants du profil Quatre pensent être uniques, particuliers, différents jusqu'à penser que personne ne peut les comprendre ni se mettre à leur place. Le Quatre croit que son « je » unique est une identité distincte du reste du monde. Le concept d'Origine sacrée lui apprend qu'« être unique ne signifie pas être spécial », mais que tous les êtres uniques sont des expressions de la source divine[5]. Vivre cette réalité signifie que nous devons laisser de côté notre ego avec tous ses goûts, dégoûts et soucis de sa « petite personne » pour descendre dans la réalité profonde de notre Essence. Le travail de transformation du Quatre est un chemin assez pénible pour lui. Certains préféreront s'accrocher à leur illusion de ne pas être comme les autres.

Les Quatre sont souvent qualifiés d'« artistes » ou de « créatifs ». S'ils sont enfermés dans leur ego, leur créativité peut devenir égocentrée et se limiter à leur propre monde onirique. Toutefois, s'ils ont le courage d'entreprendre un travail de transformation, ils percevront les élans de leur créativité comme des manifestations du Créateur[6]. Cela s'applique aux personnages bibliques étudiés ici. Les histoires de Job et Marie Madeleine commencent et finissent par une attirance pour leur centre divin. Bien que tous les deux subissent de grandes pertes dans leur vie, leur relation avec Dieu les empêche de sombrer dans la dépression, ce qui aurait pu arriver s'ils ne s'étaient pas ancrés dans leur connexion spirituelle.

Se concentrer sur ce qui fait d'eux des personnes uniques nourrit leur ego au détriment de leur croissance spirituelle. Plus nous nous isolons à l'intérieur de notre petite conscience du moi, moins nous sommes connectés aux autres et à l'univers dans son ensemble[7]. Son travail de transformation pourrait amener le Quatre à faire la découverte que « nous ne sommes pas connectés à l'Origine, nous sommes l'Origine[8] » pour autant que nous soyons conscients de notre centre divin. La différence et la particularité n'ont d'intérêt que si nous sommes coincés dans notre petit ego. Dans la conscience divine, il n'existe qu'une seule multiplicité : « Écoute, Israël : Yahvé notre Dieu est le seul Yahvé » (Deutéronome 6, 4), une vérité qui nous interpelle au quotidien en tant qu'affirmation centrale du judaïsme.

Les Quatre nous invitent à partager avec eux leur capacité naturelle à l'introspection par les yeux du cœur. Lorsque ces yeux voient clairement, ils découvrent que les voies du Divin vont bien au-delà de la compréhension humaine. Job va faire l'expérience de ce mystère au cœur de la tempête qu'il va traverser. Marie Madeleine voit avec les yeux du cœur quand ils se remplissent de larmes au tombeau de Jésus. Dans les deux cas, ce qui leur ouvre les yeux ne vient pas de leurs propres souffrances, mais directement de Dieu. Ayant été aussi loin qu'ils le pouvaient avec leurs passions humaines et leurs larmes, Marie Madeleine et Job ont sondé l'abîme du désespoir et ils en ressortent pleins d'espoir avec un nouveau regard.

Job et Marie Madeleine comptent parmi les plus grands individualistes de la Bible. Tous les deux remettent en question leur connexion au reste de l'univers dans ses dimensions macrocosmique et microcosmique, quoique de manières très différentes. L'agonie de Job et son immense souffrance l'ont souvent amené à être considéré comme un prototype du Christ, lui donnant paradoxalement à la fois son aspect unique et universel. Au cœur de son malheur, Job aspire à une révélation du dessein divin qui donnera un sens à sa souffrance. Son histoire tragique l'éveille aux dangers de son ancienne vie de facilité et d'abondance, une vie qui lui a permis de côtoyer sans s'en soucier les forces puissantes et mystérieuses à l'œuvre dans la création.

Les récits bibliques concernant Marie Madeleine sont peu nombreux mais, dans le récit populaire de sa vie, elle est souvent associée à différents portraits de femmes dans les Évangiles. Cela lui donne, comme à Job, une dimension archétypale particulière. La véritable histoire de Marie de Magdala ne sera probablement jamais dissociée des interprétations de la tradition orale qui l'entourent. Ainsi, les Quatre qui se croient hors norme pourraient apprendre de Marie Madeleine et de Job qu'en abandonnant leur besoin d'être différents, ils pourraient parvenir au vrai sens de leur vie en s'abandonnant à un dessein plus vaste. Ces deux personnages sondent la profondeur des émotions, remettent en question leurs relations avec les autres et avec Dieu, et en souffrent intensément. Ils doivent prendre conscience de ce que signifie vivre en dehors des préoccupations de leur ego et contempler l'immensité de la miséricorde et de l'amour divins.

Job

« Je ne Te connaissais que par ouï-dire, mais maintenant mes yeux T'ont vu. »

Job 42, 5

On ne trouve pas de meilleur exemple de la souffrance des Quatre que celui de Job. Sa souffrance est d'abord physique, mais elle devient rapidement spirituelle jusqu'à finalement relever de l'archétype. Même ceux qui ne savent rien des détails de son histoire reconnaissent Job comme un symbole de l'homme bon qui est plongé dans une agonie inimaginable. Son nom est devenu synonyme de toutes les souffrances imméritées et de la douleur dans un monde où toute récompense ou punition universelles ne semblent pas porter de sens. Son histoire soulève la question ultime de toutes les religions et croyances (Muriel Spark l'appelle « l'unique question » dans un livre : comment concilier la notion d'une divinité bienveillante avec la souffrance cruelle, et apparemment arbitraire, que nous subissons dans le monde.

En tant que Quatre, Job est dans l'espace du cœur et il passe beaucoup de temps à examiner et à analyser ses sentiments. Il est centré sur son petit monde qui a été complètement bouleversé et détruit. En cela, il incarne l'image tragique du Quatre. Il doit apprendre que ses manières théâtrales et spectaculaires doivent être abandonnées. Elles proviennent de notre conviction que les choses devraient être comme nous voulons qu'elles soient. Quand les choses ne concordent pas avec ce que nous voulons, nous le prenons personnellement, et estimons que l'univers est contre nous. Rien ne pourrait être plus éloigné de la vérité. En tant que représentant d'un type en retrait, Job est orienté vers le passé et le souvenir de son ancienne vie d'abondance. Il a besoin de se resituer dans le présent avec toute sa peine et sa douleur et de voir que les choses ne sont pas bonnes ou mauvaises, elles sont.

Le questionnement sans fin de Job soulève des interrogations anciennes et fondamentales : pourquoi la souffrance existe-t-elle

Job
איוב

dans le monde ? Comment pouvons-nous avoir une relation avec un Dieu qui permet tant de souffrance ? Pouvons-nous vivre une vie de bonté et d'intégrité dans la souffrance ? Après avoir tout supporté, comment acceptons-nous la nature des choses telles qu'elles sont sans attendre ni recevoir de récompense tangible, et tout de même nous retrouver détendus et ouverts à l'expérience de la douleur et du chagrin ? Le travail de transformation du Quatre nous montre comment nous pouvons faire tout cela et aller au-delà de la souffrance dans l'équilibre et la joie.

Le livre de Job ajoute un autre ingrédient à ce mélange provocateur : le personnage de Satan, l'Accusateur (*ha-satan*, un titre qui ne deviendra un nom propre que beaucoup plus tard). Satan apparaît comme membre de la cour céleste, et il pose à Dieu la question que nous nous posons : Job est-il vraiment bon et vertueux, ou sa bonté est-elle le produit de la vie qui lui a été accordée et qu'il a perpétuée par peur de perdre son privilège ? Retirez-lui tout, suggère Satan, et voyez si Job continue à bénir et adorer Dieu. Dieu donne la permission à Satan de tourmenter Job après avoir annoncé qu'il avait confiance dans la réussite de Job pour cette mise à l'épreuve. L'histoire semble être fondée sur un pari entre Dieu et l'un de ses antagonistes. Avant même que Job n'ouvre la bouche, le lecteur a de bonnes raisons de se méfier d'un Dieu qui joue avec sa création de cette manière. Les questions de Job deviennent rapidement les nôtres.

L'histoire de Job est longue et complexe, constituée d'un texte fragmenté et ardu avec des passages intercalés et quelques difficultés linguistiques. Il commence comme un conte de fées : « Il était une fois un homme... » La structure dramatique du récit nous annonce que cette tragédie n'est pas uniquement liée à un homme en particulier, mais concerne chacun d'entre nous. Au début de l'histoire, Job est décrit comme un homme vertueux qui ne fait pas le mal. D'une certaine manière, nous pensons tous être dans ce cas, car même si nous commettons des erreurs, nous faisons de notre mieux et ne sommes pas particulièrement méchants. Nos vies se déroulent aussi normalement que celle de Job, jusqu'à ce qu'un jour quelque chose vienne tout chambouler.

En tant que Quatre, appartenant à un type en retrait, Job accepte ce que Dieu lui envoie par l'intermédiaire de l'Accusateur. Il représente l'individualiste dans le Quatre, sensible, intuitif et très égocentrique. Au début de son histoire, il est un exemple de ce que William James décrit comme un être pieux très sombre et sobre pour qui le danger plane dans l'air. Il est comme un moineau qui gazouille avec insouciance, ignorant le faucon posé près de lui sur la branche : « "Faites profil bas, car vous êtes entre les mains du Dieu vivant." Dans le livre de Job, par exemple, l'impuissance de l'homme et la toute-puissance de Dieu dépendent exclusivement de l'esprit de son auteur… Certains ressentent cette conviction dont la vérité amère constitue pour eux un sentiment de joie religieuse[9]. » C'est exactement ce que ressentent les Quatre la plupart du temps. La joie religieuse provient de notre conscience que nous ne savons ni ne faisons rien en comparaison de l'immensité de Dieu. Notre pouvons choisir de réagir en voyant la vie comme tragique, ou en affrontant notre souffrance pour trouver l'équanimité. L'ensemble de la Bible nous incite évidemment à choisir la deuxième option. La Bible ne considère pas la vie humaine comme tragique malgré ses nombreux aspects difficiles et douloureux. Dante a appelé son grand ouvrage sur le voyage de l'âme humaine *La Divine Comédie*, et non pas « divine tragédie », ce qui est en accord avec la vie spirituelle de toutes les traditions.

Job, au contraire, ne voit de la vie que ce qu'elle a de tragique. Sa résignation l'emprisonne car il se concentre sur son malheur et sa perte. Même sa femme lui dit : « Maudis donc Dieu et meurs ! » et elle lui demande : « Pourquoi persévérer dans ton intégrité ? » (Job 2, 9). Job répond pieusement à la première question : « Si ce qui est bon nous vient de Dieu, nous devons aussi être prêts à recevoir ce qui ne l'est pas. » Il raisonne comme un Quatre équilibré mais le texte suggère que Job ne prononce ces paroles qu'avec sa bouche et non avec son cœur : « En tout cela, Job ne pécha pas en paroles » (Job 2, 10). La passion du Quatre est l'envie, l'envie vient le plus souvent du cœur et non pas des lèvres. Job en voit d'autres comme lui qui ont été épargnés et il finit par céder à ce que lui demande sa femme, il répond par un blasphème. Ce n'est pas un blasphème contre Dieu, mais contre le jour de sa naissance, c'est-à-dire qu'il maudit sa vie même (Job 3, 1). Si les choses ne se passent pas comme il le souhaite, alors il vaudrait mieux ne jamais être né.

Satan demande à Dieu si Job le craint en vain, car il soupçonne que la droiture de Job n'est pas désintéressée. La crainte de Dieu est une prise de conscience de la puissance ou de la colère divines qui semblent étroitement liées. Ainsi, nous voyons en Job un homme vertueux et droit avant son malheur. Il est très prudent, au point d'offrir des sacrifices en son nom et en celui de ses enfants au cas où ils auraient péché en pensée ou dans leur cœur (Job 1, 5). Job n'est donc pas dans « le renouvellement de soi, la rédemption, et la révélation » d'un Quatre en transformation, il incarne davantage le Quatre mélancolique qui espère que son statut fragile va « attirer un sauveteur et maintenir les autres à distance[10] ». Cela devient évident ultérieurement quand Job cherche réellement un défenseur et un sauveur (Job 19, 25).

Dans les illustrations que William Blake a réalisées pour le livre de Job, l'attitude de Job au début de son histoire n'est pas considérée comme héroïque, mais surtout comme coupable. Blake décrit Job et sa famille fuyant leur créativité : « Tandis qu'ils lisent pieusement les Écritures, leurs enfants sont à genoux, leurs instruments de musique pendant inutiles sur les arbres au-dessus d'eux. » Cette image est très similaire à la description de la personne pieuse sombre et sobre de James. Pour Blake, l'état de Job est un gâchis de l'imagination et manquer de faire appel à sa liberté de penser et à sa créativité est une insulte, et non un hommage, au Créateur. Le Quatre a un talent de créativité et d'imagination dont Job, selon Blake, ne semble pas tenir compte. À la fin de sa série de gravures, après la restauration de Job, Blake décrit encore une fois Job et sa famille, mais cette fois-ci, ils sont debout et jouent de leurs lyres et leurs harpes, célébrant activement leur participation à l'univers divinement chargé.

Blake ne connaissait pas l'Ennéagramme, mais ses illustrations montrent la transformation de l'apathie du Quatre mélancolique en harmonie. Son interprétation sert de commentaire utile sur l'énergie dont Job fait preuve. Job est empêtré dans sa propre piété par peur de pécher et il a besoin de découvrir que l'univers ne portera pas atteinte à ses créations, et qu'il ne tourne pas seulement autour de lui. La négativité de Job n'est pas une forme de *via negativa*, mais souligne une forme de haine de soi qui va finir par ruiner sa relation avec sa femme. Les Quatre sont sensibles à la détresse dans la mesure où ils peuvent se perdre dans leur imagination jusqu'à se retirer dans leur monde personnel de malheur. Chez un Quatre instable, cela peut conduire à la folie ou même au suicide, et même si le suicide semble faire peur à Job, il en vient à souhaiter que quelqu'un le tue à sa place : « Ah, je voudrais être étranglé : la mort plutôt que mes douleurs ! Je me moque, je ne vivrai pas toujours » (Job 7, 15-16).

Les Quatre sont sujets à l'envie, car ils se sentent écartés de l'apparente facilité avec laquelle les autres vivent. Dans ce conte, nous voyons l'envie de Job à travers son incompréhension de la réussite des méchants. Il est distrait de son travail intérieur parce qu'il surveille ce que font les autres. Il ne peut pas voir que ses propres amis l'envient, lui, et que même Satan semble, dans une certaine mesure, jalouser ses richesses et sa prospérité. Il l'envie d'ailleurs assez pour aller provoquer Dieu à son sujet. Dans toutes ses accusations résonne une jalousie implicite à l'égard de l'immense richesse de Job, quand Satan se demande : « Pourquoi lui ? » et quand ses amis se posent intérieurement la question : « Pourquoi pas moi ? » Il est rare que nous nous posions la question inverse : « Pourquoi moi ? » quand il nous arrive quelque chose de bien, ou : « Pourquoi pas moi ? » s'il s'agit d'un événement désagréable. C'est précisément ce que Job doit changer dans sa transformation en tant que Quatre.

Au début de son récit de souffrance, Job sait déjà qu'il n'y a aucun lien entre ce que l'on fait et ce que l'on obtient, et il est catégorique dans son refus d'en établir un. Il résiste à toute idée d'un Dieu qui jouerait au jeu des récompenses matérielles et des punitions. En cela, il a clairement commencé à suivre le chemin de transformation du Quatre, car il sait déjà que sa souffrance n'est pas liée à quelque chose de spécial que lui seul a fait. Son désir d'avoir une explication indique simplement qu'il n'a pas encore vu l'autre côté de la volonté divine qui ne fait aucune distinction entre pénurie et abondance. En supposant que ce qu'il subit est mauvais ou mal, Job ne croit manifestement pas que tout est bien, quelle que soit la sombre apparence des choses.

La souffrance de Job incite également ses amis à penser qu'il doit avoir commis un terrible péché pour être puni si sévèrement. Job sait que ce n'est pas le cas (et Dieu semble être d'accord) et que sa souffrance n'est pas une punition. Il s'agit là d'un élément clé dans son histoire. S'il n'y a aucune cause à blâmer pour la douleur de Job, alors nos systèmes humains de récompenses et de punitions ne fonctionnent pas dans le domaine universel et nous n'obtenons pas ce que nous « méritons » puisque nous ne méritons rien. Les attentes n'appartiennent pas au domaine de l'Essence, mais font partie du système de l'ego pour prendre soin de lui-même.

En tant qu'archétype de la mélancolie du Quatre, Job se demande pourquoi les gens méchants vivent longuement et parviennent à obtenir puissance et prospérité même lorsqu'ils ignorent Dieu (Job 2, 7-14). Lorsque nous nous apitoyons et nous lamentons dans l'espace Quatre, nous avons besoin de nous détacher des sentiments négatifs et de refuser de nous identifier à eux. Job se plaint en disant que même un arbre coupé a l'espoir de fournir de nouvelles pousses, mais que ce n'est pas le cas des êtres humains (Job 14, 7-10). Il se trompe : chez un Quatre transformé, l'arbre et sa nouvelle ramure sont la vie nouvelle, ils ne se contentent pas de la représenter. Tant la personne que l'arbre sont soutenus par la source de tout être, et le malheur que Job exprime quand il pense à la souche coupée indique seulement qu'il s'est séparé de la source de vie et qu'il est tellement pris dans son égoïsme qu'il ne peut pas trouver la joie dans la vie et l'unité de toutes choses.

Certes, la souffrance de Job est extrême, mais dès que nous commençons à en différencier les différents degrés, nous avons déjà intégré l'idée que la souffrance est une chose à éviter à tout prix. Comme les sages nous le disent, c'est notre désir d'éviter la souffrance qui lui donne le pouvoir qu'elle a sur nous. Les Quatre feraient bien de se rappeler que dans l'unité d'amour de l'univers, « tout va bien, tout va bien », comme la mystique anglaise Julienne de Norwich au XIIIe siècle le rappelait si bien. L'idée sainte qui est dégagée est l'origine sacrée, dans laquelle il devient clair que toutes les souffrances humaines dérivent de notre être déconnecté de la source[11].

Les sautes d'humeur de Job sont des étapes dans la reconnaissance de sa souffrance, ce qui lui permet de devenir la personne qu'il est désormais, l'incarnation du Job que nous connaissons tous aujourd'hui[12]. Sa souffrance n'est pas une punition, comme nous pourrions le croire, mais une illumination pour nous. Son mouvement vers la plénitude nous propose de nous éloigner de l'individualisme blessé en cessant de nous demander : « Pourquoi moi ? » Au lieu de cela, nous devons adopter une vision plus large comprenant le fait que tout se déroule dans l'esprit insondable de Dieu.

Après un échange de paroles vagues entre Job et ses amis, sans beaucoup de clarté, Dieu fait irruption dans l'histoire. L'analyse de l'homme, la méditation, le questionnement et les jérémiades cessent quand Dieu parle à travers les ténèbres. Il ne répond à aucune des questions ou plaintes de Job, mais sait qu'il lui a tenu « des propos dénués de sens » (Job 38, 2). Lorsque Dieu décrit pour Job l'immensité de la création, il inverse les rôles et pose à son tour des questions à Job. Celui-ci, qui voulait affirmer son importance et son unicité, est maintenant laissé sans réponse, quand Dieu l'interroge sur les étoiles du matin et la façon dont les chèvres de montagne mettent bas. Les images de beauté et les formes artistiques de la parole de Dieu adressée à Job sont certainement de celles qu'un Quatre est susceptible d'apprécier. Dieu montre à Job la magnificence de la création et ne semble pas enclin à évoquer son ego blessé. L'ego de Job a besoin d'être dissous dans la vision cosmique de l'unité, « des merveilles qui me dépassent et que j'ignorais » (Job 4, 3). Bien que Job ait parlé dans l'ignorance, Dieu affirme également que ce qu'il a dit de Lui est vrai (Job 42, 7) car, contrairement à ses amis, Job savait et avait accepté que la souffrance pouvait effectivement provenir de la main de Dieu. Dieu ne veut pas le réprimander, mais permet à ces réponses très humaines à la douleur de trouver une voix.

Job, en tant qu'individualiste mélancolique, a tenté de se justifier en mettant Dieu lui-même dans son tort : « Me condamneras-tu afin de te justifier ? » (Job 42, 2). Le Dieu qui parle à Job est bien un Dieu de paradoxes et de contraintes, et c'est seulement en les embrassant comme un ensemble que les Quatre trouveront la plénitude. Les Quatre ont besoin de se centrer sur l'unicité de Dieu plutôt que sur la leur. Dieu est le seul dont tout dérive, car tout a « son origine dans l'Être et retourne à l'Être », comme le sol à partir duquel tout devient manifeste [13].

Se plaindre et gémir des souffrances de la vie indique un manque de compréhension. Job a essayé de trouver un sens à sa propre situation. Au lieu de cela, ce qu'il a entendu c'est la voix de Dieu dans son âme, lui disant que l'univers entier est sous son contrôle. La situation de Job n'est pas isolée du reste de l'univers. Le mystère du *pourquoi des choses* est englouti dans le plus grand mystère du silence, comme Job qui va apprendre à écouter et à voir, au lieu de se plaindre. Sa position de retrait devient finalement une position de contemplation et non plus de résistance et de rejet.

Job, ayant dépassé ses plaintes et ses supplications, est enfin capable de se déplacer au cœur du chaos. Dieu lui parle à partir du centre, de l'œil du cyclone, où règnent l'immobilité et le calme. Le Quatre entend parler de l'immensité de la création par un Dieu que Jung a qualifié d'« ensemble d'oppositions intérieures », qui lui donne « un dynamisme extraordinaire, son omniscience et son omnipotence[14] ». Ces « oppositions intérieures » comprennent les éléments masculin et le féminin de la divinité. « De l'obscurité des entrailles divines ont jailli les mers et toute la vie » (Job 38, 8). Dieu est aussi le père de la pluie, ainsi que celui qui a donné naissance à la glace et au gel. Ces images reflètent à la fois puissance et douceur, comme lorsque Dieu contrôle la foudre et pose aussi un regard de sage-femme au cours de la naissance du cerf et des chèvres de montagne (Job 38, 39).

À la fin de l'histoire, Job a appris la leçon difficile mais pourtant réconfortante que Dieu « peut faire toutes choses et aucun de ses plans ne peut être contrecarré » (Job 42, 2). Toute question sur l'origine des choses ne peut être émise que si nous sommes prêts à entendre et à accepter la réponse difficile que nous risquons de recevoir. Les plans de Dieu ne peuvent être perçus que dans les contrastes entre les beautés et les horreurs de la création, ainsi que dans la lumière et l'obscurité du cœur humain. Dieu demande si Job sait :

> « De quel côté habite la lumière, et les ténèbres, où résident-elles, pour que tu puisses les conduire dans leur domaine, et distinguer les accès de leur maison ? »
>
> Job 38, 19-20

La conscience, demeure de la lumière, et l'ombre, lieu de ténèbres de nos personnalités, nous amènent à suivre les sentiers du même « territoire d'origine ». En discernant le chemin vers ce lieu d'origine, le Quatre en nous a besoin d'embrasser toutes les parties de notre être pour leur permettre de devenir un tout. La maison du moi transformé ne verra alors que l'unité, féconde de vie et de diversité, et aussi riche d'obscurité fertile.

Ce que Job pensait savoir de Dieu, il l'avait appris de l'extérieur plus que par expérience. Sa recherche l'a fait souffrir mais, dans l'expérience de la souffrance, il a aussi appris à connaître la vérité sur les voies de Dieu. Il reconnaît finalement : « Je ne Te connaissais que par ouï-dire, mais maintenant mes yeux T'ont vu. Aussi je me rétracte et m'afflige sur la poussière et sur la cendre » (Job 42, 5-6). La transformation ultime ne se fait pas à cause de ce que nous *savons* mais à cause de ce que nous avons *perçu* par notre propre expérience personnelle, souvent à partir d'immenses souffrances. Le sentiment d'être unique que ressent le Quatre s'insère dans un champ plus large du macrocosme dont il fait partie. Pourtant, dans notre univers holographique, la plus petite partie contient également la plénitude de l'ensemble et la transformation du Quatre réside dans cette prise de conscience.

L'histoire de Job ne se termine pas avec le rétablissement de sa fortune mais avec une richesse doublée : il finit deux fois plus riche qu'il n'était au début de son récit. Si nous voyons cela sur le plan matériel, nous restons fixés dans une croyance qui voit les richesses matérielles comme une récompense pour ce que nous avons enduré ou un succès que nous avons obtenu. Mais si nous considérons la richesse doublée de Job comme une richesse spirituelle acquise par son expérience d'une rencontre directe avec le Dieu de tous les êtres qui ne connaît pas la division, alors nous savons qu'il est vraiment riche ! Son sentiment d'être unique qui ne pouvait pas être partagé ou compris par qui que ce soit s'est dissous dans sa rencontre avec le seul unique, « Celui qui est ».

Prier dans l'esprit de Job
Psaume 130

Des profondeurs je crie vers Toi, Yahvé :
Seigneur, écoute mon appel.
Que Ton oreille se fasse attentive
à l'appel de ma prière !

Si Tu retiens les fautes, Yahvé,
Seigneur, qui subsistera ?
Mais le pardon est près de Toi,
pour que demeure Ta crainte.

J'espère Yahvé, j'espère de toute mon âme,
et j'attends Sa parole ;
mon âme attend le Seigneur
plus que les veilleurs l'aurore ;
plus que les veilleurs l'aurore,
qu'Israël attende Yahvé !

Car près de Yahvé est la grâce,
près de Lui, l'abondance du rachat ;
c'est Lui qui rachètera Israël
de toutes ses fautes.

Marie
Madeleine

Marie Madeleine

> « Or, tout en pleurant, elle se pencha vers l'intérieur du tombeau. »
>
> Jean 20, 11

Marie Madeleine ou Marie de Magdala illustre l'intensité et la vulnérabilité du Quatre, et au tombeau vide après la crucifixion, elle nous sert de modèle quand, après sa profonde peine, une relation lui permet de sortir de sa souffrance. Comme d'autres profils en retrait, elle regarde les événements de loin et n'agit pas rapidement. Elle est émotive et sensible, mais à travers la rencontre avec Jésus, elle apprend à activer ses sentiments en allant de l'avant pour les partager avec d'autres.

Marie Madeleine est un personnage complexe à cerner puisque la tradition qui l'entoure confond ce qui peut bien avoir été deux ou trois femmes distinctes. Au fil des ans, Marie Madeleine a accumulé une représentation diversifiée à la fois dans la théologie et dans l'expression artistique, comprenant les rôles de la prostituée, de la pénitente repentie, de la maîtresse et de l'épouse. En tant que personnage composite, elle nous offre un archétype riche.

Marie Madeleine faisait clairement partie d'un petit cercle de femmes à la fois amies proches et disciples de Jésus, qui voyageaient avec lui pour subvenir à ses besoins et ceux des autres disciples. Elle était certainement l'une des disciples dévoués de Jésus, présente à sa crucifixion, et les quatre Évangiles mentionnent son nom comme l'un des premiers témoins de la résurrection. Une telle unanimité est si rare dans les récits bibliques qu'elle souligne son rôle central et reconnaît son importance depuis le début de la tradition. (Son nom apparaît également dans un Évangile apocryphe de Marie qui date du IIe siècle.) Parce que la culture dans laquelle Marie Madeleine a vécu avait tendance à minimiser la situation et même la possibilité de femmes disciples (c'est évident dans le rejet initial de son témoignage par les disciples masculins), le compte rendu de son témoignage dans chacun des quatre Évangiles n'en est que plus puissant, de même que leur unanimité sur le fait qu'elle a visité le tombeau vide et a connu le Christ ressuscité avant tous les autres. C'est un point fondamental de son caractère et son expérience à la tombe de Jésus surpasse de loin tout ce que nous savons d'autre sur elle.

Les traditions orale et patristique ont combiné les rôles de Marie Madeleine, Marie de Béthanie et la pécheresse de l'Évangile de Luc en une seule personne. Dans l'Évangile de Luc, nous lisons que Jésus chasse sept démons hors d'elle (Luc 8, 2), et à partir d'autres témoignages proches de cette époque, elle est également identifiée à la femme « qui était une pécheresse » et qui oint les pieds de Jésus, en pleurant, et lui baisant les pieds après les lui avoir séchés avec ses cheveux (Luc 7, 37). Elle est également assimilée à Marie, la sœur de Marthe et de Lazare, qui pleure des larmes de détresse et qui oint les pieds de Jésus avec ses cheveux quand il vient dans leur maison de Béthanie (Jean 11, 12 ; 12, 3). Ses larmes amènent Jésus lui-même à pleurer sur la mort de Lazare. Ces récits distincts nous donnent une image composite d'une femme qui semble avoir été dramatique, émotive, sensible et romantique. Dans Marie Madeleine, nous voyons aussi démontrée l'intensité du Quatre, qui a appris à se retirer dans sa vie intérieure et qui aspire sans cesse à être en relation avec Jésus. Ce désir de relation peut être le signe d'un profil Quatre en transformation, comme une quête d'union intérieure avec son Essence, Marie devant ressentir la perte physique afin de commencer à vivre cette expérience.

Comme elle pleure devant le tombeau vide après la crucifixion de Jésus, la posture de Marie devient une icône symbolisant l'introspection du Quatre, qui se penche vers l'intérieur de lui-même pour faire face à la vacuité intérieure de l'âme en manque de son amant absent. Elle attend, elle pleure et elle reçoit finalement ce que son cœur désire ardemment, non pas d'une manière physique, mais d'une manière spirituelle qu'elle n'aurait jamais pu prévoir. Un évêque de Rome, Hippolyte (environ 235 après J.-C.), l'a assimilée, elle et sa nostalgie amoureuse, à la jeune mariée du Cantique des cantiques. Il considérait même qu'elle était le symbole de l'Église, l'appelant l'« Apôtre des apôtres[15] ». Elle est aussi la nouvelle Ève, puisque dans sa reconnaissance de Jésus, elle est en mesure de renverser et de racheter le péché originel d'Ève qui s'est séparée de l'union avec Dieu dans le jardin d'Éden.

Désirer un statut spécial et croire l'avoir est bien une caractéristique du profil Quatre. Dans les traditions anciennes qui l'assimilent à la femme « qui était une pécheresse », elle cherche clairement un statut particulier dans sa relation avec Jésus. Dans le compte rendu de son onction des pieds de Jésus, elle achète un parfum très coûteux et met en scène de façon spectaculaire la remise de ce cadeau à son ami très cher, en pleurant et en séchant ses pieds avec ses cheveux (Luc 7, 37-38). Jésus accueille ce don, sachant que c'est un geste sincère qui vient du cœur. Il sait qu'elle a envie de le toucher, d'établir un contact. De son geste, Jésus dit : « Elle a montré beaucoup d'amour » (Luc 7, 47). En outre, il fait le lien entre cet amour et ce pardon, en ajoutant que ses nombreux péchés lui ont été pardonnés. Il dit cela aux personnes dans la salle, puis directement à elle, comme il loue également sa foi et la renvoie dans la paix (Luc 7, 48-50).

Cette interaction entre Jésus et Marie Madeleine résume bien le chemin de transformation du profil Quatre. Marie Madeleine a été en mesure d'accéder de façon significative à son centre instinctif, dans son mouvement vers Jésus. Elle découvre qu'elle n'a plus besoin de se considérer comme une « pécheresse » mais comme une maîtresse. Dans son acceptation par Jésus et dans son acceptation d'elle-même, elle est pardonnée. Elle a fait une vraie rencontre dans une relation réelle, et sa vie est changée à jamais.

Dans la tradition qui relie Marie Madeleine à Marie, la sœur de Marthe et de Lazare, nous la trouvons à nouveau focalisée sur la personne de Jésus. Dans le récit de la visite de Jésus aux deux sœurs (Luc 10, 39)[16], Marie agit également comme une représentante du type Quatre, quand elle intériorise son expérience de s'asseoir aux pieds de Jésus pour l'écouter, apparemment inconsciente des préoccupations de sa sœur Marthe. Ici aussi elle aspire à une relation privilégiée avec le Maître et est réticente à quitter sa posture préférée, assise à ses pieds. Il peut même y avoir un soupçon de tendresse dans sa relation avec Jésus, dans la mesure où elle fait passer ses propres besoins avant tout, y compris les nécessités pratiques comme la préparation d'un repas. Elle doit se sentir soutenue et favorisée lorsque Jésus dit à Marthe que Marie a « choisi la meilleure part ».

Bien que cela n'ait probablement pas été la même personne (Marie de Béthanie n'aurait pas été appelée Marie de Magdala), la tradition a également relié Marie Madeleine à la Marie qui apparaît dans l'histoire de la mort de Lazare dans l'Évangile de Jean (Jean 11). En tant que représentante de l'archétype Quatre dans cette histoire, Marie semble s'être mise à l'écart du reste du cortège funèbre venu à son domicile. Après la mort de son frère, on pourrait voir comme un auto-apitoiement dans sa déclaration que son frère ne serait pas mort si Jésus avait été là, non pas parce qu'il aimait Lazare, mais parce qu'il l'aimait, elle, Marie. Elle est peut-être tombée dans le piège de croire qu'elle était vraiment si spéciale que Jésus aurait dû prendre l'initiative d'accourir en entendant que Lazare était malade, non seulement pour guérir l'homme, mais aussi pour soulager son inquiétude et sa douleur à elle.

Il serait peut-être un peu dur de voir dans cette attitude de la manipulation, mais un Quatre serait certainement capable d'utiliser l'apitoiement sur soi pour obtenir ce dont il a besoin. Jésus, cependant, se déplace à son propre rythme, et arrive bien après la mort de Lazare. Quand il apparaît, Marie abandonne sa posture de retrait et se lève pour aller vers lui, signe que son travail de transformation est en cours. Jésus lui ouvre les yeux et ceux de toutes les personnes présentes à la réalité incroyable que la mort n'est pas une catastrophe, mais une opportunité spirituelle. Celui qui est la vie elle-même peut appeler le mort spirituel (aussi bien que le mort physique) à se lever de son tombeau et à entamer une nouvelle vie. Les lamentations sur la tombe de Lazare ne sont qu'un avant-goût des pleurs de Marie au tombeau de Jésus et, dans les deux cas, elle va se confronter au fait que la mort cède la place à la vie. Ceux qui entendent la voix de « Celui qui est le Chemin » sont appelés à quitter leur conscience égoïste, leur âme morte, et à pénétrer dans une nouvelle manière d'être, faire l'expérience de leur Essence afin que la vie éternelle soit découverte *dans le présent.*

La transformation de Marie demande qu'elle puisse accompagner Jésus jusqu'à la croix elle-même, à la fois littéralement et spirituellement. Cette expérience transforme son sentiment de mélancolie et de douleur en une compréhension plus grande de ce que signifie « mourir à soi-même » avec tout ce que cela entraîne, notamment que le lâcher-prise est la condition sine qua non de la révélation de la vie intérieure profonde. Le deuil et la douleur rongent son âme, la laissant vide et en attente. Ce n'est qu'à partir de cette nouvelle posture qu'elle deviendra capable de devenir un témoin de la résurrection et de la promesse d'une vie nouvelle et éternelle. Le tombeau vide devient pour elle à la fois le tombeau de sa propre mort et le sein de sa nouvelle naissance.

Dans le récit de Jean, Marie Madeleine se rend au tombeau à deux reprises. La première fois, elle voit que la pierre a été roulée. Devant le tombeau vide, la douleur vivement ressentie de Marie Madeleine et la tristesse activent son mouvement. Elle va courir pour dire aux disciples que Jésus est parti. Pierre et Jean reviennent avec elle en courant, constatent que le tombeau est vide et rentrent chez eux. Marie reste là en pleurant, se penchant pour regarder à l'intérieur, et faire face à la terrible absence. Pour Job, comme pour les autres Quatre, sa souffrance vient de son sentiment d'être déconnectée de la source de vie. Son geste de flexion vers l'avant, pour se pencher dans le mystère, montre la posture nécessaire de l'âme qui se rend, symbolisant la reddition contemplative à la vacuité qui est au cœur de toute la plénitude. Pour un Quatre, se pencher dans le vide représente la pleine présence du cœur dans l'obscurité intérieure, alors qu'il est en manque d'union avec son Bien-Aimé.

Le mouvement de reddition de Marie lui permet de voir deux anges dans la tombe. Ils s'adressent à elle en l'appelant « femme », un terme uniquement utilisé précédemment dans l'Évangile de Jean par Jésus envers sa mère. C'est un mot formel, séparant la personne littérale de son rôle symbolique en tant que femme, comme l'Église mère, comme la mère des fidèles, et que la nouvelle Ève. Ce titre est désormais donné à Marie Madeleine dans son rôle de Bien-Aimée, cherchant, comme la mariée du Cantique des cantiques, son amant absent. Elle se réfère à Jésus comme « mon Seigneur » (Jean 20, 13), affirmant ainsi l'existence d'une relation personnelle avec lui. Les représentants du type Quatre ressentent souvent le besoin de personnaliser les événements. Marie synthétise ainsi les événements de la passion en énonçant simplement que « mon Seigneur » a été enlevé, presque comme s'il n'appartenait qu'à elle seule et qu'elle était la seule à ressentir sa perte aussi durement.

En réponse, Jésus est soudainement debout à côté d'elle, mais elle est incapable de le reconnaître, « le prenant pour le jardinier » (Jean 20, 15). Lui, comme les anges, l'appelle « femme », et pose deux questions : pourquoi pleure-t-elle, et qui cherche-t-elle ? En l'élevant au statut métaphorique de « femme », l'auteur de l'Évangile de Jean adresse également ces deux questions au lecteur et à toute l'Église, ainsi qu'à tous ceux qui ressentent de la souffrance dans leur vie et cherchent à en sortir. Le remède aux pleurs se trouve dans la recherche et la recherche mène à la conclusion. Marie pense que Jésus est le jardinier parce que ses pleurs et sa souffrance l'ont aveuglée à la présence de celui qu'elle cherche. Comme elle est enfermée dans sa peine, la déception et peut-être même l'apitoiement sur elle-même, sa perte et son désir brouillent sa vision, tant littéralement que spirituellement. Elle demande au « jardinier » qu'il lui dise où il a placé le corps de Jésus, afin qu'elle puisse l'emmener (Jean 20, 15).

Le seul chemin pour nous sortir de notre souffrance et de notre peine est de réaliser et de ressentir que rien n'a été perdu et que nous fabriquons nous-mêmes notre souffrance, qui peut s'avérer un cadeau. Jésus transmet cette simple et redoutable vérité en l'appelant par son nom : Marie (Jean 20, 16). Par cet appel, l'ordre est rétabli. Son « Amant » lui est revenu et lui a accordé une rencontre en tête à tête. Même si elle ne doit pas considérer cette rencontre au sens normal, comme avant, Jésus lui dit de ne pas l'étreindre, parce qu'il n'est « pas encore monté vers le Père » (Jean 20, 17). Le désir physique de tenir quelque chose ou quelqu'un n'est pas ce qui va le retenir auprès d'elle. En fait, l'union reposant seulement sur la présence physique doit, par sa nature même, avoir une fin. Marie doit abandonner le désir de cette proximité tangible et apprendre comment être en présence de Jésus à chaque instant, mais sur un mode différent. Il lui demande de ne pas le retenir, et de ne pas avoir peur[17]. Jésus doit rapidement monter vers le Père, afin de pouvoir envoyer son Esprit. Tout retard pour une raison humaine, toute résistance à vouloir se cramponner à lui pourrait faire rater à certains la réalité de ce qu'il s'est vraiment passé. Agir est nécessaire afin de ne pas induire en erreur ses amis sur la façon dont ils doivent maintenant entrer en relation avec lui, le Ressuscité.

Marie Madeleine pourrait bien avoir été la première à faire l'expérience du Christ en tant que Ressuscité. Son ascension vers le Divin correspond pour elle aussi à une descente dans son cœur, où elle va découvrir son Essence et l'union avec la divinité. Là, l'âme sera toujours unie à son Bien-Aimé jusqu'à la mort et au-delà. Dans son désir de relation, Marie découvre à travers sa rencontre avec le Christ ressuscité que quelque part en elle-même, elle ne fait qu'un avec la source.

Nous n'avons pas d'autre trace de cette conversation, mais ce qu'elle contient vaut non seulement pour Marie Madeleine, mais aussi pour tout lecteur et pour tout croyant. Jésus est désormais accessible, non pas comme une présence physique à laquelle nous nous accrochons, redoutant son départ, mais comme présent dans le cœur du Père, où notre âme demeure aussi. Dans cette ascension vers notre vraie nature, la mort ne peut avoir aucun pouvoir de séparation entre l'Amant et l'Aimée. En réponse à cette rencontre, Marie va aller annoncer aux disciples : « J'ai vu le Seigneur » (Jean 20, 18). Il n'y a pas d'hésitation ou de doute dans son annonce. Elle fait part aux disciples de ce que Jésus lui a dit, recevant ainsi son titre d'*Apostola apostolorum*. Peut-être a-t-elle été en mesure de leur transmettre sa compréhension nouvelle qu'on ne doit pas vouloir retenir la vie matérielle et peut-être leur a-t-elle dit comment son sentiment de perte s'était transformé en une expérience permanente d'union divine et d'amour.

Pour le Quatre en nous, Marie Madeleine démontre la persistance de l'amour et son désir pour le Bien-Aimé, et elle nous montre que, face à la sombre réalité du tombeau vide, nous pouvons apprendre à ne plus nous accrocher afin de rencontrer celui qui est à la fois la source et la fin de tout notre être. En union avec le Christ ressuscité, nous commençons à voir avec d'autres yeux et ressentir par d'autres moyens la pleine réalité de l'être humain. En remontant vers le Divin, nous avons aussi à descendre dans notre propre cœur et guérir.

Prier dans l'esprit de Marie Madeleine
Psaume 45

Mon cœur a frémi de paroles, belles :
je dis mon œuvre pour un roi,
ma langue est le roseau d'un scribe agile.

Tu es beau, le plus beau des enfants des hommes,
la grâce est répandue sur tes lèvres.
Aussi tu es béni de Dieu à jamais.

Ceins ton épée sur ta cuisse, vaillant,
dans le faste et l'éclat va, chevauche,
pour la cause de la vérité, de la piété, de la justice.

Tends la corde sur l'arc, il rend terrible ta droite !
Tes flèches sont aiguës, voici les peuples sous toi,
ils perdent cœur, les ennemis du roi.

Ton trône est de Dieu pour toi toujours et à jamais !
Sceptre de droiture, le sceptre de ton règne !
Tu aimes la justice, tu hais l'impiété.

C'est pourquoi Dieu, ton Dieu, t'a donné l'onction
d'une huile d'allégresse comme à nul de tes compagnons ;
ton vêtement n'est plus que myrrhe et aloès.

Des palais d'ivoire, les harpes te ravissent.
Parmi tes bien-aimées sont les filles de roi ;
à ta droite une dame, sous les ors d'Ophir.

Écoute, ma fille, regarde et tends l'oreille,
oublie ton peuple et la maison de ton père,
alors le roi désirera ta beauté :
il est ton seigneur, prosterne-toi devant lui !
La fille de Tyr, par des présents, déridera ton visage,
et les peuples les plus riches, par maints joyaux sertis d'or.

Vêtue de brocarts, la fille de roi est amenée
au-dedans vers le roi, des vierges à sa suite.
On amène les compagnes qui lui sont destinées ;
parmi joie et liesses, elles entrent au palais du roi.
À la place de tes pères te viendront des fils ;
tu en feras des princes par toute la terre.

Que je fasse durer ton nom d'âge en âge,
que les peuples te louent dans les siècles des siècles.

En résumé

L'histoire de Job nous pose la question de la présence de la souffrance dans le monde et nous propose d'essayer de la comprendre dans le contexte d'un Dieu bienveillant, source de toute existence. Le sentiment de Job d'être unique avait besoin d'être replacé dans un contexte plus large dans lequel il apprendra que la croyance en sa propre différence l'empêchait de se relier à l'immensité de Dieu. Lorsqu'il cesse de se concentrer sur son propre cas, il devient capable d'embrasser la vision d'un univers où règne l'harmonie, mais aussi le mystère. La créativité du Créateur s'exprime à travers la créativité du Quatre et lui apprend à se retirer dans la contemplation et dans l'émerveillement du monde plutôt que de rester centré sur sa petite personne.

Marie de Magdala est le portrait composite d'une femme qui représente certains traits de la personnalité du profil Quatre : elle est à la fois dramatique, émotive, sensible et romantique. Elle oint les pieds de Jésus de façon extravagante et pleure pour son frère Lazare, mais sa douleur est encore plus grande quand elle pleure Jésus comme elle pleurerait un amant disparu. Son histoire symbolise la transformation de l'âme devenant l'épouse bien-aimée de Dieu. Elle comprend la signification de la croix et se penche au cœur du mystère du tombeau vide. Comme Job, elle apprend que la souffrance et la perte ne sont que des illusions si nous demeurons dans le cœur de Dieu. Sa rencontre avec Jésus ressuscité lui assure que tout désir sera satisfait, et que la mort elle-même se fondra dans le mystère de Dieu.

TYPE CINQ : JOSEPH ET NICODÈME

« Arrêtez, et reconnaissez que Je suis Dieu. »

Psaumes 46, 10

« Qui en effet a jamais connu la pensée du Seigneur ? Qui a été Son conseiller ? » (Romains 11, 34). Réfléchissant à cela, les personnes du profil Cinq pourraient répondre intérieurement : « Ce sont de bonnes questions, et j'y ai pas mal réfléchi. Le processus exige beaucoup de travail et il existe de nombreuses théories à creuser. J'ai besoin d'en savoir plus sur chacune d'entre elles. » Le désir de savoir du Cinq, c'est de tout savoir. (Albert Einstein, probablement de profil Cinq, a écrit que tout ce qu'il voulait, c'était connaître la pensée de Dieu : tout le reste n'était que détails.)

Les Cinq sont les penseurs et les observateurs de l'Ennéagramme. Leur façon d'être, en général, consiste à observer sans porter de jugement, à être plongés dans la réalité et à apprécier les merveilles de la création. Curieux et perspicaces, ils craignent par-dessus tout d'être incompétents ou démunis[18]. Parce qu'ils aiment acquérir des informations, la vertu à laquelle ils aspirent est le non-attachement, de ne plus ressentir le besoin de « posséder » ce qu'ils savent. La passion correspondante est l'avarice, ou la thésaurisation de tout ce qu'ils ont appris et accumulé, sans l'envie de le partager avec le monde.

Les Cinq sont dans l'espace mental de l'Ennéagramme et cherchent à devenir des experts dans quelque chose. Ils n'apprennent pas par une participation active, mais à travers la lecture, l'observation, l'écoute et la logique. Les Cinq peuvent réfléchir à tous les problèmes, analyser et synthétiser l'information, mais ils peuvent trouver difficile d'engager l'énergie nécessaire pour transformer l'observation en action. Ils sont prompts à différer l'action sur quelque chose d'autre afin de procéder à un nouvel examen intellectuel. Parce qu'ils préfèrent utiliser leur tête plutôt que leur corps, les Cinq sont bons pour formuler des stratégies, mais pourraient avoir des difficultés à les mettre en œuvre. La connaissance est perçue comme la solution pour combler tout vide intérieur. Se retirer pour mieux observer est considéré comme la meilleure façon d'acquérir une connaissance.

En tant que profil en retrait, les Cinq préfèrent leur vie intérieure à la socialisation. Dans un groupe, observer et recueillir des informations sur ce qui se passe suffirait à les rendre heureux. Le mauvais usage des centres, pour tous les types, provoque toujours un déséquilibre, et les Cinq perçoivent que mettre leur énergie en mouvement nécessite un engagement de leur personne qu'ils ne sont généralement pas prêts à faire.

Les qualités du Cinq – la réflexion, l'observation et l'analyse – peuvent également se transformer en pièges. Parce que ces qualités nécessitent du recul, à la fois mentalement et physiquement, les Cinq peuvent finalement en arriver à s'isoler en tant qu'individus. Alors qu'ils sont occupés à observer, ils en viennent à croire qu'ils ne sont pas liés à leurs observations : l'observateur et ce qui est observé sont distincts. Ce n'est, bien sûr, pas seulement une habitude mentale des Cinq, la plupart des gens croient pouvoir se séparer de ce qu'ils voient ou de ce qu'ils vivent.

En réalité, cela est impossible. Comme le souligne le principe d'incertitude d'Heisenberg, l'acte même d'observer une chose la change. On ne peut jamais être un pur observateur. Le processus de transformation, peut-être plus particulièrement pour les Cinq, exige que nous incarnions la réalité de la relation. Même si nous pouvons nous sentir isolés, il n'y a pas de forêt sans arbres et lorsque nous croyons que nous pouvons être indépendants, nous sommes comme un pin au milieu des bois se persuadant qu'il est une forêt à lui tout seul. Il peut rester un pin, mais il ne peut jamais devenir une forêt. La transformation n'est possible que lorsque le pin réalise non seulement son interdépendance entre lui et les autres arbres, mais également avec les autres éléments forestiers : le soleil, la pluie, les autres plantes, les insectes et les animaux, les saisons.

Dans leur rôle d'observateurs, d'enquêteurs et collectionneurs d'informations, les Cinq pensent qu'ils peuvent rester spectateurs de la parade de la vie. Leur détachement et leur non-participation les empêchent souvent de nouer des liens affectifs et ils peuvent réellement en venir à croire qu'ils n'ont besoin de rien, ni de personne. Une relation peut exiger un engagement de leur énergie qu'ils ne sont pas prêts à donner et, ainsi, un représentant de ce profil peut avoir tendance à éviter toute expression émotionnelle. Si quelqu'un commence à devenir si important dans sa vie que sa perte serait douloureuse, le Cinq peut se retirer affectivement de la relation[19]. Les Cinq retiennent inconsciemment l'énergie et leur peur de l'engagement peut les conduire à se retirer de l'action, pour se concentrer sur un monde intérieur de spéculation et de « et si ». Ce qui peut apparaître à d'autres comme une réserve ou un enfermement livresque peut être un masque qui garde les sentiments à distance et reporte la nécessité de les engager dans une participation active.

D'un autre côté, les Cinq se font des amis pour la vie si l'amitié leur permet indépendance et liberté, et ils peuvent ainsi se relier avec d'autres à la fois sur le plan abstrait et non verbal[20]. Ils sont discrets, peu soucieux d'évoquer les traumatismes émotionnels et, bien qu'ils ne soient pas des papillons sociaux, ils peuvent apprécier, dans certains contextes, d'expliquer leurs idées et théories aux autres.

Le travail de transformation des Cinq consiste alors à utiliser leurs dons d'observation et de curiosité pour l'amélioration du monde. Sur leur chemin de transformation, ils vont devoir apprendre à utiliser leurs émotions comme une autre source d'information précieuse, et être en mesure d'infléchir certains points de vue en prenant en compte cette dimension émotionnelle. Le Cinq a un fort désir d'être relié à l'ensemble. Comme Brian Swimme et Thomas Berry l'ont souligné, « l'univers est une communion de sujets plutôt qu'une collection d'objets », et « l'existence même est dérivée de et soutenue par cette intimité de chaque être avec tous les autres êtres de l'univers[21] ». Nous faisons tous partie de cette communauté qui ne se limite pas à l'espèce humaine, mais qui comprend toutes les formes de vie ainsi que la matière non vivante.

Les deux Cinq bibliques présentés ici, Joseph le rêveur et Nicodème, vivent initialement dans un monde de déconnexion et de séparation. Joseph est littéralement séparé de sa famille, et Nicodème cherche sa vérité. Leurs histoires reflètent la maturité qui provient d'un changement de perspective. À la fin de leurs récits, à la fois Joseph et Nicodème arrivent à un changement radical de leurs rôles dans leurs communautés, des rôles qui reflètent l'interdépendance plutôt que l'isolement. Joseph est capable de pardonner à ses frères leur trahison et leur fournit de la nourriture en période de famine. Nicodème a perdu son statut en tant que pharisien, mais a trouvé sa nouvelle connexion à la communauté des disciples. Les deux hommes nous montrent le chemin pour se déplacer dans l'espace du Cinq du détachement à l'intégration des émotions, des pensées et des actions afin de se concentrer sur la plénitude de la vie.

joseph

Joseph

« Et personne ne resta auprès de lui pendant que Joseph se faisait connaître à ses frères. »

Genèse 45, 1

Il y a deux Joseph dans la Bible : Joseph qui avait la célèbre robe bariolée et Joseph, le mari de la Vierge Marie (plus précisément traduite par « robe aux manches longues »). Ils ont tous les deux été appelés « Joseph le rêveur », dans la mesure où tous deux ont fait des rêves prophétiques qui leur ont fourni des indications pour leur vie et ont façonné l'avenir d'Israël. La tête est le siège des rêves et les deux Joseph sont dans l'espace mental des Cinq sur l'Ennéagramme. Le premier Joseph est celui que nous évoquons ici, mais son caractère donne également un aperçu du Joseph que nous rencontrons plus tard dans les Évangiles.

Dans le récit de la Genèse, Joseph est le favori de Jacob parmi ses douze fils. Il est le premier-né de Rachel, la plus aimée des quatre épouses de Jacob, et bénéficie par conséquent d'un traitement de faveur de son père. Dès le début de son histoire (Genèse 37, 50), Joseph démontre clairement le sentiment de séparation du Cinq. Bien que faisant partie d'une famille nombreuse, il n'en est pas moins détaché d'eux. Enfant, il ne va pas dans les champs avec ses frères. Il ne sent pas clairement un lien fraternel étroit avec eux, car la première chose que le livre de la Genèse nous dit de lui, c'est qu'il rapporte à son père une mauvaise action de ses frères (Genèse 37, 2). Comme le font les Cinq, il est allé les observer. Ce qu'ils ont fait n'est pas noté mais il est possible que Joseph ait l'habitude de les observer dans les champs et aille ensuite raconter leurs faits et gestes. En tant que type en retrait avec un centre instinctif réprimé, Joseph est sans doute très à l'aise assis à l'écart à observer, estimant que la seule chose qu'il puisse « faire » c'est de rendre compte de l'information qu'il recueillera. Ses frères le haïssent pour son statut privilégié et donc, alors même qu'il est partie intégrante de la famille de Jacob, il est, même à dix-sept ans, considéré comme une sorte d'espion qui observe de l'intérieur. Joseph ne semble pas être traumatisé par ses expériences d'isolement, car il est habitué à être un Cinq solitaire.

Joseph fait également deux rêves qui renforcent son sentiment de supériorité. Dans le premier, ses frères et lui lient des gerbes de blé dans le domaine quand tout à coup la gerbe de Joseph se lève et celles de ses frères se prosternent devant elle. Dans le second rêve, le soleil, la lune et onze étoiles se prosternent devant lui. Il interprète les deux songes comme représentant son père, sa mère et ses frères lui rendant hommage. L'imagerie met clairement en évidence le besoin du Cinq d'être à part. Alors que beaucoup pourraient conserver de tels rêves pour eux-mêmes, Joseph va en analyser les données et les traduire. Sa capacité à interpréter les rêves reflète le désir du Cinq de montrer ses vastes connaissances et d'attirer l'attention sur des choses inhabituelles ou exotiques, pas les choses ordinaires que la plupart des gens savent, mais sur le détail peu connu ou, dans le cas de Joseph, la révélation privée, le monde secret et inconnu de ses rêves. Cela étaie son sentiment qu'il est intellectuellement et culturellement supérieur, mais cela va aussi nourrir la haine de ses frères envers lui[22] et renforcer sa position inconfortable au sein de sa famille.

En tant que Cinq, Joseph est en mesure de trouver des solutions novatrices à ses problèmes. Il ne prend pas une idée ou une révélation comme une simple information sans rapport avec toutes les autres choses qu'il sait. Il a réussi à interpréter ses rêves et cela le rend compétent et fort[23]. Joseph voit ses difficultés dans ses relations familiales comme un problème à analyser et, en résolvant celui-ci par un rêve, il a l'impression de sécuriser son intimité. Les songes lui offrent également un bon mode de réception de nouvelles informations sur lui-même et sur les autres. Une réponse moins saine de la part d'un type en retrait serait d'acquérir beaucoup d'informations sur lui-même mais pour mieux éviter les chemins de transformation, se trouvant très bien comme ça[24].

Joseph a dû faire preuve de souplesse et trouver des façons créatives de sortir de ses difficultés. Son histoire entière le fait passer d'une situation impossible à l'autre, et Joseph triomphe néanmoins de tous les événements négatifs de sa vie. Il retombe sur ses pieds à chaque fois surtout parce que, comme nous l'avons dit, Dieu est avec lui (Genèse 39, 21-23). Sa première épreuve commence lorsque ses frères, emplis de jalousie et de haine, conspirent pour le tuer. Plutôt que de le faire directement, ils le jettent dans une fosse, puis le vendent à des commerçants itinérants qui l'emmènent en Égypte, où il est acheté par Putiphar, un officier de pharaon. Dans la maison de son maître, Joseph manifeste le talent du Cinq à résoudre des problèmes à tel point qu'on lui confie très vite la gestion de la maisonnée. Les Cinq excellent à trouver des solutions, principalement en raison de leur capacité à enregistrer beaucoup de paramètres et à accumuler suffisamment d'informations pour établir des prévisions fiables. Dans le monde des affaires et du commerce, cela peut produire des résultats très profitables. Parce qu'il possède ces compétences, Joseph est souvent en mesure de retourner des circonstances défavorables en sa faveur.

Sa deuxième épreuve se produit lorsque la femme de Putiphar tente de le séduire. Joseph est-il tenté ? L'histoire n'en fait pas mention. Sa réponse à la femme est celle d'un Cinq discipliné : « Avec moi, mon maître n'a pas à se préoccuper de ce qui se passe à la maison et il m'a confié tout ce qui lui appartient » (Genèse 39, 8). Il refuse ainsi de trahir la confiance de son maître. Quand un Cinq a trouvé un endroit sûr dans le monde, il est heureux de s'y retirer et ne va pas prendre le risque de le perdre. Il ne veut pas engager son centre instinctif et mettre en péril sa position. La femme, cependant, insiste et comme il persiste dans son refus, elle se venge en arrachant sa robe, puis en l'utilisant comme preuve qu'il a tenté de coucher avec elle. Son mari croit à sa version et Joseph est jeté en prison. Là, Joseph se trouve dans un endroit isolé et même si c'est une prison, ce n'est pas tout à fait inconfortable pour un Cinq. Il est, au moins temporairement, loin des contraintes des relations affectives qui peuvent être anxiogènes pour un tel profil.

Dans cette deuxième « fosse » où il se trouve, Joseph va se montrer à nouveau capable d'utiliser les compétences du Cinq à évaluer et à résoudre les problèmes. Quelques versets plus tard, nous pouvons lire que Joseph est en charge de tous les prisonniers, soulageant la charge du geôlier comme il a soulagé Putiphar de ses soucis domestiques. En prison, Joseph interprète justement les rêves de deux codétenus. L'un d'eux est libéré et, deux ans plus tard, il se souvient des compétences de Joseph, quand pharaon lui-même a deux rêves troublants qui préoccupent son esprit et qu'aucun de ses conseillers ne peut interpréter. Joseph traduit le rêve comme prévoyant sept années d'abondance suivies de sept années de famine. Il propose un système de rationnement et de stockage de la nourriture pour faire face aux années de vaches maigres. En remerciement, pharaon lui confie la gestion non seulement de sa maison, mais aussi de tout le pays d'Égypte, et lui donne même la fille d'un prêtre en mariage.

L'image des sept années passées à mettre de côté de la nourriture pour pouvoir subvenir aux années de famine, de réduire les besoins du présent exprime la propre réalité intérieure du Cinq à retenir, à conserver et à accumuler. Au cours de ces années de préparation, Joseph est appelé à activer correctement son centre mal utilisé, le centre instinctif, et à apprendre à ajuster sa générosité et sa sensibilité aux besoins des autres.

Dans cette première partie de l'histoire de Joseph, il a fonctionné comme un Cinq stable qui utilise ses compétences pour s'assurer un endroit sûr, et à distance de ses divers environnements hostiles. Dans chaque situation, il a été en mesure de se créer une niche sécurisée, grâce à son intelligence. Il est également toujours capable de maintenir la position caractéristique des Cinq en tant qu'observateur décalé, car il est littéralement un étranger en Égypte et possède des talents particuliers qui lui donnent un statut à part.

Cependant, à trente ans, alors que l'Égypte se prépare à la famine, Joseph a pris une épouse et engendré deux fils. Il fait preuve de gentillesse et de douceur dans ce type de relations. Voilà l'explication qu'il donne sur le choix du nom de ses fils :

« Le premier-né de Joseph est nommé Manassé, “car Dieu m’a fait oublier toute ma peine et toute la famille de mon père”. Le second s’appelle Ephraïm, “car Dieu m’a rendu fécond au pays de mon malheur”. »

Genèse 41, 51-52

Au vu des prénoms qu’il leur donne, il est clair que Joseph n’a pas oublié ses difficultés ni la maison de son père. Il démontre un détachement de sa douleur passée, alors même qu’il se souvient de ses malheurs. Tout en ayant une certaine nostalgie du passé, il redoute de s’en souvenir trop affectivement. Il a maintenant une autre famille qui ne doit pas subir le même schéma malsain qu’il a lui-même vécu étant petit. Joseph démontre la tendance du Cinq à pouvoir freiner ses émotions tout en les ressentant en profondeur, et en les analysant plutôt que de se laisser aller à les ressentir véritablement[25].

Quand on se marie et qu’on devient parent, on est tiré de l’isolement et amené à vivre en communauté. Bien que l’expérience précédente de Joseph avec ses frères au sein de sa propre famille ait été isolante et hostile, le fait qu’il fonde une nouvelle famille en Égypte marque le passage entre ses épreuves et son ascension sociale comme étant le sauveur du grand nombre malgré la famine. Son rôle en tant qu’organisateur agraire le met en position de rencontrer sa famille d’origine, quand ses frères viennent en Égypte pour le grain. Le reste de son histoire illustre le travail de transformation du Cinq au fur et à mesure que Joseph progresse, abandonnant son détachement émotionnel pour s’incarner progressivement dans la vie.

Jacob a envoyé ses fils, les frères de Joseph, en Égypte pour acheter du grain lors de la famine. Il n’a pas permis à son plus jeune fils, Benjamin, d’aller avec eux. Il semble que Benjamin ait remplacé Joseph comme favori de son père, étant donné qu’il est le deuxième fils de Rachel qui mourut en lui donnant naissance. Quand les frères arrivent, Joseph les reconnaît, mais ne se dévoile pas. Il leur parle durement, les accusant d’être des espions

(Genèse 42, 7-9). Le traitement que Joseph inflige à ses frères reflète la tendance analytique du Cinq à disséquer les choses afin de les comprendre, y compris les émotions et les attitudes de ses proches depuis longtemps perdus. Peut-être se méfie-t-il aussi et craint-il de se voir à nouveau manipulé, mais leur arrivée les mains vides pour demander à manger finit par lui rappeler son propre vide intérieur qui doit être rempli.

Joseph exige alors que les frères aillent chercher Benjamin pour prouver leurs dires, à savoir qu'ils ont un frère plus jeune à la maison avec leur père. Peut-être se sent-il malheureux quand ils déclarent que des douze fils de Jacob, « il y en a un qui n'est plus » (Genèse 42, 13), cependant, en tant que Cinq, il sait cacher ses sentiments. Bien que « celui qui n'est plus » soit devant eux, il ne peut pas encore libérer les émotions complexes qu'il ressent en les revoyant. Il fait mettre ses frères en prison pendant trois jours, pensant peut-être qu'ils doivent souffrir un minimum pour connaître un peu de ce qu'il vécut lorsqu'il est arrivé en Égypte plus de dix ans auparavant.

Une partie de la transformation des Cinq consiste à faire en sorte que leurs actions soient moins impulsives. Joseph a déjà évolué dans cette direction quand son interprétation de rêves l'a fait sortir de prison et l'a inséré socialement dans le royaume d'Égypte. Son esprit d'analyse est encore très actif quand il élabore un scénario pour tester ses frères. Dans son plan on retrouve ce thème fondamental pour un Cinq qu'est la peur du vide ainsi que le souvenir de ce qu'il a subi enfant. Joseph va insister sur le fait que l'un d'eux doit rester auprès de lui tandis que les autres retourneront à Canaan pour ramener Benjamin.

Les frères, qui ne savaient pas que Joseph pouvait comprendre leur langue et ont fait appel à un interprète, dénoncent leur mauvaise action d'autrefois et la façon dont ils avaient ignoré les cris du jeune Joseph après l'avoir jeté dans le fossé. Ils croient qu'ils sont en train de payer le prix de la dureté de leur cœur (Genèse 42, 21). À ce signe de leur angoisse, Joseph, en Cinq émotionnellement distant, « se détourna d'eux et pleura » (Genèse 42, 24). Ses larmes indiquent un moment décisif de sa transformation car même s'il se détourne pour les cacher, il est enfin en mesure de verser les larmes refoulées depuis si longtemps. C'est la première des trois fois du récit que Joseph pleure sur ses frères, selon « un schéma qui ira crescendo[26] ».

Pourtant, Joseph n'en a pas terminé avec son plan. Il renvoie ses frères chez eux, et garde avec lui Siméon. Il sait qu'en retournant voir Jacob et en demandant à Benjamin de les accompagner vers l'Égypte, ils briseront le cœur de leur père. En testant ainsi ses frères, Joseph agit en obéissant à ce que lui dicte son sentiment de séparation et d'isolement. Ne se considérant pas comme un membre de sa famille, il peut observer leur angoisse et imaginer la douleur de leur père, en se détachant lui-même de ces sentiments. Ses larmes et son amour pour ses deux fils indiquent la direction dans laquelle il a besoin d'avancer pour que sa propre transformation puisse continuer. Comme il devient plus conscient de sa vie affective, il peut alors commencer à l'intégrer dans son univers mental et aller au-delà de ses petites préoccupations personnelles pour devenir l'instrument d'un plus grand dessein dans la communauté humaine. Pour l'instant, il n'est pas conscient de la relation entre ses émotions et son but plus élevé, mais le reste de l'histoire lui enseigne, comme au lecteur, comment fonctionne l'omniscience divine. Avec les Cinq, nous nous rendons compte que tout ce qui se passe est intimement lié à tout le reste et que la séparation est une illusion qui nous garde enfermés dans notre conscience égoïste.

Quand les frères reviennent accompagnés de Benjamin, la vue de son jeune frère submerge à nouveau Joseph d'émotion et il trouve une salle où pleurer sans être vu (Genèse 43, 30). Ce deuxième temps de larmes nous donne plus de détails que le premier : ayant encore besoin de cacher son état intérieur, Joseph se retire, puis se lave le visage et retourne à la salle, « se contenant » (Genèse 43, 31). Il a accueilli ses émotions, mais les dissimule à nouveau, littéralement et symboliquement, en se lavant.

Joseph a un autre test auquel soumettre ses frères. À leur insu, il glisse une coupe en argent dans le sac de Benjamin, et il accuse les autres de l'avoir volée. Ils sont peinés lorsque la coupe manquante est découverte et Joseph scrute leur réaction. Ils se retrouvent dans la situation de faire à Benjamin ce qu'ils avaient fait à Joseph, le dénoncer pour le vol et se débarrasser de lui pour toujours. Cependant, ils savent que, ce faisant, ils causeraient la mort de leur père et, à la surprise de Joseph, ils refusent d'abandonner Benjamin. Au lieu de cela, Juda, le frère qui avait autrefois eu l'idée de vendre Joseph aux commerçants, offre de prendre la place de Benjamin et de rester servir Joseph à vie afin que le plus jeune puisse rentrer à la maison. Apparemment, Juda sait que son absence n'aura pas la même incidence sur Jacob que la perte de Benjamin ou celle de Joseph.

Joseph, qui a été capable de se contrôler tout au long, « ne put se contenir davantage » (Genèse 45, 1). Dans ce cas, le mouvement vers la relation l'emporte sur le mouvement de rétraction habituel. Le tempérament autrefois détaché et froid de Joseph cède et il se fait alors connaître à ses frères, en pleurant si fort que toute la maisonnée l'entend (Genèse 45, 2). Il ne dissimule plus ses pleurs, mais pleure ouvertement. Le Cinq est passé du monde des théories mentales à une connexion émotionnelle riche et totale avec l'humanité. Il dit à ses frères : « Approchez-vous de moi ! » (Genèse 45, 4). La distance entre eux disparaît et son isolement s'évapore. Il se permet d'être non seulement vu par eux, mais touché, de sorte que son corps apprenne aussi à exprimer ses émotions si longtemps contenues. Il éprouve la sensation nouvelle d'être vu au lieu de se sentir invisible.

Ce n'est qu'alors que Joseph comprend la pleine vérité de la transformation du Cinq : tout est lié dans un ensemble qui ne permet pas d'isoler ses membres, mais utilise leurs dons pour le bénéfice de la communauté. Joseph dit à ses frères que même s'ils l'ont vendu autrefois, ils ne doivent pas être dans la détresse, « car c'est pour préserver la vie que Dieu m'a envoyé en avant de vous » (Genèse 45, 5). Une fois capable de renoncer à sa conviction qu'il doit tout maîtriser afin de maintenir sa sécurité intérieure intacte, Joseph comprend son rôle en tant que véhicule par lequel l'œuvre divine peut s'accomplir. Tout ce qu'il a vécu peut maintenant être considéré comme faisant partie d'un projet plus vaste qu'il n'a pas besoin de contrôler. Dieu est en mesure de donner du bon, non à cause de mais en dépit des souffrances que les hommes s'infligent à eux-mêmes et les uns aux autres.

Grâce à cette nouvelle façon de voir, Joseph peut même affirmer que ce ne sont pas ses frères, mais Dieu qui l'a envoyé en Égypte. Il envoie chercher son père en grande hâte, embrasse ses frères, pleure avec eux et leur parle. Après avoir pleuré seul trois fois, Joseph peut enfin pleurer avec eux. Lorsque son père Jacob arrive, Joseph pleure « longtemps » (Genèse 46, 29). Quand son père meurt en Égypte, Joseph se jette à nouveau spontanément sur Jacob, pleure sur lui et l'embrasse (Genèse 50, 1). Il pleure encore quand ses frères craignent que la mort de Jacob retourne Joseph contre eux (Genèse 50, 17). Il réaffirme que « le mal que vous aviez l'intention de me faire, Dieu l'a tourné en bien, afin d'accomplir ce qui se réalise aujourd'hui : sauver la vie à un peuple nombreux » (Genèse 50, 20). En tant qu'observateur de la vie, Joseph en est venu à une des plus grandes observations qu'un Cinq puisse faire : tout est lié dans le cadre du dessein divin, et ce savoir libère l'individu de son sentiment d'isolement ou d'être extérieur à la réalité.

Joseph devient le premier modèle du thème biblique du serviteur souffrant quand il apprend que la souffrance, bien que ni décidée ni exigée par Dieu, peut être utilisée pour accomplir le dessein divin. Il s'agit d'un tournant remarquable dans ce récit théologique, et il ne se produit que lorsque le Cinq est en mesure d'accepter qu'il n'est pas nécessaire de tout savoir, car Dieu agira de telle manière que tous les besoins soient finalement satisfaits. La mort de Joseph dans les derniers versets place toute la vie humaine et la souffrance dans le contexte plus large de la sagesse divine. En fin de compte, tout est contenu dans le savoir divin auquel nous avons tous accès quand nous sortons de notre faux sentiment de séparation. Joseph se déplace dans cette omniscience sainte, « un état très beau dans lequel vous conservez votre humanité sans perdre votre divinité[27] ». Autrement dit, toujours garder à l'esprit que nous sommes à jamais liés à Dieu dans une réalité plus profonde que notre dimension humaine, même si cette réalité prend évidemment en compte notre condition humaine. C'est une belle fin pour la Genèse, le premier livre de la Bible, car elle établit une base de compréhension pour tout ce qui va suivre.

Prier dans l'esprit de Joseph
Psaume 105

Rendez grâce à Yahvé, criez Son Nom,
annoncez parmi les peuples Ses hauts faits :
chantez-Le, jouez pour Lui, récitez toutes Ses merveilles ;
tirez gloire de Son Nom de sainteté,
joie pour les cœurs qui cherchent Yahvé !

Recherchez Yahvé et Sa force,
sans relâche poursuivez Sa face ;
rappelez-vous quelles merveilles Il a faites,
Ses miracles et les jugements de Sa bouche.

Lignée d'Abraham Son serviteur,
enfants de Jacob Son élu,
c'est lui Yahvé notre Dieu :
sur toute la terre Ses jugements.

Il se rappelle à jamais Son alliance,
parole promulguée pour mille générations,
pacte conclu avec Abraham,
serment qu'Il fit à Isaac.

Il l'érigea en loi pour Jacob,
pour Israël en alliance à jamais,
disant : Je te donne une terre,
Canaan, votre part d'héritage.

Tant qu'on put les compter,
peu nombreux, étrangers au pays,
tant qu'ils allaient de nation en nation,
d'un royaume à un peuple différent,

Il ne laissa personne les opprimer,
à cause d'eux Il châtia des rois :

Ne touchez pas à qui M'est consacré ;
à Mes prophètes ne faites pas de mal.

Il appela sur le pays la famine,
Il brisa leur bâton, le pain ;
Il envoya devant eux un homme,
Joseph vendu comme esclave.

On affligea ses pieds d'entraves,
on lui passa les fers au cou ;
le temps passa, Son oracle s'accomplit,
la parole de Yahvé le justifia.

Le roi envoya l'élargir,
Le maître des peuples lui ouvrir ;
il l'établit seigneur sur sa maison,
maître de toute sa richesse,

pour instruire à son gré ses princes ;
de ses anciens il fit des sages.
Israël passa en Égypte,
Jacob séjourna au pays de Cham.

Il fit croître son peuple abondamment,
le fortifia plus que ses oppresseurs ;
changeant leur cœur, Il les fit haïr Son peuple
et ruser avec Ses serviteurs.

Il envoya Son serviteur Moïse,
et Aaron qu'il s'était choisi ;
ils firent chez eux les signes qu'Il avait dits,
des miracles au pays de Cham.

Il envoya les ténèbres et enténébra,
mais ils bravèrent ses ordres.
Il changea leurs eaux en sang
et fit périr leurs poissons.

Leur pays grouilla de grenouilles
jusque dans les chambres des rois ;
Il dit, et les insectes passèrent,
les moustiques sur toute la contrée.

Il leur donna pour pluie la grêle,
flammes de feu sur leur pays ;
Il frappa leur vigne et leur figuier,
Il brisa les arbres de leur contrée.

Il dit, et les sauterelles passèrent,
les criquets, et ils étaient sans nombre,
et ils mangèrent toute herbe en leur pays
et ils mangèrent le fruit de leur terroir.

Il frappa tout premier-né dans leur pays,
toute la fleur de leur race ;
Il les fit sortir avec or et argent,
et pas un dans leurs tribus ne trébuchait.

L'Égypte se réjouit de leur sortie,
elle en était saisie de terreur ;
Il déploya une nuée pour les couvrir,
un feu pour éclairer de nuit.

Ils demandèrent, Il fit passer les cailles,
du pain des cieux Il les rassasia ;
Il ouvrit le rocher, les eaux jaillirent,
dans le lieu sec elles coulaient comme un fleuve.

Se rappelant sa parole sacrée
envers Abraham son serviteur,
Il fit sortir Son peuple dans l'allégresse,
parmi les cris de joie, Ses élus.

Il leur donna les terres des païens,
du labeur des nations ils héritèrent,
en sorte qu'ils gardent Ses décrets,
et qu'ils observent Ses lois.

Nicodème

« Comment cela peut-il se faire ? »

Jean 3, 9

En Nicodème, nous rencontrons un Cinq qui, du moins au début de son histoire, semble être bien inséré socialement. Comme il s'agit d'un profil en retrait, nous savons qu'il dispose d'un centre instinctif réprimé. En tant que représentant du type Cinq, l'incertitude l'empêche souvent d'agir parce qu'il pense devoir continuer à accumuler des informations jusqu'à ce qu'il puisse comprendre, puis agir en conséquence. Les Cinq ont besoin de se sentir compétents, et cela peut prendre un certain temps. Il se peut en fait qu'ils n'atteignent jamais le stade où ils estimeront en savoir assez, non seulement pour prendre une décision, mais aussi pour agir en conséquence. Nicodème nous fournit un modèle de la façon dont un Cinq peut être touché de manière à ce qu'une information mentale lui permette finalement d'agir avec discernement en utilisant ses émotions.

Nicodème est un pharisien, un des leaders respectés du peuple juif et un docteur de la loi. En tant que pharisien, il est respecté pour ce qu'il sait. Son caractère n'est décrit que dans l'Évangile de Jean, un Évangile qui énonce explicitement son objectif pour le lecteur : encourager la croyance en Jésus-Christ et à travers cette croyance conduire chacun à la vie d'abondance (Jean 20, 21). Toute personne rencontrant Jésus dans l'Évangile de Jean est un modèle de ce schéma, démontrant les étapes et les choix qu'implique ce processus. L'histoire de Nicodème décrit pour nous trois étapes de ce voyage vers la foi : remise en question, réflexion et, enfin, acceptation. Ces étapes que Nicodème traverse sont semblables aux trois étapes traditionnelles souvent mentionnées dans la vie contemplative, à savoir la purification, l'illumination, l'unification[28]. Passer ces étapes débouche sur la transformation de l'âme et l'union avec Dieu.

nico ème
ניקודמוס

Nicodème vit cette croissance en trois épisodes stratégiquement placés au début, au milieu et à la fin de l'Évangile de Jean. Après le premier, qui est son introduction à Jésus, ses deux apparitions ultérieures créent l'effet d'une répétition progressive, dans laquelle sa foi s'approfondit, nous montrant ce qui peut nous attendre si tant est que nous prenions au sérieux notre première rencontre avec Jésus.

Nicodème vient d'abord à Jésus « de nuit » (Jean 3, 2). Venir de nuit signifie venir dans l'obscurité. Venir de nuit pour un Cinq revient à venir quand il est le plus en sûreté. Personne ne le voit et il peut littéralement rester dans l'ombre jusqu'à ce qu'il se sente en sécurité. Il est possible que Nicodème ait véritablement rencontré Jésus de nuit. À chaque histoire, cependant, l'Évangile de Jean nous invite à aller plus profondément dans les détails et à regarder ce qui se trouve sous une lecture purement littérale. Dans ce cas, il nous est demandé de nous rappeler que peu de temps avant dans l'Évangile, Jésus a été désigné comme la lumière qui est venue dans le monde (Jean 1, 4-5). Il est la lumière et Nicodème est dans l'obscurité. Nicodème a déjà mené une enquête et découvert certaines choses au sujet de ce rabbin : « Nous le savons, tu viens de la part de Dieu » (Jean 3, 2). Toutefois, en tant que Cinq, il a besoin d'obtenir de plus amples renseignements avant d'être disposé ou capable de faire quoi que ce soit de ce savoir. Pour les Cinq, un manque d'information suggère un vide intérieur et le néant. En outre, l'engagement leur est difficile et ils préfèrent prendre du recul et observer que s'impliquer dans une action potentiellement risquée. Nicodème a donc besoin de prendre du recul et de rassembler davantage d'informations.

Jésus répond à Nicodème par sa célèbre déclaration : « Toute personne qui souhaite voir le royaume de Dieu doit être née à nouveau » (Jean 3, 3). Cette déclaration est très déroutante. Elle surprend Nicodème, qui se demande comment il est possible de renaître : peut-on revenir dans les entrailles de sa mère pour naître de nouveau (Jean 3, 4) ? Nicodème pose là une question pertinente, car il s'agit bien là d'un concept totalement nouveau. En raison de certains aspects du Cinq qui n'est pas en contact avec le corps, cet exposé sur la naissance et la renaissance est particulièrement difficile. Si nous nous sentons déconnectés de notre corps, nous avons besoin d'apprendre à ressentir notre vitalité propre et une réalité physique pour comprendre un concept de renaissance. Un Cinq ne vit pas bien avec un tel paradoxe et là où il y a paradoxe, de plus amples informations sont nécessaires.

Après lui avoir présenté le paradoxe d'un homme adulte qui renaît, Jésus dit à Nicodème :

> « Le vent souffle où il veut et tu entends sa voix, mais tu ne sais pas d'où il vient ni où il va. Ainsi en est-il de quiconque est né de l'Esprit. »

Jean 3, 8

En grec et en hébreu, les mots pour « vent », « esprit » et « souffle » sont les mêmes. Dans cette déclaration, les paroles mêmes de Jésus n'ont pas de signification simple pour Nicodème. Le vent comme l'Esprit soufflent sur la création, donnant un souffle de vie à tous ceux qui sont nés une fois puis renaissent. La métaphore de Jésus est délibérément insaisissable. Elle exige une réflexion et, surtout, une expérience individuelle. On ne comprend pas uniquement avec notre tête, mais il invite à la pensée profonde et à l'étude afin de mieux s'ouvrir à sa vérité. C'est une nourriture riche pour Nicodème qui essaie de tout digérer. Sa seule réponse à Jésus est : « Comment cela peut-il se faire ? » (Jean 3, 9). Jésus lui répond directement dans son espace de tête en contestant : « Tu es maître en Israël, et ces choses-là, tu ne les saisis pas ? » (Jean 3, 10). En tant que professeur de l'enseignant Nicodème, Jésus sait comment entrer en contact avec lui. Sa réponse à Nicodème est complexe et non simpliste. Il sait que Nicodème a besoin de beaucoup d'informations et de temps pour y réfléchir. Jésus respecte aussi son besoin de préserver son intimité et il va bien à sa rencontre à l'intérieur de son espace de confort. Jésus a probablement senti le questionnement de Nicodème et, au lieu de lui faire des remontrances, il déploie de grands efforts pour répondre à sa curiosité et à son réel désir de comprendre. Une façon de soutenir un Cinq est de suivre une telle voie et d'offrir son temps et son énergie, comme Jésus le fait pour Nicodème.

La question de Nicodème est pertinente de la part d'un Cinq. Nicodème veut comprendre, ajouter à sa connaissance ce que signifie être un bon pharisien qui enseigne Dieu au peuple. Mais les choses que Jésus dit le dépassent. En parlant avec des paradoxes, des énigmes et des métaphores Jésus fait appel à l'intelligence des Cinq, mais cela les empêche de saisir la signification de ses paroles. Pourtant, un Cinq ouvert à la transformation est également ouvert d'esprit. La question de Nicodème : « Comment cela peut-il se faire ? » n'est pas prononcée de façon sceptique ou dédaigneuse. Il a vraiment envie de comprendre, alors qu'il est incapable de percevoir les profondeurs de ce que Jésus dit. Il médite sur ces choses et essaie de s'informer au sujet de Jésus et de ses enseignements.

Beaucoup de ceux qui sont sur un chemin spirituel seraient d'accord pour estimer qu'une certaine forme de mort est nécessaire avant qu'une renaissance et une nouvelle prise de conscience puissent se produire. Mais Jésus suggère une vision différente dans cette rencontre avec Nicodème. Il faut, semble-t-il dire, d'abord s'éveiller, puis mourir, et enfin renaître[29]. Nicodème n'est pas encore au courant de la première étape. Il avance dans le noir comme une personne encore endormie. C'est pourquoi il a du mal à comprendre les deuxième et troisième étapes, car c'est seulement quand on est éveillé qu'on peut alors mourir et renaître. Nicodème apprendra ce qu'implique se réveiller à sa prochaine apparition.

La deuxième apparition de Nicodème se produit vers le milieu de l'Évangile, au moment où Jésus devient l'objet d'une controverse considérable entre le peuple et les autorités juives. Il vient de perdre un certain nombre de disciples à cause du fait qu'il prétend être le « pain de vie » (Jean 6, 35). Beaucoup ont répondu en lui disant : « Elle est dure, cette parole ! Qui peut l'écouter ? » (Jean 6, 60). Leur question ressemble beaucoup à la précédente de Nicodème : « Comment cela peut-il se faire ? » Les deux questions présentent deux options : les creuser ou s'en détourner.

Beaucoup de disciples de Jésus se sont retirés à ces paroles (Jean 6, 66). Les événements ultérieurs nous disent que Nicodème n'était pas de ceux-là. Les foules débattent pour savoir si Jésus est le Messie : selon certains, c'est bien lui, tandis que d'autres déclarent que le Messie ne peut pas venir de Galilée (Jean 7, 41). Nicodème est pris dans la controverse. Les prêtres et les pharisiens ont demandé aux autorités d'arrêter Jésus, mais ils ne l'ont pas encore fait. En tant que pharisien, Nicodème est parmi eux quand ils reviennent les mains vides. Ils se rendent compte qu'ils ne peuvent arrêter Jésus uniquement en raison de la façon dont il parle. Les pharisiens disent que seule la foule inculte prête attention à Jésus et qu'aucun des pharisiens ne croit en lui. À ce moment, Nicodème s'avance, non pour affirmer sa croyance (car ce serait prématuré pour un Cinq qui en est encore à la collecte d'informations), mais pour souligner que leur loi exige qu'une personne soit jugée avant d'être condamnée. Il s'appuie sur sa connaissance de la loi pour mettre en avant le principe d'une défense pour Jésus. Nous pouvons seulement supposer que, depuis sa première rencontre avec Jésus dans l'obscurité, Nicodème a été chercher des réponses à la question qu'il avait posée : « Comment cela peut-il se faire ? »

Au cours des étapes de son périple vers la croyance, Nicodème conserve ce besoin de Cinq de recueillir des informations et d'observer ce que les autres en disent et en font. De toute évidence, son centre émotionnel est également engagé puisque sa connaissance devient de plus en plus personnalisée et provient de moins en moins de faits bruts. Étant à l'œuvre, son centre émotionnel devrait l'aider à résoudre son imprécision intérieure au sujet de Jésus et des paradoxes qu'il propose. En rappelant au conseil des prêtres et aux pharisiens que Jésus mérite un procès équitable, Nicodème est également entré dans la sphère de l'action, son centre réprimé. Les Cinq peuvent s'appuyer sur leur mental pour lutter pour la justice plus qu'aucun autre type. Ils n'ont peur de rien, et sont froidement lucides.

La façon généreuse dont Nicodème traite Jésus, malgré le mépris de ses pairs, est une étape importante dans sa croissance spirituelle. Il est important de noter que sa transformation n'est pas encore complète. Il n'est pas seulement cité comme « celui qui est allé à Jésus », mais aussi comme étant « l'un d'entre eux », ce qui signifie l'un des pharisiens qui souhaitent arrêter Jésus (Jean 7, 50). Il a dû se sentir écartelé en s'efforçant de faire partie des deux partis opposés. Les pharisiens lui disent : « Étudie ! Tu verras que ce n'est pas de la Galilée que surgit le prophète » (Jean 7, 52). Il y a une redondance à demander à un Cinq de faire des recherches. Dans le cas de Nicodème, c'est ce qu'il fait tout au long de l'histoire. Les pharisiens présument que sa recherche le mènera à accepter que Jésus ne peut pas être le Messie, mais Nicodème a déjà entrepris son questionnement avec un esprit et un cœur ouverts et sa recherche le ramène à celle qu'il avait entreprise dans l'obscurité. Aucun texte ne raconte ce qu'il advient de Nicodème après la réunion du conseil, il ne réapparaît qu'à la fin de l'Évangile.

La dernière étape de sa transformation prend place à l'endroit préféré du Cinq, soustrait à l'action principale, mais observant avec attention tout ce qui se passe. Jésus a finalement été arrêté, jugé et mis à mort. Après le récit de la crucifixion, l'Évangile dit :

> « Après ces choses, Joseph d'Arimathie, qui était un disciple de Jésus, mais en secret à cause de sa peur des Juifs, demanda à Pilate de le laisser prendre le corps de Jésus. Pilate lui donna la permission pour qu'il vienne enlever son corps. Nicodème, qui était d'abord venu à Jésus de nuit, vint aussi, apportant un mélange de myrrhe et d'aloès pesant environ cent livres. Ils prirent donc le corps de Jésus et l'enveloppèrent avec les épices dans des linges, selon la coutume d'ensevelissement des Juifs. »
>
> Jean 19, 38-40

Nicodème apparaît avec Joseph d'Arimathie qui est identifié comme un disciple secret. Les autres Évangiles ajoutent que

Joseph d'Arimathie est riche (Matthieu 27, 57) et, plus important encore, un « membre notable du conseil » qui attend le royaume de Dieu (Marc 15, 42). Nous savons aussi que c'était un homme bon et juste, qui, bien qu'il soit membre du conseil, « n'avait pas accepté leur plan et leurs actions » (Luc 23, 50). Nicodème l'aurait connu en tant qu'autre membre du conseil. L'amitié entre ces deux hommes doit avoir été nourrie par le secret de faire partie des disciples. Le secret est considéré comme l'une des caractéristiques du Cinq, car il s'agit de retenir toutes les informations sans les distribuer n'importe comment. Nous pouvons en déduire que, comme Joseph d'Arimathie, Nicodème n'a pas non plus accepté la décision du conseil d'arrêter et de tuer Jésus. Il s'avance à présent pour revendiquer et envelopper le corps de Jésus. Cette action est devenue notoire et a défavorablement scellé son avenir avec le conseil. Non seulement il ne pourra plus participer à leurs délibérations, mais c'est lui, dorénavant, qui va être observé.

C'est audacieux pour un Cinq de sortir de l'ombre et d'exister à la lumière. Le mouvement indique le travail de transformation que Nicodème a suivi. Le pas le plus important que puisse faire un Cinq, c'est de se connecter avec le monde réel et d'y tester ses idées[30]. Nicodème, après avoir beaucoup réfléchi et recueilli le maximum d'informations, a finalement été en mesure de quitter son interprétation mentale au sujet de Jésus et de transporter ses idées dans le monde réel pour les tester. Cela n'est devenu possible que parce que Nicodème avait lié une relation personnelle avec Jésus, d'abord dans les ténèbres, puis dans les ombres, et enfin dans la lumière. Il a maintenant choisi de porter sa lumière dans le domaine public. Son détachement a cédé la place à la relation pure comme lorsqu'il touche et enroule le corps sans vie de Jésus. Son geste évoque une pieta qui, dans sa tristesse et sa fragrance, transcende tous les mots et demeure dans le silence, l'espoir et la beauté de ce qui est à venir.

L'homme qui était plein de questions va maintenant dans le silence. Il ne prononce pas de discours à la fin de cet Évangile. Nicodème, le penseur en retrait, a été transformé en un homme, toujours penseur mais maintenant aussi homme d'action libre.

Ses questions et ses arguments sont sans intérêt au moment où il porte le corps sans vie de Jésus. Le paradoxe contre lequel il a lutté a pris une forme corporelle : la lumière et la vie du monde gisent désormais dans l'obscurité de la tombe. Après avoir partagé le questionnement riche de son esprit avec Jésus, Nicodème affiche maintenant une belle sensibilité en enveloppant son corps dans le linceul et les aromates. Les retrouvailles avec son corps marquent le dernier symbole de l'histoire de Nicodème. Il revient littéralement à son corps et à ses sensations, un autre monde que celui de la pensée. Son corps contient son Essence de la même façon qu'il tient Jésus. La mort de Jésus l'a fait renaître.

Prier dans l'esprit de Nicodème
Psaume 23

Yahvé est mon berger, rien ne me manque.
Sur des prés d'herbe fraîche Il me fait reposer.

Vers les eaux du repos Il me mène,
Il y refait mon âme ;
Il me guide aux sentiers de justice
à cause de Son Nom.

Passerais-je un ravin de ténèbres,
je ne crains aucun mal car Tu es près de moi ;
Ton bâton, Ta houlette sont là qui me consolent.

Devant moi Tu apprêtes une table
face à mes adversaires ;
d'une onction Tu me parfumes la tête,
ma coupe déborde.

Oui, grâce et bonheur me pressent
tous les jours de ma vie ;
ma demeure est la maison de Yahvé
en la longueur des jours.

En résumé

Joseph nous apprend à avoir confiance en Dieu malgré les épreuves qui nous assaillent. Il subit la trahison, l'esclavage et la tentation, mais la providence divine l'entoure et le soutient en toutes circonstances. Joseph sort de l'isolement et entre en communion en ne cédant pas à son réflexe naturel et égocentrique de maîtriser mentalement la situation. Il apprend à utiliser ses talents pour le bénéfice de la communauté et, ce faisant, sauve sa propre famille. Joseph vit sa souffrance dans le cadre du dessein divin et finit par percevoir le lien entre tous les événements et le dessein d'amour de Dieu pour l'humanité. Il devient un sage enseignant pour ses frères et développe la sainte omniscience du Cinq, qui conserve ses qualités d'homme, mais les déploie dans un discernement spirituel.

Nicodème est un Cinq qui passe d'une position en retrait et d'incertitude au sujet de Jésus à la plénitude de la communion avec lui. Sa transformation se déroule dans l'Évangile en trois étapes, commençant dans l'obscurité, à la fois littéralement et spirituellement, et allant progressivement vers la lumière. Jésus devient un enseignant pour le Cinq qui veut apprendre et savoir. Le secret et la distance de Nicodème au début de sa rencontre avec Jésus cèdent la place à la clarté, la loyauté et la confiance. Comme lorsqu'il se présente pour réclamer le corps de Jésus, il n'est plus dans l'obscurité puisqu'il est entré en présence de la « Lumière du monde ».

TYPE NEUF : ABRAHAM ET L'AVEUGLE DE LA PISCINE

> « Je vous laisse ma paix ; c'est ma paix que je vous donne. »
>
> Jean 14, 27

Les Neuf sont appelés les « médiateurs » et les « pacificateurs » de l'Ennéagramme. La vraie nature des Neuf est d'être une source inépuisable de l'amour qui coule et de la bienveillance universelle. Les Neuf sont réconfortants, désintéressés et accommodants. Ils aspirent à la paix et à la stabilité non seulement en eux-mêmes mais dans leur environnement. Ils cherchent à éviter les conflits et sont ouverts et tolérants. La vertu à laquelle ils aspirent est l'action et leur passion est l'indolence ou la paresse. Les Neuf sont au centre de la triade du corps de l'Ennéagramme.

Comme le Quatre et le Cinq, le Neuf est également l'un des types en retrait, et dispose d'un centre instinctif réprimé. Pour le Neuf, toutefois, le centre instinctif est aussi le centre préféré. Cela signifie que tandis que les Neuf interprètent le monde par leur centre instinctif, ils sont aussi lents à traiter et donner un sens à ce qui doit être fait, et ils manquent souvent de confiance en eux pour le faire[31]. Pour les Neuf, la liberté qui est valorisée et recherchée par tous les profils en retrait est davantage une liberté intérieure qu'une liberté extérieure[32]. Une telle liberté permet au Neuf de préserver sa vie intérieure tout en demeurant à l'écart à la fois des conflits internes et de la vie extérieure[33]. Les Neuf auront tendance à faire ce qu'ils veulent, comme ils souhaitent le faire, et quand ils aiment le faire.

Les Neuf sont caractérisés par leur inertie – l'inertie du repos ou l'inertie du mouvement. L'inertie du repos rend paresseux et le Neuf semble passif, espérant qu'un problème finira par disparaître de lui-même sans qu'il ait à intervenir, une façon de faire le mort, afin de rester en vie. Il est également question d'acédie, une sorte de paresse sur les questions spirituelles qui amène le Neuf à se contenter de ce qui est là et à retarder le travail de transformation. Il s'agit d'un abandon de son identité, en niant ses désirs, ses besoins et ses rêves, en évitant de faire des choix, référant le statu quo au nom du maintien de la paix. L'inertie du mouvement, d'autre part, donne au Neuf de l'endurance et la persévérance pour demeurer sur une tâche jusqu'à ce qu'elle aboutisse.

Les Neuf font d'excellents médiateurs et conseillers en raison de ces caractéristiques. Ils n'ont pas d'effort à faire pour écouter, comprendre et accepter les autres[34]. Parce qu'ils tendent à fusionner avec les autres, voire vivre par procuration à travers eux, les Neuf peuvent aussi être en harmonie avec l'état d'être d'une personne et faire émerger d'elle le sens profond de la vie. La vie intérieure du cœur et de l'âme de l'autre est plus facilement accessible au Neuf que sa propre vie intérieure. En conséquence, les représentants de ce profil sont souvent de bonne humeur, serviables et sympathiques.

Quand les Neuf entreprennent un travail de transformation, ils apprennent à faire face à des conflits au sein et en dehors d'eux-mêmes, à devenir plus conscients de leur potentiel et à l'exploiter. En acceptant de prendre leur place et en osant s'affirmer, ils accroissent la paix en eux-mêmes et dans le monde. Leur inertie cède la place à davantage d'énergie[35]. Ils se sentent de plus en plus reliés à l'univers en s'y investissant plutôt qu'en s'en retirant. Une fois qu'ils sont connectés à leur centre instinctif, ils peuvent devenir des artisans de paix non plus parce qu'ils cherchent à éviter les conflits, mais parce qu'au fond ils perçoivent qu'il n'y a plus de conflit ni de dualité quand ils sont reliés à leur Essence.

Nous voyons deux formes de l'inertie du Neuf représentées dans les deux personnages bibliques choisis pour représenter ce profil. Abraham incarne l'inertie du mouvement : son histoire commence par un appel à quitter sa maison et à poursuivre sa route jusqu'à ce qu'il arrive à un nouvel endroit. L'aveugle de la piscine dans l'Évangile de Jean représente l'inertie du repos, après avoir été paralysé et incapable de se déplacer pendant trente-huit ans. Les deux sont amenés à suivre différentes étapes de transformation suite à leur rencontre avec la présence divine, qui les appelle à quitter leur lieu de confort et à commencer à vivre autrement. Jusqu'à cette rencontre avec Dieu, la prise de décision est difficile car cela signifie déménager, lâcher prise, changer et abandonner le confort de leur anonymat. Par-dessus tout, cela signifie se reconnecter avec soi-même et avec sa vie.

Le récit d'Abraham est complet et détaillé ; celui de l'homme à la piscine est assez bref, avec peu de détails. Les deux sont également utiles dans la compréhension du Neuf, car ils se complètent bien. L'histoire de l'aveugle de la piscine nous donne un résumé clair et synthétique du chemin à parcourir, alors que l'histoire d'Abraham est pleine de détails utiles couvrant toute une vie.

Le point Neuf de l'Ennéagramme représente le saint amour, l'expression fondamentale de toute la réalité. Pour cette raison, on peut dire que les huit autres points découlent du saint amour. Le saint amour est au cœur de l'expérience consistant à savoir que toute la réalité est bonne, aimante et bienveillante, et que rien ne peut nous séparer de cet amour[36]. Il n'est pas statique mais dynamique, abattant les barrières de séparation et nous empêchant de continuer à nous identifier à notre ego. En fait, nous découvrons, à notre grande surprise, que l'ego n'a rien d'inné, alors que nous avons toujours eu, au fond de notre cœur, le saint amour lui-même[37]. La paix et l'harmonie que nous avons parfois ressenties n'ont jamais dépendu de circonstances extérieures et nous n'avons jamais été fondamentalement pour ou contre quoi que ce soit, mais au fond de nous-mêmes, nous avons toujours été simplement en paix avec tout ce qui nous entoure.

Bien sûr, cette prise de conscience peut également être réalisée à travers les huit autres points de l'Ennéagramme, chacun d'entre eux pouvant servir de point de départ pour notre chemin de transformation. Le saint amour, comme on le voit chez le Neuf, n'est pas un ressenti d'amour, mais une « qualité de l'existence [qui] rend cette existence aimable[38] ». Perçus via le saint amour, tous les moments et toutes les expériences sont merveilleux. C'est ce que Julienne de Norwich signifiait dans sa célèbre affirmation : « Tout ira bien. » Un Neuf qui apprend à regarder à l'intérieur de lui-même pourra découvrir que cette vérité réside autant dans l'âme de chacun que dans le cosmos tout entier.

Abraham
אברהם

Abraham

« Me voici ! »

Genèse 22, 1

En tant que premier vrai « personnage » dans la Bible, Abraham est connu comme le « père de la foi » dans trois grandes religions : le judaïsme, le christianisme et l'islam. Il est le premier personnage « réel » au sens littéraire qui requiert quelques détails biographiques ainsi que les motivations des décisions que prend le personnage au cours de sa vie. Bien qu'Adam et Ève, Caïn et Abel ou Noé soient des archétypes littéraires et psychologiques importants, aucun d'eux n'a la profondeur de caractère associée à Abraham. Celui-ci incarne le premier portrait d'un être humain engagé dans une rencontre permanente avec l'expérience de Dieu.

L'histoire d'Abraham commence au chapitre 12 de la Genèse quand Dieu lui dit de quitter son pays et sa famille pour aller dans un pays qu'il lui montrera (Genèse 12, 1). À cet appel il est sans doute plus difficile de répondre pour un Neuf que pour n'importe quel autre profil, car le Neuf aime bien faire ce qu'il veut et préfère que les choses restent en l'état. Par ailleurs, comme les Neuf n'aiment pas faire de vagues, ils préfèrent souvent faire des choses qu'ils n'ont pas vraiment envie de faire rien que pour maintenir la paix. Dans le récit de la vocation d'Abraham, celui-ci ne dit pas un mot en réponse à l'énorme demande qui vient de lui être faite de quitter tout ce qui lui est familier. Ce qui nous est dit, c'est qu'il « partit, comme lui avait dit Yahvé » (Genèse 12, 4). Une logistique a été prévue pour lui, ce qui procure énergie et sécurité à Abraham. Bien sûr, cela ne signifie pas qu'il ne voulait pas obéir à Dieu et faire ce qui avait été demandé, mais il y a souvent un danger pour les représentants de ce profil à perdre le contact avec ce qu'ils veulent vraiment faire. Ici, il semble n'y avoir eu aucun doute.

Fait intéressant, en hébreu, quand Dieu commande à Abraham d'« y aller » (Genèse 12, 1), on pourrait aussi traduire par : « Vas-y » ou même, de façon plus provocante : « Va à toi » ou : « Va vers toi-même[39] ». Cette deuxième lecture qui, pour être juste, n'est pas le sens premier suggère la possibilité que l'appel de Dieu à Abraham est aussi un appel à voyager en lui-même, de commencer le pèlerinage intérieur de la transformation. L'appel à chacun d'entre nous, quel que soit notre type, est toujours un appel à soi-même, de cheminer vers l'essence du Divin qui est en nous.

À cela s'ajoute le fait qu'il nous est également dit qu'Abraham a soixante-quinze ans quand il entend Dieu l'exhortant à se réveiller à sa vie. Pour ce profil, il n'est pas tellement surprenant qu'il ait pu vivre au même endroit pendant tant d'années. Ce qui est surprenant c'est la soudaineté de sa réponse. Il ne prend pas le temps de délibérer, de méditer ou de peser sa décision. Pour ce profil, l'indécision peut souvent exister dans les petites choses mais, curieusement, en matière de changement de vie, un Neuf peut se connecter immédiatement à son énergie du ventre et dire simplement oui. Déceler la bonne direction peut se faire en un instant. La précédente inertie d'Abraham se transforme instantanément en une mise en mouvement et il commence son long voyage vers un lieu inconnu.

Abraham et Sarah, sa femme, n'ont pas d'enfant, mais on leur dit qu'ils vont avoir un héritier et une descendance aussi nombreuse que les étoiles dans le ciel. Malgré cette promesse, Abraham accepte facilement que Sarah le quitte quand il anticipe des problèmes. Comme ils arrivent en Égypte, il dit à sa femme de mentir et de dire qu'elle est sa sœur. C'est parce qu'il craint qu'elle soit repérée pour être proposée comme femme au pharaon et que les Égyptiens le tuent afin qu'ils puissent l'avoir. Ses craintes se matérialisent : Sarah est emmenée dans la maison du pharaon, mais la vie d'Abraham est épargnée. Il est bien traité grâce à sa supposée sœur. Nous venons de voir Abraham essayer de maintenir la paix à tout prix, mais on peut se demander si ce subterfuge ne va pas trop loin. Abraham semble se préoccuper davantage de plaire au pharaon et de satisfaire ses désirs qu'être à l'écoute des siens propres. La tendance de ce profil à vouloir éviter les conflits à tout prix apparaît clairement dans cette disposition dangereuse.

Sarah est finalement libérée parce que la maison du pharaon est frappée par une épidémie et pharaon réalise ce qui s'est passé. Le récit montre un souverain véritablement concerné par la bonté morale et renvoie Abraham sur son chemin, en lui permettant de garder tous les biens qui lui ont été donnés. Deux choses à retenir à propos de cet épisode. Peut-être Abraham n'essaye-t-il pas d'éviter les conflits mais sait que le Dieu qui l'a appelé à quitter sa maison et lui a promis une terre et des enfants saura y voir clair. Si c'est le cas, Abraham montre la confiance incroyable qu'il met en Dieu ainsi que l'assurance qu'il n'a pas besoin de livrer toutes les batailles puisque Dieu se battra (et les gagnera) pour lui. Le deuxième aspect important de cet épisode est sa ressemblance avec l'histoire de Moïse en Égypte. Dans les deux histoires, le pharaon et sa maison sont victimes d'épidémies au profit de l'homme choisi de Dieu. Et dans les deux cas, c'est Dieu qui se bat au nom du peuple élu. Comme Moïse le dit aux Israélites, Dieu est l'acteur et ils ne sont que des spectateurs dans le drame divin :

> « Ne craignez pas ! Tenez ferme et vous verrez ce que Yahvé va faire pour vous sauver aujourd'hui … Yahvé combattra pour vous ; vous, vous n'aurez qu'à rester tranquilles. »
>
> Exode 14, 13-14

Il semblerait qu'Abraham fonctionne sur le principe que si quelqu'un fait le travail pour lui, alors il n'a pas à s'impliquer dans le conflit lui-même. On peut donc interpréter la non-participation d'Abraham soit comme une réticence à agir, soit comme une foi solide inébranlable que Dieu est le pilier de la vie d'Abraham. On peut aussi penser que les deux interprétations sont vraies, et que Dieu rencontre le profil Neuf là où il est et le conduit progressivement sur son chemin de transformation.

Il y a d'autres moments de l'histoire d'Abraham où il choisit de ne pas s'investir, et tente d'éviter un conflit. Son neveu, Lot, se déplace avec lui et quand il devient clair que la terre ne leur suffira pas à tous les deux, en raison de leurs nombreux troupeaux et biens, Abraham dit à Lot : « Qu'il n'y ait pas de discorde entre moi et toi, entre mes pâtres et les tiens » (Genèse 13, 8). Il demande à Lot de choisir quelle partie de la terre il veut, et Abraham ira dans l'autre direction. Lot choisit la plaine de Jordanie, et Abraham s'installe en Canaan. Là encore, soit Abraham n'accorde pas d'importance à la parcelle de terrain, soit il sait que ce que Lot choisit permettra d'accomplir le dessein de Dieu. Comme précédemment, afin d'éviter les conflits, il laisse quelqu'un prendre la décision, mais encore une fois, son retrait indique également sa ferme conviction que tout ira bien.

Pendant ce temps, Abraham et Sarah n'ont toujours pas d'enfant. Abraham rappelle à Dieu cette promesse et il lui est répondu qu'ils vont en effet avoir un héritier (Genèse 15, 4). Abraham croit en Dieu, et pourtant, quand Sarah commence à se plaindre de sa stérilité, il cède à la demande de devenir père en ayant une liaison avec son esclave Agar. Il est prêt à fusionner avec elle, et à céder à sa demande, afin d'éviter une confrontation. Il est peu probable qu'il fasse davantage confiance à Sarah qu'à Dieu mais, ici encore, il agit d'une manière qui permettra de maintenir la paix et de faire cesser les doléances de Sarah. Un fils, Ismaël, vient à naître et, à nouveau, Abraham va dans le sens de Sarah qui veut conduire Agar et son fils au loin, Sarah étant malheureuse de cet arrangement. Cela pourrait être un exemple d'un Neuf qui dit oui à quelque chose qu'il ne veut pas vraiment, afin d'éviter les conflits domestiques, mais la morale de l'histoire est discutable. Peut-être Abraham manifeste-t-il ici l'apathie du Neuf et de la lassitude suite à cette longue période d'attente. Peut-être aussi cela fait-il partie du voyage intérieur auquel il a été appelé et qui implique de se laisser bousculer au-delà des limites de la tolérance normale. Il est un bon exemple de ce que la mise en route du Neuf sur son chemin de transformation peut être lente.

L'attente d'Abraham continue. Il a quatre-vingt-six ans quand Ismaël naît, il va attendre encore treize ans et quand il atteint quatre-vingt-dix-neuf ans, Dieu lui apparaît à nouveau et lui promet de faire de lui « l'ancêtre d'une multitude de nations » (Genèse 17, 4). Il aura donc attendu longtemps avant de voir naître le fils promis. Même si cette procrastination n'était pas délibérée de sa part, ce genre d'attente convient bien au tempérament d'un Neuf. En revanche, Sarah est moins patiente, et sa demande d'avoir un fils a forcé Abraham à céder à sa demande de prendre Agar comme femme.

Avant la naissance d'Isaac, nous avons un autre exemple d'Abraham agissant comme pacificateur et médiateur. Apprenant que Dieu projette de détruire Sodome, Abraham négocie avec lui d'épargner la ville pour le bien de cinquante justes (Genèse 18, 24). Il devient un arbitre autoproclamé, et en appelle au sens de la justice de Dieu. En fait, il est capable de négocier avec Dieu au point de réduire le nombre de personnes nécessaires de cinquante à dix. L'histoire est un excellent exemple de la façon dont Dieu rencontre les gens là où ils sont. Il est disposé à négocier avec Abraham, ce qui indique qu'il cautionne la posture d'Abraham en tant que médiateur. Dieu n'affronte pas Abraham en l'accusant d'arrogance, il le traite d'égal à égal à la table des négociations et ils se mettent à marchander sur le nombre d'âmes justes nécessaire pour épargner la ville. L'ironie merveilleuse ici, c'est que tandis qu'Abraham semble avoir fait une bonne affaire, Sodome est détruite. Dieu a, d'un côté, encouragé les compétences d'Abraham en tant que médiateur en lui permettant de gagner la négociation et, de l'autre côté, a permis au plan divin de s'accomplir.

Isaac, l'enfant de la promesse, naît enfin quand Abraham a cent ans (Genèse 21, 5). Sa patience a abouti à un héritier conformément à l'alliance qu'il avait conclue avec Dieu. Ce qui suit est l'un des passages les plus difficiles de toutes les Écritures : alors qu'Isaac est encore un jeune garçon, Dieu dit à Abraham de l'emmener dans la montagne et de l'offrir en sacrifice à Dieu (Genèse 22, 2). La forme utilisée est du même ordre que lors de l'appel divin demandant à Abraham de quitter son pays. Sans la moindre objection, Abraham se lève tôt le lendemain et se prépare pour cet horrible voyage. Dans cette réaction rapide et silencieuse se dissimule peut-être une forme de stoïcisme que les Neuf utilisent pour réprimer leur colère[40]. La colère est une des émotions les plus effrayantes pour un Neuf, car elle menace de détruire leur paix intérieure. Pourtant, leur colère peut aussi être utilisée pour les aider à se connecter avec leur force intérieure et à « brûler » leur inertie[41].

Une autre façon de comprendre l'obéissance d'Abraham est de la mettre en relation avec la capacité des Neuf à fusionner avec le désir de l'autre. Ici, la fusion permet à Abraham de mettre de côté ses émotions et ses objections afin d'éviter un conflit déchirant. Si nous lisons l'histoire de cette façon, il devient alors clair qu'Abraham choisit de fusionner avec la volonté de Dieu.

Comme précédemment, il y a encore une ambiguïté dans les mots d'Abraham. Quand il emmène Isaac dans la montagne et dit aux autres d'attendre derrière, il déclare : « Nous allons prier et *nous* reviendrons vers vous » (Genèse 22, 5). Peut-être essaie-t-il de brouiller les pistes, mais il est également possible qu'il n'ait pas l'intention de tuer Isaac et qu'il sache que Dieu fera en sorte que tous les deux puissent revenir. Après tout, Dieu a sauvé Sarah de pharaon et a épargné Agar et son fils Ismaël d'une mort certaine. Sûrement Dieu fera-t-il quelque chose de similaire ici.

Et c'est le cas. Quand Abraham prend le couteau pour égorger son fils, Dieu intervient et lui dit d'arrêter. Abraham a passé le « test » de ne pas retenir son fils. Pourtant, cette histoire laisse au lecteur un goût étrange. Dieu n'avait probablement pas besoin de tester Abraham à nouveau. Abraham avait tout quitté et avait obéi à Dieu fidèlement. Après la négociation sur Sodome, Dieu semblait même avoir accepté Abraham comme un partenaire.

Peut-être une autre manière de lire cet épisode consiste à regarder les actions d'Abraham en tant que profil Neuf. Peut-être que la fusion d'Abraham avec Dieu est plus une fusion avec l'*idée* qu'il a de Dieu, selon laquelle ce que Dieu veut, c'est un serviteur dévoué et reconnaissant. Au moment du sacrifice, la colère refoulée remonte à la surface, lui signifiant que ce n'est *pas* ce que Dieu veut de lui. Pendant l'organisation du voyage, l'inertie a maintenu Abraham en mouvement mais, après avoir atteint le sommet, lieu de repos, son corps et son cœur refusent de coopérer davantage. Abraham apprend à se faire confiance et, ce faisant, se rend compte que ce qu'il désire au plus profond de lui-même correspond au désir de Dieu.

Il prend ce qui ressemble à une décision indépendante, quelque chose de difficile pour un Neuf. Son autonomie devient réelle. La décision de ne pas tuer Isaac s'avère ne pas être juste un moment isolé, mais le moyen même par lequel Abraham se reconnecte à son humanité et, en définitive, à la divinité.

Une tradition midrashique, ou orale, dit que, avant l'appel de Dieu, Abraham était un fabricant d'idoles. Une idole est une image d'un dieu sans vie qui se dresse entre nous et notre nature divine. Elle substitue un objet froid à une présence chaleureuse et empêche la possibilité d'une confrontation directe avec le Divin. Elle nous permet également de garder nos émotions à une certaine distance de nos croyances. Si nous prenons un regard symbolique, nous voyons que la transformation d'Abraham lui a demandé de laisser derrière lui un monde d'idoles, à commencer par celle qui lui faisait éviter toute confrontation directe avec Dieu. En laissant derrière lui ses faux dieux, il a été forcé d'entreprendre le travail spirituel du profil Neuf : se mettre à l'écoute de la voix intérieure de son âme[42]. La voix qu'il a enfin entendue, celle de son âme et non celle de son esprit, lui a dit de ne pas sacrifier son fils bien-aimé. Il a alors compris que non seulement Isaac était aimé de Dieu, mais que lui aussi était aimé par Dieu. Au lieu de laisser Abraham ne pas s'écouter et procéder au sacrifice, Dieu s'est fortement manifesté et a exigé que l'action ne s'accomplisse pas. Abraham a ainsi appris que le retrait doit toujours être accompagné d'une volonté à s'engager sans réserve dans des actions qui montrent l'amour de Dieu et notre propre désir de faire partie de l'amour et de la lutte de la vie humaine. Le voyage d'Abraham et de Sarah est aussi le nôtre, nous devons abandonner les terres familières que nous connaissons et nous déplacer dans un lieu de confiance, nous relier avec notre vraie nature et avec Dieu, une nouvelle terre où l'homme se connecte avec le Divin.

Prier dans l'esprit d'Abraham
Psaume 40

J'espérais Yahvé d'un grand espoir,
Il S'est penché vers moi,
Il écouta mon cri.

Il me tira du gouffre tumultueux,
de la vase du bourbier ;
Il dressa mes pieds sur le roc,
affermissant mes pas.

En ma bouche Il mit un chant nouveau,
louange à notre Dieu ;
beaucoup verront et craindront,
ils auront foi en Yahvé.

Heureux est l'homme, celui-là
qui met en Yahvé sa foi,
ne tourne pas du côté des rebelles
égarés dans le mensonge !

Que de choses Tu as faites, Toi,
Yahvé mon Dieu,
Tes merveilles, Tes projets pour nous :
rien ne se mesure à Toi !
Je veux l'annoncer, le redire !
Il en est trop pour les énumérer.

Tu ne voulais sacrifice ni oblation,
Tu m'as ouvert l'oreille,
Tu n'exigeais holocauste ni victime,
alors j'ai dit : Voici, je viens.

Au rouleau du livre il m'est prescrit
de faire Tes volontés ;
mon Dieu, j'ai voulu Ta loi
au profond de mes entrailles.
(...)

Ils jubileront et se réjouiront en Toi
tous ceux qui Te cherchent ;
ils rediront toujours : Dieu est grand !
ceux qui aiment Ton salut.

Et moi, pauvre et malheureux,
le Seigneur pense à moi,
Toi, mon secours et sauveur,
mon Dieu, ne tarde pas.

L'homme de la piscine

« Jésus lui demanda : Voulez-vous être guéri ? »

Jean 5, 6

Alors qu'Abraham nous a montré un Neuf en voyage physique et spirituel, l'homme sans nom à côté de la piscine dans l'Évangile de Jean représente un autre type de l'énergie des Neuf : l'inertie de l'inaction. L'homme ne peut pas marcher. Son retrait de la vie est littéral autant que symbolique : il est couché près de la piscine depuis trente-huit ans (Jean 5, 5). Il se sent probablement comme quelqu'un qui n'a rien de particulier à apporter et se contente de rester camouflé à l'arrière-plan de toute l'activité autour de la piscine. C'est une façon d'être réconfortante, car elle ne crée pas d'attente et donc n'expose à aucune déception[43].

Lorsque Jésus voit l'homme couché là, il lui demande : « Voulez-vous être guéri ? » (Jean 5, 6). Jésus savait exactement quelle question poser à cet homme qui, en tant que représentant de son type, a du mal à prendre une décision, mais appré-

חולה בבית חסדא

l'homme de la piscine

cie d'être consulté. Il lui est posé une question simple, mais il ne peut pas y répondre par un simple oui ou non. Il est limité, non seulement dans son incapacité physique (symbolisant son centre instinctif mal utilisé), mais également dans son développement intérieur. En tant que profil Neuf, il a fini par estimer que la non-ingérence est la meilleure politique et que les choses finissent toujours par s'arranger d'elles-mêmes. Il démontre que le fait de reporter à plus tard est une attitude où les Neuf excellent.

L'impuissance extérieure de l'homme est un symptôme de son incapacité intérieure, ou peut-être tout simplement une réticence à s'aider lui-même. En étant dépendant de l'assistance des autres, il peut éviter les conflits et maintenir au moins des relations superficielles. Il peut même nier sa maladie, en essayant d'entretenir pour lui-même ainsi que pour les autres l'illusion que tout va bien[44]. Quand Jésus demande à l'homme s'il veut être guéri, l'homme dévie la question, il répond :

> « Seigneur, je n'ai personne pour me jeter dans la piscine, quand l'eau vient à être agitée ; et, le temps que j'y aille, un autre descend avant moi. »

Jean 5, 7

Il dit à Jésus que quand il se déplace, il se déplace très lentement, vers les eaux curatives de la piscine. La tradition liée à la piscine, c'est que lorsque les eaux sont effleurées par un ange, celui qui sera le premier à entrer dans la piscine sera guéri. Mais l'homme ne peut jamais aller assez vite à cause de son handicap. Il offre cette excuse pour que Jésus lui demande s'il veut être guéri. Sa réponse est un bon exemple de la « paresse spirituelle » des Neuf qui les empêche de s'engager activement dans la réalité[45]. Peut-être ce comportement contient-il également une partie de la colère rentrée des Neuf qui pourraient considérer ici qu'ils ne méritent pas d'être aimés.

L'excuse de l'homme pourrait aussi être un appel à l'aide, un peu voilé. Peut-être dans son esprit sa réponse évite-t-elle une confrontation potentielle, débouchant sur une éventuelle déception, car s'il a dit qu'il voulait de l'aide, rien ne lui assure que Jésus va pouvoir lui en apporter. Pire encore, si Jésus pouvait faire quelque chose effectivement, sa vie serait changée à tout jamais en un instant. Il est confronté à un véritable dilemme qui se retrouve souvent dans la vie des Neuf : résister au changement et rester immobilisé, ou risquer le changement et tout à coup avoir de nombreuses décisions à prendre et un mode de relation à revoir.

Les profils en retrait limitent souvent l'expression de leurs souhaits et croient que c'est une bonne chose de ne jamais vraiment souhaiter quoi que ce soit. Pour le Neuf, cette croyance est souvent accompagnée par une vision pessimiste de la vie en général et l'idée que rien ne débouchant jamais sur rien, pourquoi s'embêter à faire de vains efforts[46] ? Il en faut beaucoup pour motiver un Neuf comme l'infirme de la piscine à quitter son lit et à se mettre en marche quand le lit est si confortable et que l'on est couché depuis tant d'années. Marcher, dans ce cas, est une invitation à se réveiller. Il a été dit que les Neuf ont un oubli d'eux-mêmes intérieur qui leur permet de rester endormis et de repousser l'échéance de leur réveil spirituel[47], et cet homme semble dans cet état. La réalisation de son désir de marcher est perçue comme un fardeau, pas une liberté.

Peut-être à ce stade cela lui est-il égal de savoir s'il est guéri ou non. Il a été mis sur la touche pendant toutes ces années et son incapacité à se déplacer a drainé son énergie. Alors que d'autres pourraient sauter sur l'occasion de guérir, les Neuf ne sautent sur rien du tout. L'infirmité de l'homme de la piscine est métaphorique autant que littérale, car il ne peut pas « sauter », que ce soit physiquement ou mentalement.

Pour motiver les Neuf à l'action, il faut une impulsion colossale de l'intérieur ou, si ce n'est pas possible, de l'extérieur. Jésus, qui peut lire à l'intérieur des gens, sait que l'homme ne veut pas être dérangé ou se voir donner l'immense choix de sa propre guérison. Dès que l'homme donne sa réponse indirecte, en évitant la question de savoir s'il veut ou non être guéri, Jésus ne perd plus de temps à débattre de ce propos équivoque. Le verset suivant nous dit : « Jésus lui dit : Lève-toi, prends ton grabat et marche » (Jean 5, 8). Aussitôt l'homme est guéri, prend sa natte et commence à marcher. Certaines personnes peuvent se demander pourquoi Jésus interfère dans le choix de cet homme et n'attend pas une invitation claire de sa part à le guérir. En fait, l'intervention de Jésus est exactement ce dont un Neuf a besoin, et quand nous nous trouvons nous-mêmes englués par l'inertie de notre énergie Neuf, nous avons aussi besoin d'une bonne secousse divine pour nous réveiller et avancer vers la plénitude.

La transformation d'une personne peut être bouleversante pour les autres qui sont ensuite amenés à examiner leur propre vie pour voir où ils pourraient eux-mêmes être paralysés. Les chefs religieux de Jérusalem vont alors immédiatement confronter l'homme parce que sa guérison a eu lieu un jour de sabbat, et qu'il porte son grabat, ce qui constitue une violation de l'interdiction de travailler le jour du sabbat. Ils ne sont pas capables de voir au-delà du niveau littéral de la loi et de célébrer la guérison divine qui s'est produite. La réponse que l'homme leur fait nous montre qu'il a été changé bien autrement que physiquement. Son ancienne indécision a fait place à une affirmation de soi et à de la confiance, et il trouve une nouvelle énergie dans la vertu de l'action juste. Quand ils le défient pour avoir porté son grabat, il répond que c'est l'ordre qu'il a reçu de l'homme qui l'a guéri. Il ne recule pas devant le conflit comme on aurait pu l'attendre d'un représentant de son profil. Lorsqu'on lui demande qui est cet homme, il dit qu'il ne sait pas ; il ne peut pas leur montrer Jésus, car Jésus a disparu dans la foule.

Constamment dans les Évangiles, être touché par Jésus et voir sa vie transformée peut mettre dans le pétrin. Jésus a peut-être disparu dans la foule, mais il n'a pas pour autant abandonné l'homme qu'il vient de guérir. Il le retrouve dans le temple et poursuit ostensiblement le travail intérieur et extérieur qu'il a commencé : « Voilà, tu as recouvré la santé ; ne pèche plus, de peur qu'il ne t'arrive pire encore » (Jean 5, 14). Ce n'est pas une menace ou un avertissement que Dieu va venir demander des comptes si l'homme pèche à nouveau, c'est tout simplement un état de fait : si l'homme retourne à sa vie d'inaction et de passivité, ce sera pire que ce qu'il vivait avant.

L'homme sait maintenant qui l'a guéri et il revient le dire aux autorités du temple. Certains pourraient voir cela comme une tentative de faire « porter le chapeau » à Jésus. Mais ce ne serait pas en phase avec une action d'un Neuf transformé. Il est beaucoup plus probable que l'homme revienne au temple parce qu'il n'a plus peur du conflit. Il est désormais capable de s'affirmer et est prêt à entrer dans une situation de conflit potentiel au lieu d'essayer de l'éviter. Peut-être se voit-il encore comme un médiateur potentiel entre Jésus et les autorités. Il est également probable qu'il ait besoin de déclarer clairement qui l'a guéri, s'alignant ainsi sur un personnage controversé d'une manière qui pourrait lui coûter cher. Il n'est plus en retrait ou à essayer d'éviter de faire des choix, il est prêt à affirmer sa position. Son désir de stabilité et de paix intérieure a été assouvi[48]. Il est complètement engagé dans la vie et a décidé de poursuivre sa relation avec Jésus.

Le point culminant de cette histoire est atteint lorsque Jésus répond aux autorités après qu'il a été interrogé au sujet de son travail le jour du sabbat : « Mon Père est à l'œuvre et j'œuvre moi aussi » (Jean 5, 17). Au premier abord, c'est une réponse directe à leur accusation et une attaque à leur légalisme littéral consistant à souligner que l'activité permanente de Dieu ne s'arrête pas le jour du sabbat. À un niveau plus profond, il s'agit d'un résumé de la guérison de l'homme : l'éveil divin du Neuf le fait passer de la paresse à l'action, et de l'indifférence à une présence chaleureuse. Le travail de transformation ne s'arrête pas le jour du sabbat, ni n'importe quel jour. Montrer à quelqu'un la voie de la guérison ne peut jamais constituer une opposition aux lois divines. Le sabbat s'accomplit lorsque le travail de Dieu est absorbé dans le cœur humain de telle sorte que personne n'est séparé de l'amour et de la créativité de Dieu.

Comprendre le travail de cette façon, c'est aller au-delà des concepts économiques et monétaires. Tout au long de ce livre, il a été question du « travail intérieur » de notre transformation et de la façon dont l'Ennéagramme peut nous aider à discerner les axes de cette transformation. Dénaturer les valeurs économiques au point d'en faire la mesure par laquelle nous jugeons les autres et nous-mêmes peut signifier que la valeur de nos possessions matérielles définit notre valeur personnelle. Rien ne peut être plus éloigné de la compréhension biblique du travail et de son but. L'œuvre de Dieu, que Jésus essaie d'exposer dans sa déclaration aux autorités, suggère que le travail intérieur est en effet le seul vrai travail que nous fassions. Il n'est pas éphémère, et il est générateur de vie. La guérison de l'aveugle de la piscine devient une icône pour l'amélioration de la création dans tous ses aspects. Le corps de l'homme est guéri, mais son âme l'est aussi, emplie maintenant de l'eau de vie que la piscine à Bethesda ne pouvait pas fournir.

Ainsi l'histoire de l'homme de la piscine n'est pas isolée, elle est tissée dans la belle métaphore de Jésus symbolisant l'eau vive. Le thème se trouve dans l'Évangile de Jean dans le récit des noces de Cana, où Jésus transforme l'eau en vin (Jean 2, 1). Il continue dans la rencontre entre Jésus et la Samaritaine, quand Jésus lui offre l'eau vive qui vient de l'intérieur et apporte la vie éternelle. Alors que l'homme de la piscine attend un ange pour effleurer les eaux sacrées et permettre sa guérison, Jésus, l'eau vive personnifiée, vient à lui pour lui montrer que la véritable guérison n'est pas d'abord externe mais interne. L'infirme de la piscine (comme la Samaritaine) n'est pas cité dans le but de nous montrer qu'il représente tous ceux qui sont prêts à entreprendre un travail de guérison intérieure, sa transformation est un exemple de la façon dont notre propre paralysie de l'esprit peut rencontrer la présence divine qui nous offre une nouvelle vie.

L'Esprit de Dieu qui planait sur les eaux au début de l'histoire première de la création dans la Genèse est maintenant présent, non dans l'agitation des eaux de la piscine, mais en la personne de Jésus. L'homme de la piscine était allongé à côté de la piscine depuis trente-huit ans quand l'Esprit de Jésus est venu planer au-dessus de lui et insuffler une nouvelle vie à son corps boiteux et brisé. Lui et tous ceux qui se sentent coincés dans leur attente ont l'occasion de découvrir que, avec la présence de Jésus, la guérison survient. Le corps impotent des Neuf est activé et tiré de sa léthargie.

Deux chapitres plus loin dans l'Évangile de Jean, Jésus s'écrie : « Si quelqu'un a soif, qu'il vienne à moi, et il boira, celui qui croit en moi ! » Comme dit l'Écriture : « De son sein couleront des fleuves d'eau vive » (Jean 7, 37-38). La croyance en Jésus est la raison d'être de l'Évangile de Jean, et la croyance ouvre le cœur de telle sorte que l'eau vive ne stagne pas à l'intérieur, mais circule librement pour le bénéfice de toute la création. Pour les Neuf qui préfèrent le retrait tout en étant nostalgiques de liberté, les paroles de Jésus les encouragent à passer de la retenue au libre flux. Comme pour tous les types de l'Ennéagramme, le mouvement vers l'amour est la clé de la transformation. La tête, le cœur et le corps vont alors travailler ensemble dans le saint amour une fois que la source divine a été débloquée de l'intérieur.

Prier dans l'esprit de l'homme de la piscine
Psaume 46

Dieu est pour nous refuge et force,
secours dans l'angoisse toujours offert.
Aussi ne craindrons-nous si la terre est changée,
si les montagnes chancellent au cœur des mers,
lorsque mugissent et bouillonnent leurs eaux
et que tremblent les monts à leur soulèvement.

Un fleuve ! Ses bras réjouissent la cité de Dieu,
il sanctifie les demeures du Très-Haut.
Dieu est en elle ; elle ne peut chanceler,
Dieu la secourt au tournant du matin ;
des peuples mugissaient, des royaumes chancelaient,
Il a élevé la voix, la terre se dissout.

Allez, contemplez les hauts faits de Yahvé,
Lui qui remplit la terre de stupeurs.

Il met fin aux guerres jusqu'au bout de la terre ;
l'arc, Il l'a rompu, la lance, Il l'a brisée,
Il a brûlé les boucliers au feu.
« Arrêtez, connaissez que moi Je suis Dieu,
exalté sur les peuples, exalté sur la terre ! »
Avec nous, Yahvé Sabaot,
citadelle pour nous, le Dieu de Jacob !

En résumé

Abraham, en tant que Neuf, est appelé à sortir de son lieu de repos et à partir en voyage avec sa femme Sarah. Voyage qui va le transformer et créer une nouvelle nation. En tant que pacificateur, il cède aux influences extérieures telles que celle du pharaon qui, ayant un œil sur Sarah, pourrait troubler sa sérénité. Abraham veut éviter les conflits à tout prix, au point de renvoyer sa servante Agar parce que Sarah est malheureuse à cause d'elle. Lorsque son fils très attendu Isaac naît enfin, Abraham fait face à sa pire crainte quand il entend Dieu lui demander de le sacrifier. La transformation d'Abraham, qui est très lente (comme il sied à un Neuf), atteint son point culminant lorsqu'il refuse de procéder au sacrifice. Il apprend que Dieu rejette le sacrifice humain, sous quelque forme que ce soit, et que jamais cela ne glorifiera le nom de Dieu. Il apprend également que le saint amour ne causera pas de souffrances et il comprend que sa vraie nature en tant que Neuf est de ne pas être une source de mort, mais une source inépuisable d'écoulement de l'amour et de bienveillance universelle.

L'homme de la piscine de l'Évangile de Jean est boiteux et ne peut se déplacer. Son inertie de Neuf est autant physique que spirituelle. Comme Abraham, il est resté au même endroit durant une longue période quand il a été appelé par Dieu à en partir. Il ne répond pas aussi facilement qu'Abraham, car il s'est retiré presque complètement de la vie, et n'est pas sûr de vouloir y revenir. Jésus démarre sa transformation en le guérissant afin qu'il ne puisse retarder son rendez-vous avec la vie plus longtemps. Ayant été touché et guéri par Jésus, la vie de l'homme n'est plus la même. Il a rencontré l'eau vive et n'a plus peur de se confronter aux autorités sur le fait d'avoir été guéri un jour de sabbat. Il est invité à se joindre à Jésus et à son Père pour continuer le travail créatif qui ne s'arrête ni les jours de sabbat ni aucun autre jour de nos vies. Grâce à sa connexion avec Jésus, il devient un canal pour que l'eau vivante se répande en abondance dans le monde.

5

La spirale de la transformation : de la pensée au mysticisme

> « Travaillez autant que vous le pouvez de votre côté : soyez assurés que Dieu ne manquera pas de faire Sa part du travail. »
>
> *Le Nuage de l'inconnaissance*, chap. 26

Les histoires contenues dans la Bible regorgent de significations. Elles ont été racontées maintes et maintes fois, et enrichies par la sagesse accumulée au cours des siècles. Elles fournissent un miroir dans lequel chacun peut trouver la réflexion de son image divine. Les personnages bibliques expriment l'étendue et la profondeur des émotions humaines : leurs parcours les amènent à gravir les sommets de l'extase et à croupir dans les geôles du désespoir.

Ce dernier chapitre propose quelques pistes sur la manière d'utiliser la Bible pour accompagner le travail de transformation. Avec l'auteur des lettres à Timothée, nous pouvons espérer faire l'expérience que « toute écriture est inspirée de Dieu et utile pour enseigner, réfuter, redresser, former à la justice » (2 Timothée 3, 16). Lorsque nous appliquons cette maxime à des personnages bibliques en les considérant comme des mentors spirituels, il est possible que même de simples gestes quotidiens prennent un sens nouveau. Nous relier à ces archétypes peut nous aider à comprendre Dieu, nous-mêmes et les autres avec un nouveau regard.

La compréhension de l'Ennéagramme s'avère particulièrement utile pour nous aider dans notre transformation spirituelle. Une fois compris son fonctionnement et après avoir vu comment certains personnages bibliques s'ajustaient à ses neuf points, nous pouvons nous demander comment il opère en nous. La plupart de ceux qui creusent l'Ennéagramme par d'autres lectures ou par des stages sont souvent surpris de sa pertinence. Ils découvrent par exemple que tel exercice, qu'ils trouvaient intellectuellement intéressant et spirituellement stimulant, n'a finalement pas vraiment affecté leur vie de façon notable et que tel autre, auquel ils n'auraient jamais pensé, semble avoir un fort impact sur les personnes de leur profil.

Pour assimiler de tout notre être ce qui a nous été livré mentalement dans ce livre, nous devons considérer l'ensemble du processus de transformation personnelle et nous demander ce qu'il implique et quel est son but. Le Christ dit que « nous avons besoin de nous perdre dans le but de nous retrouver » (Matthieu 10, 39). Ce paradoxe nous invite à examiner de près ce qu'est le moi que nous devons abandonner et quel est le moi que nous allons alors trouver. Au cours des siècles, la vie et les écrits de personnalités comme Augustin, Thérèse d'Avila, Jean de la Croix, Julienne de Norwich et Thérèse de Lisieux sont autant d'exemples de voyages conduisant de la perte du faux soi à la découverte d'un vrai soi. À notre époque, des auteurs comme Thich Nhat Hanh, Anthony de Mello, Brian Swimme, Thomas Berry, Joan Chittister et Deepak Chopra ont également identifié le mouvement du soi vers le tout, tant sur le plan spirituel qu'au niveau du développement personnel, ou dans la relation entre l'homme et l'univers. Indépendamment de ce qu'ils ont écrit, ils incarnent dans leurs vies l'impact de paix et d'harmonie qu'une personne transformée peut avoir sur son environnement. Il serait temps de prendre au sérieux la déclaration de Jésus : « Celui qui croit en moi fera, lui aussi, des œuvres que je fais ; et il en fera même de plus grandes, parce que je vais vers le Père » (Jean 14, 12). Aller au Père ou revenir à la source nous ouvre le champ des possibles, car nous avons aussi une connexion à notre centre divin, et en redécouvrant le lien à notre Essence, nous avons un accès complet à son énergie à tous les niveaux de l'être. Le retour de Jésus à son Père anticipe notre propre retour, que nous pouvons commencer dans cette vie au moment où nous entreprenons un travail de transformation.

Quiconque se penche sur sa vie, même pour quelques instants, peut aisément reconnaître que la croissance se produit dans plusieurs directions à la fois, et que poussées et échecs se succèdent dans le désordre. Parfois, il semble que nous demeurons au même endroit pendant assez longtemps et, à d'autres moments, nous avons l'impression d'avoir reculé plutôt qu'avancé. Puis, sans raison apparente, les nœuds se dénouent et nous progressons rapidement vers une nouvelle étape. Dans le monde naturel, les jours et les mois se succèdent en une séquence irréversible et, en même temps, se répètent dans une ronde sans fin des saisons et des années. De même, le processus de notre apprentissage et le cheminement de notre travail intérieur ne sont ni linéaires ni cycliques. Cette union entre les mouvements rectilignes et circulaires est mieux décrite par le modèle de la spirale : c'est le modèle des galaxies. La spirale de notre vie tourne et progresse vers l'avant, même si certaines de ses courbes semblent rétrograder. Pourtant, son mouvement aspire à l'harmonie : il danse plutôt qu'il ne marche.

Cette spirale de transformation tourne autour de notre centre ou Essence. Prendre conscience de notre Essence revient à lâcher nos illusions sur notre fausse identité. Au lieu de nous accrocher aux accidents et aux choix qui nous ont forgés depuis notre naissance, nous sommes encouragés à nous relier à la source qui a précédé notre naissance et se poursuivra après notre mort. L'Ennéagramme encourage l'exploration de notre fausse identité grâce au support de ses neuf points de repère. Le faux soi est étroitement lié à l'idée que « je suis comme ça et il n'y a rien que je puisse faire pour le changer ». En identifiant qui nous sommes en fonction des qualités proposées par l'un des neuf points de l'Ennéagramme, nous pourrions, sans le vouloir, nous enfermer dans un modèle qui résiste à l'évolution et supposer que nous ne pouvons pas changer notre nature profonde. Contrairement à l'électron mentionné au début de ce livre, nous pouvons préférer rester en orbite et ne jamais répondre à l'impulsion qui nous fait sauter à un niveau d'énergie supérieur. Nous marchons alors que nous pourrions danser, oubliant notre créativité et notre liberté.

La vie est dynamique et le changement est sa seule constante. Dans ses applications, l'Ennéagramme ne représente pas un modèle statique, mais un mouvement dynamique. Comme pour le reste de l'univers, il est plus énergie que matière, plus mouvement que substance. Nous ne pouvons pas arrêter l'énergie qu'il représente, pas plus que nous ne pouvons arrêter le soleil de briller. Le diagramme de l'Ennéagramme est une image d'un processus, pas le processus lui-même, et nous pouvons continuer à le regarder de l'extérieur sans jamais ressentir son impact sur nos vies. Lire un livre ou un menu n'a rien à voir avec le fait d'éprouver ce qu'il décrit. Une fois l'Ennéagramme accepté comme modèle représentant le processus de transformation, nous pouvons commencer à libérer son potentiel pour aider à débloquer le moi qui doit être abandonné afin d'espérer trouver le vrai moi. Ce que l'Ennéagramme enseigne aussi, c'est qu'une fois ce nouveau moi trouvé, il ne doit pas être considéré comme quelque chose d'acquis, car il ne peut être ni localisé dans un lieu défini ni statufié dans une forme particulière de l'être. Il est universel et mouvant dans l'univers.

La physique quantique, au travers du principe d'incertitude d'Heisenberg, nous a appris que l'acte même d'observer quelque chose et de le mesurer change la nature de ce que nous voyons. Comme nous ne pouvons pas mesurer deux choses à la fois, nous ne pouvons nous séparer complètement de notre observation et penser que nous assistons à quelque chose d'« objectif ». Ce principe a de fortes implications théologiques, car il suggère que nous ne pouvons pas nous regarder, ni regarder le monde, ni regarder Dieu objectivement, comme un « objet » doté d'une vie indépendante. Pour considérer quoi que ce soit de façon objective, nous aurions besoin d'être en dehors du champ, or nous ne pouvons jamais être à l'extérieur de l'univers. Nous participons à l'acte d'observer et ne sommes ni un sujet unique ni un objet unique, mais les deux à la fois. Comme les mystiques de tout temps ont essayé de nous le dire, l'observateur, la chose observée et l'observation sont tous mystérieusement reliés. L'Ennéagramme fonctionne un peu comme le filet d'Indra, qui est tissé de pierres précieuses de telle manière que les facettes de chaque bijou reflètent tous les autres joyaux du filet ; tous sont reliés entre eux et aucun n'existe sans référence à tous les autres. Comme le filet d'Indra, l'Ennéagramme ne parle pas d'éléments isolés, mais de la dimension humaine dans son ensemble et, par extension, de l'existence elle-même. Il n'est pas objectifiable et ne peut être étudié de l'extérieur sans s'y impliquer.

SE TRANSFORMER

Entreprendre ou poursuivre notre travail de transformation ne demande pas beaucoup de temps. Quand les gens disent qu'ils n'ont pas le temps de commencer quelque chose de nouveau, ils s'imaginent souvent qu'ils vont avoir besoin de dégager du temps. Mais quand nous parlons de transformation, ce n'est pas le cas. Nous pouvons constater que nous voulons entreprendre quelque chose de nouveau une fois que nous avons commencé le travail, mais la pratique de la transformation demande seulement que l'on soit présents et conscients à chaque instant de notre vie. Nous devons seulement entendre l'appel de l'Écriture à rester éveillés en permanence et à « prier sans cesse » (1 Thessaloniciens 5, 17).

> « Éveille-toi, toi qui dors,
> Lève-toi d'entre les morts,
> Et sur toi luira le Christ. »

Éphésiens 5, 14

Ces mots ne font pas référence à un sommeil réel, mais à un sommeil spirituel et à une mort spirituelle qui peut devenir notre état dans cette vie. Les gens qui sont endormis continuent à fonctionner dans leur vie ordinaire, mais leurs vies sont en pilotage automatique et la plupart de leur temps est consacré à penser à des choses qui ont eu lieu ou qui vont avoir lieu. Rarement ces personnes sont conscientes de ce qui se passe réellement autour d'elles. Ce n'est que lorsque quelque chose d'effrayant ou de surprenant arrive qu'elles sont réveillées et ramenées au moment présent.

La plus grande difficulté dans la pratique de la prise de conscience de l'instant présent consiste à se souvenir de le faire ! Nous commençons tous avec les meilleures intentions et, quelques minutes plus tard, notre esprit est reparti dans ses jacasseries intérieures qui tournent en boucle. Nombreux sont ceux qui passent le plus clair de leurs journées à s'évader : rêver, faire semblant, fantasmer, critiquer, défléchir, se réfugier dans de soi-disant « pratiques spirituelles » qui ne nourrissent pas leur divin intérieur. De telles pratiques peuvent facilement devenir habituelles et se substituer à la vie éveillée qui propose plutôt de se laisser bousculer, de souffrir et de compatir, autant de points d'appui à la transformation. Si nous préférons traverser notre vie endormis, nous risquons de manquer la joie qui nous attend à chaque instant.

Prier sans cesse ne signifie pas réciter nos prières toute la journée mais rester centrés sur la présence divine en nous. Toute la journée, nos trois centres de la tête, du cœur et du corps sont bombardés par des événements extérieurs. Si nous ne sommes pas éveillés, alors nous devenons « comme des enfants, ballottés et emportés à tout vent par la doctrine » (Éphésiens 4, 14). Notre journée est, le plus souvent, consacrée à réagir aux événements en mode automatique, sans prise de conscience intérieure. C'est comme si nous avions été conditionnés à nous comporter de la même manière tout le temps. S'identifier à ses réactions mécaniques, c'est rester endormi ; constater que l'on fonctionne de façon automatique, c'est prendre conscience de son sommeil et se réveiller à soi-même[1].

Ce livre fait référence à trois triades de profils de personnalité : les profils en retrait, conciliants et assertifs. Chacune de ces positions a quelque chose à offrir dans le travail de transformation spirituelle.

Les types Quatre, Cinq et Neuf, dans leur retrait et leur position attentiste, nous orientent vers la *via negativa*, la voie dans laquelle nous choisissons d'abandonner toutes choses, qu'elles soient salutaires ou douloureuses. Ce chemin n'est pas entrepris comme un acte de masochisme, mais comme un libre choix qui nous permet de vivre le paradoxe dans lequel tous les mystiques disent que c'est dans le néant que l'on peut atteindre le tout. Il s'agit d'un retour au « vide informe et obscur » qui a précédé le travail de création dans la Genèse (1, 2). Il représente la voie qui consiste à se débarrasser de son ego afin que la créativité divine puisse émerger. Cette triade en retrait constitue une bonne base de départ quand nous souhaitons faire l'expérience de cette dynamique interne.

Dans la vie spirituelle, la *via negativa* est contrebalancée par la *via positiva*, dans laquelle nous choisissons d'englober toutes les choses, quelles qu'elles soient, pour mieux nous approcher de Dieu. Ce chemin est représenté, dans l'Ennéagramme, par le fonctionnement de la triade conciliante, les types Un, Deux et Six, où nous trouvons la route vers la perfection, l'amour et la fidélité qui représentent la manifestation du Divin dans le monde créé.

Le troisième groupe, la triade assertive, complète le tableau en remettant en question le statu quo et en regardant vers l'avenir. Chez les types Sept, Huit et Trois, nous trouvons le dépassement de soi cherchant l'accomplissement au-delà des préoccupations actuelles de l'ego.

Le travail de l'Ennéagramme propose de développer et d'équilibrer les trois centres de telle sorte que nous ne soyons pas fixés sur une position, mais éveillés à notre vrai moi. Dans le cadre de ce voyage, nous devons nous rappeler qui nous sommes. En Occident, une des plus anciennes devises énonce à ceux qui se mettent en chemin : « Connais-toi toi-même. » Savoir que nous sommes mortels, savoir que les retrouvailles avec la source divine sont la destination, savoir que nous portons en nous la divinité font partie de cette connaissance de soi. Nous sommes, le plus souvent, hypnotisés par le monde matériel et avons besoin de nous réveiller à notre vraie nature[2].

Va de pair avec cette prise de conscience notre besoin de pardonner et d'être pardonnés, de laisser aller le passé, et de ne pas garder de ressentiment ou de culpabilité pour des événements passés. « Pardonne-nous nos dettes », dit une traduction de la prière du Seigneur, en utilisant la formule de l'annulation d'une dette pour renforcer le fait qu'aussi longtemps que nous ressentons que l'on nous doit quelque chose, nous sommes pris au piège des usages du monde et inhibons notre croissance spirituelle[3].

Sur cette notion du pardon de la dette, chacun des neuf types peut apprendre le genre de dette qui le concerne. Les choses que nous pensons devoir posséder représentent nos distorsions malsaines de la réalité. Riso et Hudson affectent les distorsions suivantes à chaque type : le perfectionnisme critique (Un), la nécessité de se rendre indispensable (Deux), le fait de courir après le succès (Trois), l'apitoiement (Quatre), la spécialisation inutile (Cinq), l'attachement à des croyances (Six), l'évasion frénétique (Sept), les combats incessants (Huit) et la négligence têtue (Neuf)[4]. Il n'est pas difficile de voir ce qu'il faut abandonner si nous voulons grandir spirituellement. Ce qui est plus difficile à discerner, c'est qu'en parallèle avec nos aversions, nous devons également lâcher nos préférences, dont certaines peuvent sembler saines, mais auxquelles nous faisons trop souvent référence pour nous définir. Nous pouvons nous identifier aux vertus de l'un ou l'autre des neuf espaces et cet attachement plus subtil doit également être dépassé si nous voulons être prêts à nous comporter en sujets actifs plutôt qu'en objets passifs. Par exemple, le Trois qui essaierait d'abandonner son désir de se sentir accepté et reconnu pourrait estimer ne plus avoir aucune valeur ; le Cinq qui déciderait de ne plus essayer d'accumuler du savoir pourrait être effrayé de se sentir incapable et inutile. Il en va de même avec tous les types.

Se pardonner à soi-même, lâcher ses préoccupations et purifier ses pensées exige beaucoup de persévérance et semble apporter bien peu de récompenses. La métaphore de sainte Thérèse d'Avila sur l'arrosage d'un jardin compare cette première étape du développement au travail épuisant de transporter de l'eau au jardin dans des seaux remplis à la main[5]. Il y a beaucoup de travail à effectuer et il faut beaucoup d'efforts, alors que rien n'est donné en retour.

Mais l'effort en lui-même devient une préparation pour les étapes ultérieures de la transformation. Dans la métaphore du jardin de sainte Thérèse, le résultat final est décrit comme l'arrosage de nos jardins intérieurs par des voies d'irrigation qui, une fois en action, représenteront moins de travail et fourniront plus d'eau au jardin[6]. L'eau provient d'une source ou une rivière qui n'a besoin que d'être canalisée. Le printemps est déjà là, il n'y a besoin que d'un peu d'attention. À un moment, nous découvrons la sagesse du travail que nous avons accompli et constatons que ce n'est pas un schéma arbitraire de traits de personnalité, de dépendances et de vertus, mais un ensemble archétypal supérieur à la somme des parties qu'il englobe et transcende. Comme pour tant de vérités paradoxales, le sens réel est à la fois à l'intérieur et à l'extérieur de la chose que nous recherchons[7]. Tant qu'il y aura une séparation entre nous et ce que nous observons, nous ne serons toujours pas arrivés à la dernière étape de la contemplation qui consiste à faire tomber la barrière de la séparation.

Finalement, le diagramme de l'Ennéagramme n'est plus une série de points, de lignes et d'arcs mais forme un tout qui invite au mouvement et à l'intégration. Il fonctionne comme les pantoufles en rubis[8] de Dorothée dans *Le Magicien d'Oz* : tant qu'elle les avait aux pieds, elle pouvait retourner à la maison quand elle le désirait. Mais elle a dû pas mal voyager avant de comprendre leur pouvoir. Son voyage a commencé sur une route décrite comme une spirale, démarrant à ses pieds et l'entraînant vers l'extérieur à la Cité d'Émeraude. Son voyage au loin n'était finalement que le voyage de retour « chez elle ». Comme d'autres voyages mythiques et littéraires, ce schéma amène à partir loin de la maison, à lutter contre de nombreux obstacles pour finalement revenir chez soi[9].

Ce que nous recherchons se trouve depuis toujours sous nos pieds. Nous devons faire un long voyage pour découvrir ce qui est nôtre depuis le début, notre vrai moi qui possède au fond de lui l'étincelle de la divinité. Une fois que nous connaissons cette vérité, un pas suffit pour se retrouver « à la maison ». Nous ne nous voyons plus comme identifiés à un chiffre de l'Ennéagramme, mais dansant une partition plus grande que la séquence de ses mouvements.

Développer le centre mental

Les profils associés au centre mental sont les Cinq, Six et Sept. Ces types, qui appartiennent à l'espace de la tête, voient le monde en termes de réflexion, d'analyse et de planification. Par ailleurs, pour les types Un, Deux et Six (les profils conciliants), les qualités de ce centre mental sont réprimées ou sous-développées. Les profils conciliants préfèrent ne pas utiliser leur mental à des fins d'organisation et d'action, car ils estiment généralement que leurs pensées, si elles peuvent être nombreuses, sont souvent improductives. Ces types pourront trouver utile, dans leur travail de transformation, d'oser davantage faire confiance à leur centre mental.

Le mental est notamment en charge de la tâche difficile de l'observation essentielle pour arriver à la connaissance de soi. Nicoll explique la connexion ainsi : « Sans observation de soi, il ne peut y avoir de connaissance de soi. Les gens, bien sûr, croient se connaître et se bercent de cette illusion. C'est précisément cette illusion qui les empêche de se rendre compte qu'ils ne se connaissent pas et qu'au contraire ils ont des images d'eux-mêmes qui ne ressemblent pas à ce qu'ils sont vraiment et qui ne font que compliquer leur vie et les conduire dans mille et une mauvaises directions. En prenant soin de ces images d'eux-mêmes comme s'il s'agissait de poupées, ils n'attrapent que rarement ne serait-ce qu'un aperçu d'eux-mêmes et, lorsque cela se produit, ils embrassent leurs poupées encore plus[10]. »

Il est difficile de se dépouiller de ses couches acquises de faux-semblants et d'illusions, mais nous devons commencer à le faire si nous souhaitons abandonner notre ancien moi et renaître à une nouvelle façon d'être. L'observation de soi ne signifie pas simplement mettre un nom sur nos pensées et nos sentiments et croire que nous avons fait le travail. Cela implique généralement éplucher couche après couche, afin de découvrir ce qui se trouve *derrière* notre pensée, notre sentiment ou notre action et, là encore, ce qui se cache *derrière* cette découverte, et ainsi de suite, jusqu'à ce que nous arrivions à quelque chose de très différent de toutes les images de nous-mêmes que nous avons construites. Nous entrevoyons alors un aperçu de notre unité avec la source divine et les fausses représentations du soi s'écroulent.

Les archétypes de ce centre nous ont montré Nicodème aspirant à la vérité et la lumière, Joseph traduisant ses rêves en réalité, l'agilité d'esprit de la Samaritaine changer sa vie ; la sagesse de Salomon lui a permis d'évaluer et de construire, la mère des Maccabées a su courageusement tolérer le mystère dans son ambiguïté profonde, Pierre a confessé ses erreurs et a pu avancer. C'est dans ce centre mental que nous sommes en mesure de percevoir l'image globale, d'équilibrer nos idées et d'accéder à d'autres perspectives.

Développer le centre émotionnel

Les profils associés au centre émotionnel sont les Deux, Trois et Quatre. Ces types de l'espace du cœur perçoivent le monde sur un plan relationnel, c'est-à-dire en termes de sentiments et de connexion avec les autres.

Par ailleurs, pour les types Trois, Sept et Huit (les profils assertifs), l'énergie du centre émotionnel est réprimée. Cette utilisation erronée est en fait une sous-utilisation, soit par excès d'intensité, par manque de sensibilité, par déni des sentiments, soit par absence de présence à l'atmosphère émotionnelle d'une situation.

Leur travail de transformation passera par la valorisation de ce centre émotionnel.

Le centre émotionnel inclut la capacité à se détacher de trop de proximité avec d'autres personnes, avec des choses et avec des idées afin de créer une ouverture à l'œuvre éclairante de l'Esprit. Il permet de poursuivre le travail consistant à lâcher notre fausse personnalité, nos fixations et nos passions. Le travail de transformation passe en fait par une combinaison de la tête et du cœur pour que les idées, concepts et illusions de la tête soient examinés à la lumière de l'intelligence du cœur. Le cœur s'attache aux valeurs de l'amour et de la confiance, des relations, et à la présence du mystère.

Les archétypes bibliques du centre émotionnel nous offrent les histoires de leurs vies et des expériences qui touchent le cœur. Ils sont présentés dans leur relation aux autres, ainsi que dans leur connexion à leur être intérieur : Job a reçu et répondu à l'amour et à l'affection de Dieu, David a trouvé un compagnon de voyage et produit une poésie profondément évocatrice, le cœur de Marie Madeleine a pleuré à la recherche de son âme, Ruth a intégré de nouvelles valeurs et consacré sa vie à une nouvelle tribu, Saül a adouci la dureté de son cœur. Tous ces personnages ont montré l'exemple de ce que peuvent être des relations « à cœur ouvert », synonymes d'intimité à l'autre autant que d'intimité intérieure.

Développer le centre instinctif

Les profils associés au centre instinctif sont les types Huit, Neuf et Un. Ces types appartiennent au centre corporel et perçoivent le monde en termes de déplacement, de création et de survie. Ce centre est réprimé chez les types en retrait : les Quatre, Cinq et Neuf, qui se sentent souvent déconnectés de ce qui se passe autour d'eux. Dans leur travail de transformation, ils devront chercher à participer plus activement au monde, à s'y engager plutôt que de s'en échapper.

C'est la synergie des éléments du corps qui fait naître une nouvelle réalité et une nouvelle création. Quand cette énergie se connecte au centre du cœur, elle se manifeste en actions positives envers soi-même, envers les autres et dans le monde. Elle est visible dans tous les efforts déployés pour respecter la terre, surmonter les frontières géographiques au nom du bien commun et rendre justice aux opprimés. Dans cet état, comme Paul l'a décrit, il n'y a plus de barrières qui séparent, divisent ou entravent : « Il n'y a plus ni Juif ni Grec, ni esclave ni homme libre, ni homme ni femme ; car vous ne faites tous plus qu'un dans le Christ Jésus » (Galates 3, 28). Le psalmiste l'a également évoqué : « Amour et Vérité se rencontrent, Justice et Paix s'embrassent » (Psaumes 85, 11).

Notre centre instinctif est aussi un élément crucial pour la globalité de notre être. Pendant des années, le corps a été considéré comme une nuisance et un obstacle à la croissance personnelle et spirituelle. La sagesse contemporaine exhorte l'humanité à considérer le corps comme un don. Il est décrit par certains comme le navire de l'âme et, par d'autres, comme l'âme incarnée.

Le corps occupe l'espace et le temps, il est un mélange miraculeux d'énergie quantique. Être présent au mouvement du corps qui va vers, qui va contre, qui s'éloigne de quelque chose ou de quelqu'un est le moyen le plus fiable pour reconnaître la direction de son attention. Inclure le corps dans notre travail signifie accepter notre connexion à la terre et au Créateur qui a vu que « cela était très bon » (Genèse 1, 31).

Les archétypes de Jean Baptiste et de Paul ont activement utilisé l'énergie de leur corps pour atteindre leurs objectifs. La Cananéenne a déployé une énergie considérable pour obtenir justice pour son enfant, malgré le système en vigueur qui lui était défavorable. Marthe a dû relier son agir et son être dans sa relation avec Jésus. Abraham et l'homme de la piscine, inactifs dans leur corps, se sont montrés ouverts à réactiver une nouvelle dynamique physique.

Entretenir les centres

Certaines pratiques sont plus adaptées au développement d'un centre particulier, tandis que d'autres peuvent nourrir les trois. Si nous avons besoin de développer notre centre mental à un moment donné de notre vie, nous pouvons entreprendre des choses telles que la rédaction d'un journal intime ou d'autres formes d'écriture, la méditation discursive et la *lectio divina*. Nous pouvons élargir nos connaissances pour mieux appréhender l'immensité de notre monde. Nous pouvons apprendre de chaque chose qui se produit, quand et comme elle se produit, et rester ouverts à de nouveaux modes de pensée. Nous pouvons faire de la recherche de la vérité une valeur forte dans nos vies, estimant que la vérité nous rendra libres (Jean 8, 32). En cherchant la vérité, nous allons prendre conscience de notre propension à rechercher des solutions simples à des questions complexes, ou à offrir des réponses stéréotypées au lieu d'essayer de trouver des solutions provenant d'une réflexion profonde sur la réalité et de notre propre expérience de l'Essence.

Si notre centre émotionnel réclame de l'attention, nous pouvons nous tourner vers une expression artistique et dessiner, faire de la musique ou l'écouter, ou lire de la poésie. Toutes ces activités peuvent être entreprises avec le désir de les expérimenter en conscience et de laisser nos cœurs ouverts à l'immensité des émotions et des sentiments. Nous pouvons accorder une attention particulière à une relation dans le but de donner et recevoir de l'amour. Nous pouvons devenir plus éveillés à remarquer comment nous nous sentons et quelle est l'origine de cette sensation, et permettre à nos cœurs de s'ouvrir et de s'élargir pour inclure ceux que nous rencontrons. Les différentes communautés dans lesquelles nous vivons et travaillons offrent également de nombreuses possibilités pour développer notre centre relationnel au fur et à mesure que nous grandissons dans notre compréhension de l'interdépendance de l'univers. Une des premières choses que Dieu dit dans la Genèse, c'est qu'il n'est pas bon pour une personne d'être seule (Genèse 2, 18) et le contact humain est un rappel constant de la nécessité d'être en relation avec les autres.

Notre centre instinctif doit également être pris en charge, et nous pouvons contribuer à son développement en prenant simplement soin de notre corps. Les pratiques de toutes sortes – sport, danse, yoga, marche – stimulent notre centre instinctif et intègrent davantage notre corps dans le reste de notre vie. Il est également utile d'être doux avec nous-mêmes, en prenant du repos, de placer régulièrement notre attention sur notre respiration et sur les battements de notre cœur, de jeûner pour libérer l'esprit et discipliner nos compulsions. Nous avons parfois le sentiment que nous portons notre corps comme un fardeau, mais nous devons nous rappeler qu'en fait, c'est notre corps qui nous porte. Les nombreux miracles de guérison rapportés dans les Évangiles témoignent de la considération accordée au corps et de la compassion qui doit être montrée à ceux qui souffrent. Le corps devient un allié utile quand on constate tous les signaux qu'il nous adresse quand nous ne sommes plus présents à ce qui se passe. Utilisé consciemment, notre centre instinctif n'est pas en opposition à notre conscience d'être. Comme pour Marthe et Marie, *faire* et *être* peuvent coexister au sein de notre corps et travailler ensemble tant que nous sommes conscients. Nous n'avons plus alors à faire des choses en fonction de nos compulsions ou de notre personnalité, mais devenons éveillés à la façon dont cette personnalité tente de kidnapper notre attention consciente. De telles distractions surgissent constamment et servent de test pour nous forcer à rester en lien avec notre sens plus profond de l'Essence.

Bien que chaque centre puisse être exercé séparément, il faut toujours garder à l'esprit que le fait de se concentrer sur un seul centre temporairement a pour but de rééquilibrer en nous les différentes énergies de l'Ennéagramme. Cela exige que nous désactivions le commentaire interne qui nous traverse toute la journée, pour détendre notre corps, calmer notre esprit et ouvrir notre cœur à accepter avec compassion ce qui nous affecte. Nous pouvons apprendre à cultiver la conscience que chaque instant est unique, un cadeau à accueillir joyeusement. Un équilibre entre nos centres se manifesterait par notre présence à notre Essence, aux autres, à l'univers et à Dieu. Cette présence nous mettrait en contact avec notre source de vie et animerait notre danse dans la spirale de la transformation.

Mysticisme : revenir à la source

Notre rencontre avec les personnages bibliques dans les récits sacrés de la Bible nous fournit un modèle pour nos vies. À travers leurs récits, nous apprenons comment leurs âmes luttent et se développent, comment Dieu les rencontre dans différentes situations afin de leur offrir la vie, la guérison et la sagesse. Sur leurs traces, accompagnés par la grâce divine, les mystiques de la foi chrétienne ont beaucoup écrit sur la notion de se perdre soi-même pour se retrouver. Ils parlent en métaphores et en images dans leurs tentatives de transmettre l'inimaginable. Les formes de prière qu'ils décrivent sont autant de moyens de retour à la maison, c'est-à-dire de retour à la source de notre être, lieu que nous rencontrons dans l'expérience de la conversion et de la prière.

Le mysticisme ne se limite pas à quelques âmes développées spirituellement. En fait, les expériences contemplatives sont tout à fait normales chez tous les hommes, même si la plupart ne les appelleraient pas forcément ainsi. Elles font partie de notre sphère naturelle du comportement. Ces expériences nous enseignent qu'il est effectivement possible d'arrêter nos « machines automatiques[11] », nos réactions habituelles qui entretiennent nos préoccupations. Quand une personne, quelle qu'elle soit, dans des circonstances normales, descend plus profondément que d'habitude dans son être intérieur, l'expérience de Dieu qu'elle va faire sera probablement plus pure, plus intense et plus claire qu'auparavant. Avec une pratique soutenue, les expériences de l'Esprit deviennent plus explicites, les distinctions entre les présences intérieures et extérieures se dissolvent et la réalité de l'instant présent devient le point de contact avec la réalité divine.

Dans cet état, les trois centres de notre être, tête, cœur et corps, s'unissent dans un équilibre. Quand nous atteignons cet équilibre, le mouvement d'un point de l'Ennéagramme à l'autre devient une danse mystique qui ne cesse jamais. Nous entrons dans la danse ancienne et cosmique des sphères. Ce phénomène peut être décrit comme une fusion du vrai soi avec Dieu. Il dissout tout sentiment de soi agissant indépendamment de Dieu. Jésus l'exprime quand il dit : « Que ce ne soit pas ma volonté, mais la tienne qui se fasse » (Luc 22, 42). De même, cette dissolution du soi se retrouve dans la déclaration de Jean Baptiste quand il parle de la nature de sa relation à Jésus : « Il faut que lui grandisse et que moi je décroisse » (Jean 3, 30). Lorsque cela se produit, c'est, ainsi que Thérèse d'Avila l'a décrit, comme si nous avions un jardin arrosé sans effort de notre part mais par les pluies qui tombent librement du haut des cieux[12]. Notre sommes dans un état d'ouverture, pleinement réceptifs à rien d'autre qu'à Dieu[13]. Nous accueillons alors une réalité plus grande que nous-mêmes. Comme Maître Eckhart l'a bien compris, il y a une bonté unique dans tout et c'est là que nous pouvons nous rencontrer nous-mêmes[14]. Nous ne pouvons pas faire en sorte que cette expérience se produise à volonté, mais nous pouvons nous efforcer de créer l'environnement dans lequel elle pourrait survenir comme le travail de Dieu. Le temps d'un jour de sabbat ou d'un jour de repos nous permet de cesser notre travail professionnel externe et de nous recentrer plus profondément à l'intérieur.

Ce voyage vers l'intérieur est un travail à entreprendre librement. Il est appelé « travail » parce qu'il n'est pas facile, mais c'est aussi le genre de travail agréable que nous réalisons lorsque nous dansons. Il pourrait même ressembler à une forme de jeu, tout comme la Sagesse a incarné la création, se délectant en Dieu et en la race humaine et « se réjouissant dans le monde habité » (Proverbes 8, 22-31). Le travail effectué à partir de notre centre intérieur, notre source, sera toujours utile et jamais aliéné[15]. En fait, il ne s'agira pas de « notre » travail, mais du travail du Divin en nous, comme Jésus le dit : « Mais le Père demeurant en moi fait ses œuvres » et : « Mon Père est à l'œuvre jusqu'à présent et j'œuvre moi aussi » (Jean 14, 10 ; 5, 17). Il est évident que Jésus ne veut pas parler du travail qui nous permet d'acquérir les choses matérielles : l'ouvrage duquel il nous invite à participer ne consiste pas à acquérir quelque chose que nous n'avons pas, il s'agit plutôt de se débarrasser de quelque chose que nous avons[16]. Balayer les désirs et les aversions de notre ego ouvre une brèche dans notre jungle intérieure et prépare le chemin par lequel le Divin pourra trouver un chemin dégagé en nous.

« Voici, je fais l'univers nouveau », dit celui qui est appelé « l'Alpha et l'Oméga », le commencement et la fin, dans le livre de l'Apocalypse (21, 5). *Toutes* les choses sont renouvelées, et pas seulement *certaines*. Dans la vie transformée de la Nouvelle Jérusalem, rien n'est comme avant. Une nouvelle façon d'être est envisagée, pas un retour au jardin d'Éden, mais une ascension vers une Ville. La Ville comprend la nature (il y a une rivière et des arbres), mais elle est basée sur la communauté de ceux qui ont été appelés au festin de mariage (Apocalypse 19, 7). Cette image finale dans la Bible nous donne une image de la transformation totale. Le mariage entre Dieu et l'humanité est prévu et célébré dans le travail que nous faisons ici et maintenant en unifiant l'ensemble de nos facettes et en amenant notre corps, notre mental et notre cœur dans l'alignement et l'équilibre.

En utilisant la boussole de l'Ennéagramme, la Bible devient un guide encore plus efficace pour notre voyage vers la plénitude. Les inspirations et les défis qu'elle offre sont immuables et toujours d'actualité. Les récits des expériences de transformation de ceux qui ont parcouru la route avant nous font écho aux nôtres. Les différents archétypes de l'Ennéagramme se retrouvent dans les histoires bibliques, auxquelles nous pouvons revenir encore et encore, y trouvant toujours quelque part un aperçu de notre propre histoire et de l'aide pour notre chemin.

Lorsque nous vivons des moments de rencontre avec la présence réelle du Divin en nous, tout le reste semble illusoire et fade. Rien n'existe en dehors de Dieu, et aucune action ne peut être commencée ou terminée sans le consentement divin : « C'est en Lui que nous avons la vie, le mouvement et l'être » (Actes 17,

28). Il n'y a pas d'autre réalité. Si Dieu est tout, quand nous prétendons qu'un sentiment, un désir, une pensée ou une action est « nôtre », vouloir le posséder par nous-mêmes indique précisément où nous ne sommes pas reliés à Dieu. La perte de « notre » attachement, à la fois sensuel et spirituel, peut laisser place à la « non-choséité » qui ne résiste pas à Dieu[17]. En outre, tant que nous restons attachés à « notre » type de l'Ennéagramme, nous créons une barrière à notre croissance spirituelle et à notre transformation. Découvrir la non-choséité qui sous-tend tous les êtres nous ramène dans le monde de l'être avec un nouveau regard. Selon un proverbe oriental : « Avant l'illumination, nous devions couper du bois et transporter de l'eau. Après l'illumination, il nous faut couper du bois et transporter de l'eau. » Rien ne change, et pourtant tout change. Comme T. S. Eliot l'a écrit dans *Four Quartets :*

« Nous ne cesserons pas l'exploration,
Et la fin de notre quête
Sera d'arriver là où nous avons commencé,
Et de connaître ce lieu pour la première fois. »

Si nous considérons notre chiffre ou notre type comme un possible point de départ, nous avons déjà commencé notre voyage. Il va nous ramener à l'endroit où nous avons toujours été, sauf que nous ne le savions pas. Notre retour à la maison est un retour à notre vrai soi, qui a toujours été là, attendant d'être réveillé. Les petites résurrections nées de la discipline quotidienne préparent la voie à la résurrection finale où nous allons découvrir notre véritable Essence dans toute sa beauté rayonnante.

La Bible reste une grande source de sagesse et d'inspiration. Les nombreux personnages dont il est question nous montrent comment nous pouvons rencontrer Dieu dans nos vies et être transformés par cette rencontre. La Bible nous propose ces mentors qui nous présentent différentes façons d'intégrer et d'unifier nos centres de la pensée, du ressentir et de l'agir. Leurs parcours peuvent s'avérer des richesses pour le cheminement de nos âmes, nous assurant que nous ne marchons pas seuls sur notre chemin de transformation et que notre travail finira par être porteur de fruits, pour nous et pour le monde. Nos relations avec le Divin, avec les autres et avec nous-mêmes peuvent être enrichies au-delà de nos rêves les plus fous. Nous sommes invités à explorer avec un nouveau regard les modes de communication divine avec les hommes dans toute leur complexité, leur fragilité et leur force, et leur grandeur ultime. C'est l'intimité avec le Divin qui nous attend si nous laissons l'énergie des Écritures captiver nos cœurs et nos esprits et nous faire avancer vers notre destin. Ne nous laissons pas détourner de ce travail.

Notes

Avant-propos : Histoires de transformation

1. Richard Rohr et Andreas Ebert, *L'Ennéagramme,* les neuf visages de l'âme, Paris, Guy Trédaniel, 1997.
2. D. W. Robertson, *On Christian Doctrine* (New York : Bobbs-Merrill, 1958), p. 75.
3. *Dei Verbum*, 3.12, *Vatican II. Les seize documents conciliaires,* Fides, Religieux HC, 2001, p. 382.
4. *Le Nuage de l'inconnaissance*, commenté par Bernard Durel, Paris, Albin Michel, 2009, chap. 3-6.

Introduction :
Présentation de l'Ennéagramme par Éric Salmon

1. Rohr et Ebert, *L'Ennéagramme, op. cit.*
2. Voir le site Croire.com, rubrique « Ennéagramme ».
3. Louis Pauwels, *Monsieur Gurdjieff,* Paris, Albin Michel, 1996.
4. Piotr Ouspensky, *Fragments d'un enseignement inconnu*, Paris, Stock, 1974.
5. Le survol historique qui suit est repris de notre livre *La Clé de l'Ennéagramme*, Paris, Interéditions, 2012.
6. Helen Palmer, *Le Guide de l'Ennéagramme*, Paris, Interéditions, 2009.
7. Voir www.cee-enneagramme.eu.
8. Maria Beesing, Robert J. Nogosek et Patrick O'Leary, *L'Ennéagramme, un itinéraire de vie*, Paris, Desclée de Brouwer, 1992.

1. La Bible et l'Ennéagramme

1. Harvey D. Egan, S. J., *Karl Rahner : The Mystic of Everyday Life* (New York : Crossroad, 1998) ; et Richard R. Gaillardetz, *Transforming Our Days : Spirituality, Community, and Liturgy in a Technological Culture* (New York : Crossroad, 2000).
2. *Ibid.*, p. 55.
3. *Ibid.*, p. 88.
4. Alexander Pope, « An Essay on Criticism », in *The Works of Alexander Pope* (Hertfordshire : Wordsworth Edition, 1995), l. 298, p. 74.
5. Walter Brueggemann, *Finally Comes the Poet* (Minneapolis : Fortress Press, 1989), introduction.
6. Saint Augustin, *Confessions*, trad. F.J. Sheed. (New York : Sheed & Ward, 1943), livre 13, chap. 11.
7. Egan, *Karl Rahner, op. cit.*, p. 197.
8. William James, *Varieties of Religious Experience* (New York : New American Library, 1958), p. 127.
9. Jean-Paul II, « Le dialogue entre la science et la foi », *Origins*, vol. 18, n° 23, 17 nov. 1988, p. 378.
10. C. G. Jung, *Collected Works*, trad. R. F. C. Hull (Princeton : Bollingen Series, 1966), vol. 15, p. 82.
11. Brueggemann, *Finally Comes the Poet, op. cit.*, p. 5–6.
12. Diarmuid O'Murchu, *Quantum Theology* (New York : Crossroad, 1997), p. 178, 199.
13. Aloysius Pieris, S. J., *The Christhood of Jesus and the Discipleship of Mary*, Logos Series, vol. 39, n° 3, p. 82.
14. *Ibid.*, p. 82–83.
15. *Ibid.*, p. 112.
16. Virgil Howard et Patricia LeNoir, « Unleashing the Power of the Bible », in *The International Bible Commentary*, ed. William R. Farmer, Collegeville (Minnesota : Liturgical Press, 1998), p. 37.
17. Brian Swimme, *Hidden Heart of the Cosmos*, VHS (Mill Valley, CA : Center for the Story of the Universe, 1996).
18. O'Murchu, *Quantum Theology, op. cit.*, p. 133.
19. Gary Zukav, *The Dancing Wu Li Masters : An Overview of the New Physics* (New York : Bantam, 1979), p. 193.
20. O'Murchu, *Quantum Theology, op. cit.*, p. 114.
21. Anthony de Mello, *Awareness* (New York : Doubleday, 1990), p. 136.
22. Cité in R. A. Markus, *Gregory the Great and His World* (Cambridge : Cambridge University Press, 1997), p. 47.

23. Sogyal Rinpoché, *Le Livre tibétain de la vie et de la mort*, Paris, Le Livre de Poche, 2005.

24. Don Richard Riso et Russ Hudson, *The Wisdom of the Enneagram* (Toronto : Bantam Books), 1999, p. 20.

25. Rohr et Ebert, *L'Ennéagramme, op. cit.*

26. *Ibid.*

27. Merci au Dr David Leeming de l'université de Victoria pour ces exemples et explications.

28. Robin Amis, *A Different Christianity : Early Christian Esotericism and Modern Thought* (Albany : State University of New York Press, 1995), chap. 10.

29. A. H. Almaas, *Facets of Unity : The Enneagram of Holy Ideas* (Diamond Books : Berkeley, 1998), p. 140.

30. *Ibid.*, p. 6.

31. Cité in Sogyal Rinpoché, *Le Livre tibétain de la vie et de la mort, op. cit.*

32. Jean-Paul II, *Novo Millennio Ineunte*, 6 janv. 2001, article 23.

33. Amis, *A Different Christianity, op. cit.*, p. 212.

34. Maurice Nicoll, *Psychological Commentaries on the Teaching of Gurdjieff and Ouspensky*, 6 vol. (York Beach, Maine : Samuel Weiser, 1996), p. 1007.

35. Karen Horney, *Neurosis and Human Growth : The Struggle toward Self-Realization* (New York : W. W. Norton & Co., 1950), rééd. 1991.

36. Kathy Hurley et Theodorre Donson, *Discover Your Soul Potential* (Lakewood, Colorado : Windwalker Press, 2000).

37. Riso et Hudson, *The Wisdom of the Enneagram, op. cit.*, p. 59-63.

38. En mathématiques, on parle parfois, à la suite de Cantor, de « propriété de trichotomie ». Dans sa forme la plus simple, cette propriété précise que si vous avez deux nombres entiers *a* et *b*, une seule des trois possibilités suivantes est vraie :

– $a < b$
– $a = b$
– $a > b$

Si *a* et *b* sont deux des trois centres de l'Ennéagramme, alors *a* va être soit réprimé, soit préféré, soit à la fois préféré et réprimé, comme c'est le cas dans l'Ennéagramme pour les points Trois, Six et Neuf. (Merci au Dr David Leeming de l'université de Victoria, Canada.)

39. James, *Varieties of Religious Experience, op. cit.*, p. 160.

40. Saint Augustin, *Confessions*, Livre 8, chap. 5.

41. *Ibid.*, chap. 11.

2. Les profils conciliants

1. Horney, *Nevrosis and Human Growth, op. cit.*, p. 222.
2. Les données sur la peur principale et le désir fondamental de chaque type sont celles de Riso et Hudson.
3. Les noms des passions ou péchés associés à chaque type sont ceux d'Oscar Ichazo.
4. Horney, *Nevrosis and Human Growth, op. cit.*, p. 223.
5. *Ibid.*, p. 217.
6. *Ibid.*, p. 222.
7. John Dominic Crossan, *Jesus : A Revolutionary Biography* (San Francisco : Harper San Francisco, 1995), p. 167–168.
8. James, *Varieties of Religious Experience, op. cit.*, p. 192.
9. Sean Kelly et Rosemary Rogers, *Saints Preserve Us !* (New York : Random House, 1993), p. 222.
10. Riso et Hudson, *The Wisdom of the Enneagram, op. cit.*, p. 119.
11. Nicoll, *Psychological Commentaries, op. cit.*, p. 1487.
12. Riso et Hudson, *The Wisdom of the Enneagram, op. cit.*, p. 122.
13. De Mello, *Awareness, op. cit.*, p. 19.
14. James, *Varieties of Religious Experience, op. cit.*, p. 172.
15. Riso et Hudson, *The Wisdom of the Enneagram, op. cit.*, p. 135.
16. *Ibid.*, p. 136.
17. *Ibid.*
18. Horney, *Neurosis and Human Growth, op. cit.*, p. 227.
19. Riso et Hudson, *The Wisdom of the Enneagram, op. cit.*, p. 134.
20. Horney, *Neurosis and Human Growth, op. cit.*, p. 228.
21. Don Riso, *Understanding the Enneagram* (Boston : Houghton Mifflin, 1990), p. 46.
22. Riso et Hudson, *The Wisdom of the Enneagram, op. cit.*, p. 198.
23. Riso, *Understanding the Enneagram, op. cit.*, p. 47.
24. Horney, *Neurosis and Human Growth, op. cit.*, p. 227.
25. June Jordan, « Ruth and Naomi, David and Jonathan : One Love », in *Out of the Garden : Women Writers on the Bible*, ed. Christina Büchmann and Celina Spiegel (New York : Fawcett Columbine, 1994), p. 87.
26. Hurley et Donson, *Discover your Soul Potential, op. cit.*, p. 122.
27. *Ibid.*, p. 121.
28. Horney, *Neurosis and Human Growth, op. cit.*, p. 227.
29. Riso et Hudson, *The Wisdom of the Enneagram, op. cit.*, p. 254.
30. Riso, *Understanding the Enneagram, op. cit.*, p. 64-65.
31. Nous considérons les livres apocryphes, y compris les livres des Maccabées, comme faisant partie des écritures canoniques dans la mesure où ils

étaient connus et utilisés par les premiers chrétiens et continuent à être lus par de nombreux courants chrétiens aujourd'hui. Ils faisaient partie de la Septante et étaient considérés comme canoniques au moins jusqu'au IVe siècle, mais furent alors rejetés par certains.

32. Horney, *Neurosis and Human Growth*, *op. cit.*, p. 217.

33. James, *Varietes of Religious Experience*, *op. cit.*, p. 275.

34. Voir davantage sur Abraham ci-après, où il est choisi comme archétype du profil Neuf.

35. James, *Varietes of Religious Experience*, *op. cit.*, p. 265-266.

3. Les profils assertifs

1. Horney, *Neurosis and Human Growth*, *op. cit*, p. 192.
2. Almaas, *Facets of Unity*, *op. cit.*, p. 162.
3. *Ibid.*, p. 163.
4. Horney, *Neurosis and Human Growth*, *op. cit.*, p. 194.
5. *Ibid.*
6. *Ibid.*, p. 193.
7. *Ibid.*, p. 203.
8. Hurley et Donson, *Discover your Soul Potential*, *op. cit.*, p. 150.
9. Horney, *Neurosis and Human Growth*, *op. cit.*, p. 192.
10. Almaas, *Facets of Unity*, *op. cit.*, p. 96.
11. Horney, *Neurosis and Human Growth*, *op. cit.*, p. 200.
12. *Le Nuage de l'inconnaissance*, *op. cit.*, p. 85.
13. Claudio Naranjo, *Ennéagramme, caractère et névrose*, Paris, Inter-éditions, 2012, p. 134 dans l'édition originale.
14. Horney, *Neurosis and Human Growth*, *op. cit.*, p. 211.
15. Palmer, *Le Guide de l'Ennéagramme*, *op. cit.*, p 306 dans l'édition originale.
16. Riso, *Understanding the Enneagramm*, *op. cit.*, p. 74.
17. Riso et Hudson, *The Wisdom of the Enneagram*, *op. cit.*, p. 312.
18. Hurley et Donson, *Discover your Soul Potential*, *op. cit.*, p. 78-79.
19. Horney, *Neurosis and Human Growth*, *op. cit.*, p. 192.
20. Almaas, *Facets of Unity*, *op. cit.*, p. 255.
21. Riso et Hudson, *The Wisdom of the Enneagram*, *op. cit.*, p. 161.
22. Almeas, Facets of Unity, *op. cit.*, p. 280-281.
23. Horney, *Neurosis and Human Growth*, *op. cit.*, p. 194.
24. Riso, *Understanding the Enneagram*, *op. cit.*, p. 148.
25. *Ibid.*

4. Les profils en retrait

1. Hurley et Donson, *Discover your Soul Potential, op. cit.*, p. 188.
2. Horney, *Neurosis and Human Growth, op. cit.*, p. 259.
3. *Ibid.*, p. 260.
4. Hurley et Donson, *Discover your Soul Potential, op. cit.*, p. 93.
5. Almaas, *Facets of Unity, op. cit.*, p. 197.
6. Riso et Hudson, *The Wisdom of the Enneagram, op. cit.*, p. 54.
7. *Ibid.*, p. 191.
8. Almaas, *Facets of Unity, op. cit.*, p. 191.
9. James, *Varieties of Religious Experience, op. cit.*, p. 74.
10. Riso et Hudson, *The Wisdom of the Enneagram, op. cit.*, p. 188.
11. Almaas, *Facets of Unity, op. cit.*, p. 202.
12. Riso et Hudson, *The Wisdom of the Enneagram, op. cit.*, p. 204.
13. Almaas, *Facets of Unity, op. cit.*, p. 187.
14. C. G. Jung, *The Portable Jung*, ed. Joseph Campbell (New York : Penguin, 1971), p. 531.
15. Susan Haskins, *Mary Magdalen* (London : HarperCollins, 1993), p. 63.
16. Pour les données sur Marthe comme archétype du Huit, voir ci-dessus dans les profils assertifs.
17. John Marsh, *Saint John* (New York : Penguin, 1968, rééd. 1972), p. 637.
18. Riso et Hudson, *The Wisdom of the Enneagram, op. cit.*, p. 208.
19. Horney, *Neurosis and Human Growth, op. cit.*, p. 264.
20. Palmer, *Le Guide de l'Ennéagramme, op. cit.*
21. Brian Swimme et Thomas Berry, *The Universe Story* (San Francisco : Harper San Francisco, 1992), p. 243.
22. Riso et Hudson, *The Wisdom of the Enneagram, op. cit.*, p. 208-209.
23. *Ibid.*, p. 216.
24. Horney, *Neurosis and Human Growth, op. cit.*, p. 268.
25. Éilis Bergin et Eddie Fitzgerald, *An Enneagram Guide* (Mystic, Conn. : Twenty-Third Publications, 1995), p. 96.
26. Robert Alter, *Genesis : Translation and Commentary* (New York : W. W. Norton, 1996), p. 248.
27. Almaas, *Facets of Unity, op. cit.*, p. 107.
28. Pour davantage de précisions sur ces différentes étapes, voir le chapitre 5.
29. Nicoll, *Psychological Commentaries, op. cit.*, p. 510.
30. Hurley and Donson, *Discover your Soul Potential, op. cit.*, p. 116.
31. *Ibid.*, p. 162.
32. Horney, *Neurosis and Human Growth, op. cit.*, p. 274.
33. *Ibid., p. 285*
34. Palmer, *Le Guide de l'Ennéagramme, op. cit.*

35. Riso et Hudson, *The Wisdom of the Enneagram, op. cit.*, p. 337.
36. Almaas, *Facets of Unity, op. cit.* p. 288.
37. Riso et Hudson, *The Wisdom of the Enneagram, op. cit.*, p. 340.
38. Almaas, *Facets of Unity, op. cit.* p. 209.
39. Alter, *Genesis, op. cit.*, p. 53.
40. Riso et Hudson, *The Wisdom of the Enneagram, op. cit.*, p. 333.
41. *Ibid.*, p. 336.
42. Hurley et Donson, *Discover your Soul Potential, op. cit.*, p. 172.
43. Riso et Hudson, *The Wisdom of the Enneagram, op. cit.*, p. 324.
44. *Ibid.*, p. 334.
45. *Ibid.*, p. 326.
46. Horney, *Neurosis and Human Growth, op. cit.*, p. 263.
47. Riso et Hudson, *The Wisdom of the Enneagram, op. cit.*, p. 331.
48. *Ibid.*, p. 316.

5. La spirale de la transformation : de la pensée au mysticisme

1. Nicoll, *Psychological Commentaries, op. cit.*, p. 603.
2. *Ibid.*, p. 1482.
3. *Ibid.*, p. 253.
4. Riso et Hudson, *The Wisdom of the Enneagram, op. cit.*, p. 33.
5. Sainte Thérèse d'Avila, *Collected Works*, 3 vol., trad. Kieran Kavanaugh et Otilio Rodrigues (Washington, DC : ICS Publications, 1976), vol. 1, p. 114.
6. *Ibid.*, p. 147.
7. O'Murchu, *Quantum Theology, op. cit.*, p. 35.
8. Le livre de Frank Baum dit qu'elles sont de couleur argent, mais ceux qui ont vu le film sont plus habitués aux pantoufles de rubis.
9. Nous pensons notamment à l'*Odyssée*, à *La Divine Comédie* et à la légende du roi Arthur.
10. Nicoll, *Psychological Commentaries, op. cit.*, p. 1210-1211.
11. *Ibid.*, p. 54.
12. Sainte Thérèse d'Avila, *Collected Works, op. cit.*, vol. 1, p. 161.
13. Maître Eckhart, *Essential Sermons, Commentaries, Treatises, and Defense*, trad. E. Colledge et B. McGinn (New York : Paulist Press, 1981), p. 286.
14. *Ibid.*, p. 210.
15. Mathew Fox, *The Reinvention of Work* (San Francisco : Harper Collins, 1994), p. 23.
16. Nicoll, *Psychological Commentaries, op. cit.*, p. 1654.
17. Jean de la Croix, *Collected Works*, trad. Kieran Kavanaugh et Otilio Rodriguez (Washington, DC : ICS Publications, 1991), p. 13.

Bibliographie

Sur l'Ennéagramme

Pierre Angotti, *Vers le meilleur de soi*, Salvator, 2011.

Maria Beesing, Robert J. Nogosek et Patrick O'Leary, *L'Ennéagramme : un itinéraire de vie intérieure*, Desclée de Brouwer, 1992.

Marielle Bradel, *L'Ennéagramme : un chemin de vie*, Desclée de Brouwer, 2011.

Laurence Daniélou et Éric Salmon, *Découvrir l'Ennéagramme*, Interéditions, 2011.

David Daniels et Virginia Price, *Trouver son profil ennéagramme*, Interéditions, 2012.

Pascal Ide, *Les Neuf Portes de l'âme*, Fayard, 1999.

Sandra Maïtri, *Les Neuf Visages de l'âme*, Payot, 2004.

Norbert Mallet, *Devenir soi-même avec l'Ennéagramme*, Éditions Salvator, 2013.

Helen Palmer, *Le Guide de l'Ennéagramme*, Interéditions, 2009.

Richard Rohr et Andreas Ebert, *Ennéagramme : les neuf visages de l'âme*, Guy Trédaniel, 1997.

Éric Salmon, *L'ABC de l'Ennéagramme*, Grancher, 2012 ; *La Clé de l'Ennéagramme, les sous-types*, Interéditions, 2005.

Autres ouvrages

Raymond Brown, *Lire les Évangiles avec l'Église*, Le Cerf, 2004.

Raymond Brown et Pierre Debergé, *Que sait-on du Nouveau Testament ?*, Bayard Jeunesse, 2011.

Joseph Campbell, *Le Héros aux mille et un visages*, Oxus, 2010.
Joan Chittister, *L'Amitié entre femmes. De Myriam à Marie Madeleine*, Religieux HC, 2007.
Deepak Chopra, *Les Sept Lois spirituelles du succès*, J'ai lu, 2004.
Dei Verbum, 3.12. *Vatican II. Les seize documents conciliaires*, Fides, Religieux HC, 2001.
Northrop Frye, *Le Grand Code. La Bible et la littérature*, Le Seuil, 1984.
James Hillman, *Le Code caché de votre destin*, J'ai lu, 2010.
William James, *Les Variétés de l'expérience religieuse*, Pierre d'angle, 2001.
Jean de la Croix, *Œuvres complètes*, traduction par mère Marie du Saint-Sacrement, Le Cerf, 1990.
Julienne de Norwich, *Le Livre des révélations*, Le Cerf, 1992.
Norbert Mallet, *Chrétien et libre ?*, Desclée de Brouwer, 2011.
Anthony de Mello, *Quand la conscience s'éveille*, Albin Michel, 2003.
Thomas More, *Le Soin de l'âme. Un guide pour cultiver au jour le jour la profondeur et le sens du sacré*, J'ai lu, 1999.
Henri Nouwen, *Le Retour de l'enfant prodigue*, Albin Michel, 2008.
Le Nuage de l'inconnaissance, présenté et commenté par Bernard Durel, Albin Michel, 2009.
Carol S. Pearson, *Le Héros intérieur. Six archétypes régissent notre vie*, Mortagne, 1990.
Aloysius Pieris, *Théologie asiatique de la libération*, Bayard, 1990.
Sogyal Rinpoché, *Le Livre tibétain de la vie et de la mort*, Le Livre de Poche, 2005.
Saint Augustin, *Les Confessions*, Flammarion, 1964 ; *La Doctrine chrétienne*, Institut d'études augustiniennes, 2001.
Bernard Sesé, *Les Œuvres complètes de Thérèse d'Avila*, Le Cerf, 1995.
Gérard Sévérin et Françoise Dolto, *L'Évangile au risque de la psychanalyse*, Le Seuil, 1978.
Brian Swimme, *Voyage au cœur du cosmos*, Éditions de la francophonie, 2003.
Jean Vanier, *Aimer jusqu'au bout. Le scandale du lavement des pieds*, Novalis, 1997.
Ken Wilber, *Une brève histoire de tout*, Mortagne, 1997.
Gary Zukav, *La Danse des éléments. Un survol de la nouvelle physique*, Robert Laffont, 1982.

Adresses utiles

Les auteurs mentionnent l'importance de choisir des animateurs certifiés, supervisés et respectant une charte de déontologie. Si vous désirez vous former à l'Ennéagramme, contactez-nous pour voir s'il existe un tel formateur près de chez vous.

Olivia Varin-Bernier : olivia@varin-bernier.com
Valérie et François Maillot : valeriemaillot@wanadoo.fr
Éric Salmon : eric.salmon@cee-enneagramme.eu
Père Jean-Luc Souveton : jlsouveton@orange.fr

Voir également :

www.cee-enneagramme.eu
www.varin-bernier.com

Remerciements

Merci à Olivia Varin-Bernier d'avoir initié et contribué à la publication de ce livre en français.

Ce geste va dans le sens de sa générosité et de sa forte contribution à la diffusion de l'Ennéagramme. Nous ne pouvons que vous encourager à participer à ses séminaires, vous serez entre de bonnes mains !

Merci à tous ceux qui avaient contribué à l'édition originale de ce livre, dont nous ne pouvons reprendre tous les noms ici.

Merci à Jacqueline Lucas et à Gabriel Dion pour leur relecture.

Et merci à Claire Dehelly pour sa traduction.

Les auteurs

Diane Tolomeo est titulaire d'un doctorat en littérature de l'université de Princeton. Elle enseigne actuellement à l'université de Victoria au Canada. Elle propose également des conférences et des retraites sur la littérature biblique, les archétypes et la tradition de la méditation chrétienne.

Pearl Gervais est enseignante et consultante. Elle est diplômée de l'université du Manitoba et de celle du Wisconsin, et a étudié à l'institut Tantur de Jérusalem. Pearl est animatrice certifiée en Ennéagramme et organise des séminaires en entreprise, aussi bien que des stages de développement personnel ou des retraites spirituelles.

Remi J. De Roo est titulaire d'un doctorat de l'Angelicum à Rome et est évêque émérite du diocèse de Victoria. Il est un des pères du concile Vatican II et professeur certifié en Ennéagramme. Détenteur de cinq diplômes honorifiques, Remi est un conférencier et un animateur de retraites de renommée internationale. Il est l'auteur de six livres dont *Even Greater Things. Hope and Challenge after Vatican II* (De plus grandes choses encore. Espoir et défis après Vatican II).

Éric Salmon, titulaire d'un MBA en ressources humaines de l'université de Dallas, a suivi un cursus de cinq ans en psychologie à l'École parisienne de Gestalt. Diplômé du programme de formation professionnelle à l'Ennéagramme d'Helen Palmer et David Daniels, il enseigne l'Ennéagramme à plein temps depuis vingt ans, pour tous les publics. Intervenant à HEC Management, il est l'auteur de plusieurs livres dont le premier, *L'ABC de l'Ennéagramme*, a été traduit en neuf langues.

Table

Composition Nord Compo
Impression Normandie Roto Impression s.a.s.
en août 2013
Éditions Albin Michel
22, rue Huyghens, 75014 Paris
www.albin-michel.fr

ISBN : 978-2-226-24955-5
N° d'édition : 20848/01 – N° d'impression : 132712
Dépôt légal : septembre 2013
Imprimé en France